Hans-Werner Zöllner

Leiterschaft ist ... wenn der Leiter schaf(f)t
Führungskräfte-Coaching

(Gemeinde-Coaching Band 2)

Hans-Werner Zöllner

Leiterschaft
ist ... wenn der
Leiter schaf(*f*)t

Führungskräfte-Coaching

(Gemeinde-Coaching Band 2)

© Alle Rechte vorbehalten

Vervielfältigung oder Abschrift, auch auszugsweise, nur mit schriftlicher Genehmigung durch den Autor.

Bibelzitate, sofern nicht anders angegeben, wurden der Luther Bibelübersetzung 1984 entnommen.
Bibeltext der Luther-Übersetzung: © 2000 Deutsche Bibelgesellschaft.

Hervorhebungen einzelner Worte oder Passagen innerhalb von Bibelstellen wurden vom Autor vorgenommen.

Aus Gründen der Lesbarkeit wurde bei geschlechtsspezifischen Begriffen oder Satzzusammenstellungen grundsätzlich die männliche Form gewählt.

Bibliografische Information der Deutschen Nationalbibliothek
Die Deutsche Nationalbibliothek verzeichnet diese Publikation in der Deutschen Nationalbibliografie; detaillierte bibliografische Daten sind im Internet über http://dnb.dnb.de abrufbar

© 2020 Hans-Werner Zöllner
(1. Auflage: 2017)

Herstellung und Verlag
BoD - Books on Demand, Norderstedt

ISBN: 978-3-7431-8195-3

*Für alle Menschen, die Verantwortung übernehmen,
damit Gemeinde ihren Auftrag erfüllen kann!*

Dank

Wenn es um ein Dankeschön geht, weiß ich immer gar nicht, wo ich anfangen soll. Es gibt so viele inspirierende Menschen um mich herum, die mich sowohl durch ihr positives als auch negatives Verhalten zu diesem Buch angeregt haben. Dafür danke ich all diesen Menschen in ganz ehrlicher Weise und von Herzen.

Und dann danke ich meinem Gott dafür, dass er mir immer wieder die Ausdauer und die Motivation gegeben hat, an diesem Projekt dranzubleiben. Solch ein Projekt ist für mich wie ein großer Berg vor einem Aufstieg, wenn man im Tal steht und nach oben schaut. Dennoch konnte ich losziehen und Höhenmeter für Höhenmeter diesen Berg erklimmen, bis ich irgendwann am Gipfelkreuz stand. Danke Vater im Himmel!

Vielen Dank auch meiner Frau Angelika. Sie ist meine Beste! Sie ist Wegbegleiterin und eine Frau, die mich schon durch ihre pure Anwesenheit inspiriert und zu kreativem Denken anregt. Und sie lässt mir auch den Raum, viel Zeit in solch ein Projekt zu investieren. Danke, mein Schatz!

Inhalt / Themen

- Einleitung 9
- Nichts geht über ein gutes Fundament 11
  - Dimensionen der Leiterschaft 12
  - Leiterschaft in der Bibel 16
  - Leiterschaft mit Fundament 22
- Es ist noch kein Meister vom Himmel gefallen 24
  - Leiterschaft und Charakter 25
  - Workshop: „Mein Charakter" 30
  - Dienende Leiterschaft 34
  - Ebenen der Leiterschaft 34
- Leiterschaft mit Vision 38
  - Die Gemeinde kommt nur so weit wie ihre Leiter schon sind 39
  - Prinzipienorientiert Leiten 50
  - Leiten im Regelkreis 59
  - Kommunikativ Leiten 65
- Gemeindearbeit mit Struktur 70
  - Gemeindestruktur einer Meta-Gemeinde 73
  - Exkurs: Gemeinde, die dazulernen möchte 76
- Ohne Strategie geht es nicht 88
  - Mit einer Vision fängt es an 88
  - Der Mensch im Mittelpunkt der Gemeindearbeit 89
  - Strategische Konsequenzen daraus 92
  - Mögliche Hindernisse und Blockaden bei der Umsetzung 102
- Auf den Nachwuchs kommt es an 112
  - Mitarbeiter gewinnen 112
  - Was ist erfüllende Mitarbeit? 116
  - Nachwuchs-Förderung 119
- Im Team geht's gleich viel besser 129
  - Bedeutung des Teams 130
  - Rollen in einem Team 138
  - Exkurs: Der fünffältige Dienst 140
  - Leitung im Team 164
- Coaching muss nicht stressig sein 171
  - Einzel-Coaching 174

Coaching-Prozess ... 180
Gruppen-Coaching ... 187
Führen durch Coaching ... 194

Wer kommunizieren kann, ist echt im Vorteil ... 203
Kommunikation mit Mitarbeitern ... 203
Konfliktbewältigung ... 215
Macht und Vollmacht ... 229

Sitzungen können auch Spaß machen ... 241
Vorbereitung ... 246
Durchführung ... 249
Nachbereitung ... 251
Moderationsmethoden ... 254

Selbstmanagement ist das A und O ... 264
Arbeitsplatzorganisation ... 264
Umgang mit Informationen ... 273
E-Mail-Management ... 276

Nachwort ... 279

Bibliografie ... 281

Anlagen ... 287
Anlage 1 - Formular: Ziele formulieren ... 287
Anlage 2 - Checkliste: Ziele ... 288
Anlage 3 - Formular: Ziele - Projekte - Aktionen ... 289
Anlage 4 - Fragebogen: Kriterien für den „Reifegrad" eines Christen ... 290
Anlage 5 - Vorlage: Aufgabenbeschreibung ... 293
Anlage 6 - Coaching-Fragen ... 294
Anlage 7 - Vorlage: Coaching-Vereinbarung ... 298
Anlage 8 - Checkliste: Sitzungen ... 299
Anlage 9 - Vorlage: Sitzungen - Einladung ... 300
Anlage 10 - Vorlage: Sitzungen - Sitzordnungen ... 301
Anlage 11 - Vorlage: Sitzungen - Gesprächstagebuch ... 304
Anlage 12 - Vorlage: Sitzungen - Protokoll ... 305
Anlage 13 - Ihr persönlicher Maßnahmen-Plan ... 306

Weitere Bücher von Hans-Werner Zöllner ... 307

Über den Autor ... 309

Einleitung

"Wenn die grundlegenden Qualifikationen geistlicher Leiterschaft nicht entwickelt werden, dann sind wir trotz theologischer Ausbildung nicht darauf vorbereitet, Diener Christi zu sein."[1]

"Es sind verschiedene Gaben; aber es ist ein Geist. Und es sind verschiedene Ämter; aber es ist ein Herr. Und es sind verschiedene Kräfte; aber es ist ein Gott, der da wirkt alles in allen." (1. Korinther 12,4-6)

Es war in meiner Kindheit, wir wohnten auf dem Land. Meine Eltern hatten sich ein Haus gebaut am Rand eines idyllischen Dorfes in Hohenlohe. Mein Vater war ein Autodidakt, wie er im Buche steht, der zudem noch handwerklich sehr begabt war. Alles, was es zu bauen oder zu reparieren galt, machte er selbst. Es waren die Zeiten in den 1970er Jahren, in denen „Do-it-yourself" ganz groß geschrieben wurde.

Hinter unserem Haus hatte sich Papa deshalb auch eine kleine Werkstatt gebaut, die ein Paradies war für jeden Bastler, und so auch für uns vier Buben. Werkzeuge und Maschinen jedweder Art waren dort anzutreffen, und wir Kinder hatten freien Zugang dazu. Das haben wir natürlich auch ausgenutzt, wenn es darum ging, Fahrräder zu reparieren oder z.B. ein Baumhaus zu bauen.

Wir haben diese Werkzeuge nicht immer in der richtigen Weise verwendet, und manches haben wir bei der Benutzung auch kaputt gemacht. Doch auf unserer Reise durch das Land des „Do-it-yourself" lernten wir dazu und wurden immer besser.

Dieses Buch möchte ich auch so verstanden wissen: Wir alle befinden uns auf einer geistlichen Reise, bei der es darum geht, den Auftrag Gottes zu erfüllen, den er auf jedes einzelne Leben gelegt hat. Dazu bedarf es auch gewisser Hilfsmittel, vor allem wenn es darum geht, seinen Auftrag im Rahmen der Gemeindearbeit umzusetzen.

---

[1] Vgl. Getz: Mann, S. 15.

Ein paar dieser Hilfsmittel möchte ich Ihnen mit diesem Buch anbieten. Diese können Sie ruhig in der Weise verwenden, wie wir es als Kinder in der Werkstatt von Papa gemacht haben. Wir benötigten nicht jedes Mal die ganze Auswahl an Werkzeugen, sondern immer nur einen Bruchteil davon, um das jeweilige Projekt zum Erfolg führen zu können.

Nehmen Sie dieses Buch als eine Art Werkstatt oder Werkzeugkiste, und suchen Sie sich das passende Werkzeug aus, das Sie für Ihr derzeitiges Projekt benötigen. Das bedeutet, dass Sie dieses Buch nicht zwingend Seite für Seite durchlesen müssen. Suchen Sie im Inhaltsverzeichnis das Thema heraus, das Sie interessiert oder das Sie gerade benötigen, und benutzen Sie es als Hilfsmittel für Ihr Projekt.

Machen Sie sich nichts draus, wenn nicht alles aufs erste Mal so gelingt, wie Sie es vielleicht erwartet haben. Sehen Sie Ihr Projekt oder Ihren Auftrag in der Gemeinde Jesu einfach als einen Prozess, in dessen Verlauf Sie die Chance haben dazuzulernen und in Ihrem Tun immer besser zu werden.

Solange Sie mit Ihren Hilfsmitteln und Werkzeugen an der Seite Gottes unterwegs sind und sich vom Heiligen Geist führen lassen, sowohl im großen Ganzen als auch in den Details, werden Sie immer auf dem richtigen Weg sein. In diesem Sinne wünsche ich Ihnen gute Reise und viel Freude bei der Anwendung dieses gedruckten Werkzeugkastens.

Gott wird mit Ihnen sein.

Ihr Hans-Werner Zöllner

Nichts geht über ein gutes Fundament

„Menschen mit einem dienenden Herzen orientieren sich bei ihren Entscheidungen als Führungspersonen an bestimmten Kriterien und Werten. Ihr oberstes Ziel ist die Interessen derer, die sie führen, so gut wie möglich zu wahren."[2]

„Aber Jesus rief sie zu sich und sprach: Ihr wisst, dass die Herrscher ihre Völker niederhalten und die Mächtigen ihnen Gewalt antun. So soll es nicht sein unter euch; sondern wer unter euch groß sein will, der sei euer Diener; und wer unter euch der Erste sein will, der sei euer Knecht, so wie der Menschensohn nicht gekommen ist, dass er sich dienen lasse, sondern dass er diene und gebe sein Leben zu einer Erlösung für viele." (Matthäus 20,25-28)

Jesus schaffte es immer wieder, seine Zuhörer zu überraschen. Ich möchte dies zu Beginn dieses Führungskräfte-Coachings auch tun, indem ich Sie nicht mit Informationen in das Thema einführe, sondern Sie bitte, zunächst über folgende Aussage nachzudenken, die von mir aufgrund eigener Erfahrung so formuliert wurde:

»Es ist Gottes Gnade, wenn du Führungskraft hast, aber „Gnade dir Gott", wenn du Führungskraft bist!«

Vielleicht können Sie sich über diese Aussage mit anderen Personen aus Ihrem Leitungsteam austauschen, oder Sie nehmen sich einfach ein wenig Zeit, um allein darüber nachzudenken. Folgende Fragen können Ihnen dabei eine Hilfe sein:

- Was sagt dieser Satz über die Führung von Menschen aus?
- Welche Erfahrungen können sich hinter solch einem Satz verbergen?
- Welches Gottes- bzw. Menschenbild verbirgt sich dahinter?

---

[2] Blanchard: Jesus-Prinzip, S. 62f.

Führungsarbeit, auch in einer christlichen Gemeinde, wird immer auf etwas gegründet sein. Z.B. darauf, wie Sie Menschen sehen, oder auch, wer Gott für Sie ist. Entscheidend ist auch, welche Werte für Sie wichtig, und mit welchen natürlichen Fähigkeiten Sie gesegnet sind, ganz unabhängig davon, ob Sie an Jesus Christus glauben oder nicht.

Denn auch gesellschaftliche Werte und natürliche Fähigkeiten können sich positiv auf eine geistliche Leitungsaufgabe auswirken. Dazu zählen z.B. Selbstbewusstsein, ohne die auch eine Führungskraft in der Gemeinde nicht auskommt, Menschenkenntnis, die Fähigkeit, Entscheidungen zu treffen, oder gesunder Ehrgeiz und Kreativität, die auch sehr hilfreich sein können.

Wenn das jedoch alles ist, dann ist ein geistlicher Leiter nicht zu beneiden, denn ihm fehlt die geistliche Komponente, die für die Leitung einer Gemeinde unabdingbar ist. Jesus sagte in diesem Zusammenhang: *„So soll es nicht sein unter euch"*. Das heißt auch, dass wir einen anderen Stil pflegen müssen, wenn es um Führung und Leitung geht.

Geistliche Leiter kämpfen nicht um Kompetenz und Macht, sondern darum, dass sich alle Christen dessen bewusst sind, dass sie Glieder am geistlichen Leib sind und Jesus ihr Herr ist. Was bedeutet, dass Christen einander dienen, füreinander sorgen, das Wachstum des anderen im Blick haben und seine Weiterentwicklung fördern. Und dies mit dem Ziel, dass sie die Dinge umsetzen können, die Gott von ihnen möchte. Wobei es dabei vor allem um die Veränderung des Charakters geht, oder um es geistlich auszudrücken: Es geht darum, dass Christen ihrem Herrn und Heiland, Jesus Christus, immer ähnlicher werden, auch wenn der Prozess dahin vielleicht ihr ganzes Leben andauern wird.

Letztlich geht es darum, dass Christen geistlich authentisch sind. Sprich: Dass sie nicht nur große Sprüche machen, sondern dass sie auch das tun, was sie sagen bzw. sich so verhalten, wie es sich für die Kinder des Königs aller Könige gehört.

Dimensionen der Leiterschaft

Wie das in Bezug auf Leiterschaft aussehen kann, möchte ich aus drei verschiedenen Dimensionen beleuchten: Dabei geht es um Wissen, das Sie über Menschenführung bzw. Leiterschaft benötigen. Es geht um

Ihre Persönlichkeit, die Sie nie ausklammern können, wenn es um die Führung von Menschen geht - Stichwort: Charakterbildung. Und es geht um die Praxis, in der all die Dinge durch die Persönlichkeit umgesetzt werden können, die Sie sich als theoretisches Wissen angeeignet haben. Zusammen genommen nennt man dies eine „Dienstbefähigung".

Ursprünglich stammt diese Dreiteilung von Dr. Stephen R. Covey, der z.B. den Bestseller „Die sieben Wege zur Effektivität" geschrieben hat. Darin wird in der Einführung zu seinen Strategien die nebenstehende Grafik erläutert. Mittlerweile hat dieses Konzept Weltruhm erlangt. Es geht darum, dass in allen Bereichen von Leben und Arbeit diese drei Dimensionen zusammen-

gehören. Wenn im Rahmen einer Persönlichkeit, eines Willens bzw. eines Charakters Theorie und Praxis zusammenkommen, wird dies immer zu einem Ergebnis führen, ob das nun Lebensgewohnheiten oder irgendwelche andere Befähigungen sind. Nimmt man allerdings eine Dimension heraus, wird sich kein Gesamtbild ergeben.

Sehr gut vertiefen lässt sich dies mit einer Bibelstelle, die die angesprochenen Dimensionen aus biblischer Sicht beleuchtet. Es sind Sätze aus dem ersten Brief des Apostels Petrus:

> *„Weidet die Herde Gottes, die euch anbefohlen ist; achtet auf sie, nicht gezwungen, sondern freiwillig, wie es Gott gefällt; nicht um schändlichen Gewinns willen, sondern von Herzensgrund; nicht als Herren über die Gemeinde, sondern als Vorbilder der Herde. So werdet ihr, wenn erscheinen wird der Erzhirte, die unvergängliche Krone der Herrlichkeit empfangen."* (1. Petrus 5,2-4)

Wir beginnen im oberen, linken Kreis des Diagramms, mit „Wissen". Wenn Sie sich mit Wissen auseinandersetzen, steht dabei immer die Frage nach dem „Was?" im Raum: Was müssen Sie wissen? Der Apostel Petrus gibt Ihnen ein paar Antworten, wenn es um die Grundanliegen von Leiterschaft geht. Folgende Fragen können Ihnen helfen, die Antworten selbst zu finden:

- Wie weide ich die Herde?
- Welche Bedürfnisse haben eigentlich „meine" Schafe?
- Wie kann ich Vorbild sein?

Wenn Sie sich den Bibeltext für die Dimension „Persönlichkeit" anschauen, begegnen Ihnen dazu Worte wie *„freiwillig"*, *„wie es Gott gefällt"*, *„von Herzensgrund"* und *„als Vorbilder der Herde"*. Eigenschaften, die eine Persönlichkeit ausmachen, hier allerdings auf die Leitung einer Gemeinde bezogen.

Wenn Sie nun die beiden Dimensionen, Wissen und Persönlichkeit verbinden, ergeben sich Verbindungslinien bzw. Überschneidungen, die Sie als Leiter direkt beeinflussen werden. Beispiel: Sie eignen sich Wissen darüber an, wie Sie für andere Menschen Vorbild sein können, und versuchen dies auch umzusetzen. Das wird sowohl Ihren Wissensschatz erweitern als auch Ihre Persönlichkeit verändern.

Bei bewusster Umsetzung wird es deshalb auch Einfluss auf die „Praxis" Ihrer Führungsarbeit nehmen. Denn Petrus bleibt in diesem kurzen Abschnitt nicht theoretisch, sondern beschreibt ein paar Aufgaben, die für Leiterschaft unersetzlich sind. Wenn ich es recht sehe, könnten dies folgende sein:

- die Herde weiden
- die Schafe führen
- auf die Herde achten
- Rechenschaft ablegen

In der Summe fördert ein Handeln entsprechend dieser Dimensionen Ihre Befähigung zum Dienst. Es ist also wichtig, dass Sie Ihre Lernbereitschaft niemals verlieren, sondern immer wissbegierig und neugierig bleiben. Dabei sollte es allerdings nicht nur beim Kopfwissen bleiben, sondern alles Wissen, das Sie sich aneignen, sollte auch Ihre Persönlichkeit prägen und formen dürfen. Wenn Sie dieses Anliegen zu Ihrem täglichen Gebet und Ihrer Bitte an den Heiligen Geist machen, wird es ganz sicher Auswirkungen auf die Praxis Ihrer Leiterschaft haben. Der Apostel Paulus bestätigt dies in Philipper 4,13: *„Ich vermag alles durch den, der mich mächtig macht!"*

Und dies alles unter der Vorgabe, die Jesus selbst seinen Jüngern mitgegeben hat. Meditieren Sie dazu über der Bibelstelle aus dem Matthäus-Evangelium, die ich weiter oben schon einmal angeführt habe:

> *„Aber Jesus rief sie zu sich und sprach: Ihr wisst, dass die Herrscher ihre Völker niederhalten und die Mächtigen ihnen Gewalt antun. So soll es nicht sein unter euch; sondern wer unter euch groß sein will, der sei euer Diener; und wer unter euch der Erste sein will, der sei euer Knecht, so wie der Menschensohn nicht gekommen ist, dass er sich dienen lasse, sondern dass er diene und gebe sein Leben zu einer Erlösung für viele."* (Matthäus 20,25-28)

Henry Nouwen schreibt in diesem Zusammenhang über die Leiter der Zukunft Folgendes:

„Die entscheidende Frage ist: Sind die Leiter der Zukunft wahre Männer und Frauen Gottes, Menschen mit einem brennenden Verlangen, in Gottes Gegenwart zu wohnen, auf Gottes Stimme zu hören, Gottes Schönheit zu betrachten, Gottes fleischgewordenes Wort zu berühren und die Fülle der unendlichen Güte Gottes zu schmecken ..? Christliche Führer können nicht einfach nur Menschen sein, die wohlbegründete Meinungen zu den brennenden Themen unserer Zeit haben. Ihre Leiterschaft muss verwurzelt sein in einer dauernden, innigen Beziehung zum fleischgewordenen Wort, Jesus. Dort müssen sie die Quelle ihrer Worte, ihrer Ratschläge und ihrer Führerschaft finden. Durch das Einüben des kontemplativen Gebets müssen christliche Führer lernen, immer und immer wieder auf die Stimme der Liebe zu hören, um darin die Weisheit und den Mut zu finden, sich jedwedem Thema zu stellen, das auf sie zukommt."[3]

Zusammenfassend könnte man demnach sagen: Ganzheitliche Leiterschaft bedeutet, dass Sie sowohl Ihrem Gott als auch den Menschen mit Ihrem Verstand (Wissen), mit Ihrem Herzen (Persönlichkeit) und mit Ihren Händen (Praxis) dienen. Das ist Leiterschaft als „trinitarische" Aufgabe des ganzen Menschen, mit Geist, Seele und Leib.

---

[3] Nouwen, Henry: Adam, God's Beloved, Maryknoll, NY 1997, S. 31, in Jersak, Brad: Kannst du mich hören? Auf Empfang sein, wenn Gott redet, Lüdenscheid ²2009, S. 257.

Leiterschaft in der Bibel

Diese Form der Führung möchte ich vertiefen, indem wir die Bibel befragen, was sie zum Thema Führung und Leitung zu sagen hat.

Der Begriff „Leiterschaft" oder „Leitung" erscheint im Neuen Testament der Bibel zweimal als Teil einer Gabenliste und an anderen Stellen als Bezeichnung eines Dienstes in der Gemeinde. Daraus ergeben sich drei Definitionen von Leiten:

(1) Leiten heißt: Vorstehen und Verantwortung tragen
Paulus schreibt in seinem Brief an die Christen in Rom: *„Steht jemand der Gemeinde vor, so sei er sorgfältig" (Römer 12,8).* Oder anders übersetzt: „Wenn jemand Gemeinde leitet, dann tue er es mit Eifer/ Fleiß". Das hier verwendete griechische Wort für vorstehen oder leiten bezeichnet normalerweise eine Führungsfunktion in der Armee, im Staat oder in einer Partei.

Also „leiten" so verstanden, dass sich derjenige seiner Verantwortung bewusst ist, der die Gemeinde leiten soll, und nicht so, dass es nur darauf ankommt, das Leitungsamt zu besetzen, egal ob der potenzielle Anwärter dafür geeignet ist oder nicht.

Das kenne ich so auch aus meiner Zeit bei der Bundewehr. Der Leiter einer Kompanie war nicht derjenige, der sich seines Amtes freute, während alle anderen machen konnten, was sie wollten. Ganz im Gegenteil. Der Kompaniechef achtete auf seine Soldaten und darauf, dass sie auch umsetzten, was „von oben" vorgegeben war. Damit war auch eine hohe Verantwortung verbunden. Er konnte nicht einfach nach Lust und Laune handeln, sondern musste im Sinne des Auftrags und seiner Vorgesetzten und Untergebenen darüber wachen, dass bei der Umsetzung alles in geordneten Bahnen verläuft.

Ganz sicher geht es in der Gemeinde Jesu nicht um Befehl und Gehorsam. Auch wenn es manche vielleicht gerne so hätten. Es geht nicht um blinden Gehorsam, der in vergangenen Weltkriegen unsägliches Leid angerichtet hat, weil jeder Untergebene praktisch sein Gehirn ausschalten musste, um das zu tun, was befohlen war.

Nein, darum geht es Paulus nicht. Dennoch sagt er mit deutlichen Worten, dass Gemeinde Jesu letzten Endes keine Demokratie ist, in der die gemeinsame „Meinung des Volkes" das Sagen hat und man ganz bestimmt jeden mitbestimmen lassen müsste, frei nach dem Motto: „Alle Macht den Gemeindegliedern!"

Gemeinde ist nach Paulus weder die Diktatur der Gemeindeleitung noch die Demokratie der Gemeindeglieder. Paulus möchte deutlich machen, dass wir als Gemeinde Jesu eine Art Christokratie bzw. Theokratie sind. Das bedeutet für mich, dass sich alles nur um das drehen soll, was Gott von seinen Nachfolgern möchte. Dazu muss eine Gemeindeleitung manchmal auch „einsame Entscheidungen" treffen, auch wenn sie in den allermeisten Fällen gut daran tun wird, die Gemeinde zu dem zu befragen, was zu entscheiden ist. Das muss jedoch von Fall zu Fall und sehr individuell entschieden werden.

Paulus teilt im Römerbrief mit, dass Gott in der Gemeinde die Leiter einsetzen möchte, die die Gemeinde dorthin führen, wo Gott selbst sie haben möchte. Das ist mit hoher Verantwortung verbunden, nicht nur für die Gemeindeleitung, sondern auch für die Gemeinde selbst. Nicht umsonst ist in Hebräer 13,17 (Elberfelder Übersetzung) zu lesen:

> *„Gehorcht und fügt euch euren Führern! Denn sie wachen über eure Seelen, als solche, die Rechenschaft geben werden, damit sie dies mit Freuden tun und nicht mit Seufzen; denn dies wäre nicht nützlich für euch!"*

(2) Leiten heißt: Lenken, Beeinflussen, Ziele ansteuern
Paulus schreibt in 1. Korinther 12,28: *„Gott hat in der Gemeinde eingesetzt [...] zu leiten".* Das hier verwendete griechische Wort für leiten bezeichnet die Aufgaben eines Steuermannes in einem Boot, also im übertragenen Sinne die Aufgabe eines Lenkers oder Leiters.

Der Steuermann besaß im Altertum eine höhere Stellung als heute. Er war Kapitän und Steuermann zugleich. Die Schiffsbesatzung war ihm verantwortlich, und der Steuermann dem Schiffseigentümer, der irgendwo in einer Hafenstadt wohnte und ihn angeheuert hatte. Dieses Doppelverhältnis zeigt sehr gut, in welcher Position jeder steht, der aus Sicht der Bibel eine Leiterposition in der Gemeinde innehat: Die Gemeindeglieder sind dem Leiter oder dem Leitungskreis verantwortlich, den sie aus ihrer Mitte gewählt oder berufen haben. Und die Leiter sind ihrem Gott verantwortlich, oder denen, die Gott über sie gesetzt hat.

Dies bedeutet aber auch, dass damit eine verantwortliche Leiterschaft eingesetzt ist und nicht mehr jedes Gemeindeglied machen kann, wonach ihm gerade ist. Auf hoher See konnte auch nicht jeder Seemann ein Segel setzen, wann er es wollte. Oder einfach den Anker werfen, wenn er der Meinung war, dass er an einem schönen Platz zum Ausruhen angekommen wäre.

Das alles musste mit dem Steuermann und Kapitän abgesprochen sein, damit das Schiff den nächsten Hafen auch erreichen konnte. Welche Beziehung dabei der Steuermann zu seinen Leuten hatte, werde ich gleich noch ausführen. Auf jeden Fall war klar: Der Steuermann hatte das Ziel vor Augen und versuchte seine Mannschaft auf dieses Ziel einzuschwören, und ihr Anweisungen und Tipps mitzugeben, wie sie gemeinsam dieses Ziel erreichen konnten. Also nicht aus dem Ärmel geschüttelt, frei nach dem Motto: „Stecken wir uns mal eben ein Ziel und schauen danach, ob und wie wir es erreichen können". Sondern von einem bestimmten Standort aus und einer klaren Vorstellung davon, wie das Ziel erreicht werden könnte.

Peter Senge, der Autor des Buches „Die fünfte Disziplin: Kunst und Praxis der lernenden Organisation", spricht in diesem Zusammenhang von einer Kluft als Diskrepanz zwischen der Realität und dem Ziel. Er schreibt, dass diese Diskrepanz erst die gestalterische Kraft schenkt, die wir brauchen, um uns von dem Punkt, an dem wir stehen, zu dem Punkt zu begeben, an dem wir gerne sein möchten. Dies bezeichnet er als „kreative Spannung". Das muss man sich vorstellen wie bei einem Gummiband, das um zwei Hände gelegt ist. Die eine Hand ist die Realität und die andere Hand ist das Ziel oder die Vision. Solange beide Hände aufeinander liegen, ist alles entspannt; nichts bewegt sich, wie in manchen Gemeinden auch. Wenn sich das Band allerdings dadurch dehnt, dass sich die Hände auseinander bewegen, wird eine Spannung erzeugt.

Diese strebt normalerweise nach Entlastung bzw. in unserem Fall nach einer Lösung. In diesem Zustand der Spannung haben Sie zwei Möglichkeiten der Lösung: Erstens, Sie ziehen die Realität näher an das Ziel oder die Vision heran. Das bedeutet Arbeit, weil Sie das Ziel oder die Vision immer wieder hinterfragen und neu ausrichten müssen. Die Monats- bzw. Jahresziele müssen immer wieder überprüft werden, ob sie noch helfen, die gesteckten Ziele zu erreichen. Menschen müssen motiviert werden, sich diesen Zielen zu verschreiben, usw.

Oder Sie wählen die zweite Möglichkeit, die Ziele oder die Vision näher an die Realität heranzuziehen. Das ist einfacher: Wenn etwas nicht vorwärts geht, einfach die Ziele nach unten korrigieren, und vielleicht sogar die Vision in der Weise verändern, dass sie auch ohne großen Aufwand erreicht werden kann.

Für welche der beiden Möglichkeiten Sie sich entscheiden hängt vermutlich davon ab, wie sehr Sie Ihre Ziele oder die Vision Ihrer Gemeinde verinnerlicht haben bzw. wie wichtig Ihnen das alles ist. Die Diskrepanz oder Spannung ist also wichtig, aber Sie müssen sich immer gut überlegen, in welche Richtung Sie diese auflösen möchten.

Auf der anderen Seite darf die Spannung auch nicht zu groß werden. Sie dürfen also Ihre Ziele nicht zu groß formulieren oder zu weit stecken, sonst reißt das Spannungsband durch Frustration oder Ähnliches, und es wäre im Grunde das Gleiche erreicht, wie Ihre Ziele an die Realität der Gemeindesituation anzupassen.

Lenken, Beeinflussen, Ziele ansteuern heißt also nichts anderes, als die Realität zu beschreiben und Ziele zu erarbeiten, die eine kreative Spannung erzeugen. Eine Spannung, die Menschen brauchen, um sich in Bewegung zu setzen. Nichts anderes ist die Aufgabe eines Leiters in der Gemeinde, oder auch in einer Zell- oder Dienstgruppe, sei es Hauskreis, Kinder- und Jugendarbeit, Putz-Team, Gottesdienst-Team, usw.

Mit diesem Bild des Steuermannes wird deutlich, wie wichtig zielorientierte Leitung in der Gemeinde ist, und warum es ein sehr verantwortungsloses Verhalten sein kann, wenn Sie jeden machen lassen, wonach ihm gerade ist.

Auf der anderen Seite gibt es mancherorts auch das Problem, dass nicht geleitet sondern nur organisiert wird. In solchen Fällen versuchen manche, die eine „gute Idee" oder „bessere" Ziele oder Pläne haben, das Ruder in die Hand zu nehmen. Dazu sagte der 16. Präsident der Vereinigten Staaten, Abraham Lincoln: „Wer im Leben kein Ziel hat, verläuft sich". Lassen Sie es nicht zu, dass sich Ihre Gemeinde verläuft, nur weil Sie nicht lenken, beeinflussen und Ziele setzen.

(3) Leiten heißt: Wachen, Versorgen, zur Reife führen
Ein biblisches Leitmotto hierzu sind die Sätze aus Epheser 4,11-14:

> *„Und er - Jesus - hat einige als Apostel eingesetzt, einige als Propheten, einige als Evangelisten, einige als Hirten und Lehrer, damit die Heiligen zugerüstet werden zum Werk des Dienstes. Dadurch soll der Leib Christi erbaut werden, bis wir alle hingelangen zur Einheit des Glaubens und der Erkenntnis des Sohnes Gottes, zum vollendeten Mann, zum vollen Maß der Fülle Christi, damit wir nicht mehr unmündig seien und uns von jedem Wind einer Lehre bewegen und umhertreiben lassen durch trügerisches Spiel der Menschen, mit dem sie uns arglistig verführen."*

In der Frühzeit der Gemeinde Jesu wurden die verschiedenen Leitungsaufgaben nicht als Ämter bezeichnet, sondern es waren einfach verschiedene Dienste, mit denen der Herr der Gemeinde, Jesus Christus, einzelne seiner Jünger betraut hatte. „Ältester", „Aufseher", „Leiter" und „Hirte" sind dabei Begriffe, die durchaus wechselseitig verwendet wurden. Beispielsweise werden in 1. Petrus 5,1-4 die Begriffe Älteste und Hirte wechselseitig für die gleiche Aufgabe verwendet.

In Hebräer 13,17 und 1. Petrus 5,2 haben Leiter und Hirten dieselbe Aufgabe, nämlich über die ihnen anvertrauten Menschen zu wachen und sie zur Reife zu führen. In Titus 1,5-7 wird dieselbe Personengruppe einmal als Älteste und einmal als Aufseher bezeichnet. Und in Apostelgeschichte 20,17+28 werden dieselben Personen nacheinander Älteste, Aufseher und Hirten genannt.

Wozu dann diese verschiedenen Bezeichnungen für die Gabe der Leitung? Die verschiedenen Begriffe benennen verschiedene Aufgabenschwerpunkte, die zum Leiten gehören:

- ⇨ Hirte sein bedeutet weiden, versorgen, wachen, leiten.
- ⇨ Aufseher sein bedeutet Kontrolle und Korrektur.
- ⇨ Leiter sein betont am stärksten das Hinführen zur Reife.
- ⇨ Ältester sein bezeichnet mehr die Person des Ältesten als seine Aufgabe: Es handelt sich um eine reife - nicht unbedingt alte - Person, der man mit Achtung begegnet.

Zeitreihe von Bibeltexten über Gemeindeleitung

Datum	Apostelgeschichte und Briefe	Ereignisse
45 n. Chr.	Apostelgeschichte 11,30	Die Ältesten in Judäa
45-47 n. Chr.	Jakobus 5,13-16	Das Gebet der Ältesten und der Heilungsdienst
47 n. Chr.	Apostelgeschichte 14,21-23	Paulus und Barnabas ernennen Älteste
48-49 n. Chr.	Galater 6,6	Materielle Unterstützung für geistliche Leiter
49 n. Chr.	Apostelgeschichte 15,1-32	Apostel und Älteste in Jerusalem
49-50 n. Chr.	Apostelgeschichte 16,4	Übergabe des Briefes der Apostel und Ältesten
51 n. Chr.	1. Thessalonicher 5,12-13	Aufseher achten und ehren
58 n. Chr.	Apostelgeschichte 20,17-38	Die Anweisungen von Paulus an die Ältesten und Aufseher in Ephesus
58 n. Chr.	Apostelgeschichte 21,17-26	Paulus trifft sich mit Jakobus und den Ältesten in Jerusalem
61 n. Chr.	Philipper 1,1	Paulus grüßt die Aufseher und Diakone in Philippi
63 n. Chr.	1. Timotheus 3,1-13	Eignungsvoraussetzungen für Älteste und Diakone
63 n. Chr.	1. Timotheus 4,13-14	Paulus, die Ältesten und die Gabe von Timotheus (2. Timotheus 1,6)
63 n. Chr.	1. Timotheus 5,17-18	Materielle Unterstützung einiger Ältester
63 n. Chr.	1. Timotheus 5,19-20	Älteste schützen und in Zucht nehmen
63 n. Chr.	1. Petrus 5,1-4	Die Anweisungen von Petrus an die Ältesten und Aufseher
65 n. Chr.	Titus 1,5-16	Eignungsvoraussetzungen für Älteste und Aufseher
64-68 n. Chr.	Hebräer 13,7.17.24	Die Anweisung, geistliche Leiter nachzuahmen

Bei all diesen neutestamentlichen Beschreibungen der Leitungsaufgaben fällt jedoch eine zweifache Beziehung des Leiters immer wieder auf: Jeder Leiter, ganz egal in welchem Dienst in der Gemeinde er einer Gruppe von Menschen vorgestanden hat, wird nach der Bibel einmal dem Herrn der Gemeinde Rechenschaft ablegen müssen über die Arbeit, die er oder sie getan hat. Das wird ausnahmslos so sein (vgl. Hebräer 13,17; 1. Petrus 5,4).

Und darum ist es vielleicht auch gar nicht so weise zu versuchen, mit „guten Ideen" oder „besseren" Zielen und Plänen Einfluss auf eine Gemeinde nehmen zu wollen. Vor Gott zählt nicht das Amt, in das ein Mensch eingesetzt wurde, sondern die Ausführung des Dienstes, in dem ein Mensch gestanden oder sich selbst gestellt hat.

Das war für mich z.B. der Grund, warum ich mich in einer bestimmten Gemeindesituation nicht selbst um den Dienst des dortigen ehrenamtlichen Gemeindeleiters beworben habe. Natürlich war ich gerne bereit, die notwendige Verantwortung zu tragen. Und als ehemaliger Pastor, der 10 Jahre in Gemeinden gedient hatte, war auch einiges an Erfahrung vorhanden. Aber ob ein Mensch in die Aufgabe der Gemeindeleitung berufen werden soll, muss die Gemeinde bzw. deren Älteste entscheiden, denn sie müssen „ihrem" Gemeindeleiter in seiner Verantwortung auch beistehen. Darum habe ich damals so lange gewartet, bis ich vom leitenden Pastor angefragt wurde.

Mit dem praktischen Dienst in der Gemeindeleitung ist also auch Verantwortung verbunden, weil ein Mitglied eines Leitungsteams immer in Beziehung zu Gott steht, der der Herr der Gemeinde ist und seine Gemeinde selbst bauen möchte (Matthäus 16,18).

Die zweite Beziehung, die ein Leiter leben und derer er sich bewusst sein muss ist, dass er Verantwortung trägt für die Menschen, die ihm vom Herrn der Gemeinde anvertraut wurden (1. Petrus 5,2-3). Dabei geht es nicht nur um die Personen in der Leitung der Gemeinde, sondern auch um Gemeindeglieder und die Dienste in der Gemeinde, für die diese Menschen verantwortlich sind.

Leiterschaft mit Fundament

Ich hatte dieses Kapitel begonnen mit der Aussage:

> »Es ist Gottes Gnade, wenn du Führungskraft hast,
> aber „Gnade dir Gott", wenn du Führungskraft bist!«

Ich gebe zu, sie ist sehr provokativ und stark formuliert. Doch kann sich das Leben einer Führungskraft genau auf solch ein Szenario zubewegen, wenn es kein wirkliches Fundament hat. Nach meiner Erfahrung ist die Mitarbeit in der Leitung einer Gemeinde eine der schönsten Aufgaben, die es gibt, wenn sie auf einem geistlichen Fundament steht.

Auf den vorangegangenen Seiten habe ich versucht, solch ein Fundament zu legen, indem ich auf die drei Dimensionen von Leiterschaft hingewiesen habe: Wissen, Persönlichkeit und Praxis. Wenn diese gut zusammenspielen, ergibt sich daraus eine Dienstbefähigung, die hilfreich ist, wenn es um die Umsetzung von der Theorie in die Praxis geht.

Dies alles wird Ihnen jedoch nur dann etwas nützen, wenn die menschliche Art der Befähigung zum Dienst auf einem Fundament steht, das einen Eckstein hat, Jesus Christus (vgl. Epheser 2,20). Und deshalb möchte ich dieses Kapitel schließen, indem ich Sie noch einmal auf die beiden zentralen Verse hinweise, die dieses Kapitel geprägt haben. Bitte meditieren Sie über diesen Versen immer wieder mit der Fragestellung: Was haben diese Worte für mich als Leiter zu bedeuten? Und dann lassen Sie sich vom Heiligen Geist Ihren Weg zeigen (vgl. Psalm 32,8). Es geht nichts über ein gutes, geistliches Fundament!

> „Aber Jesus rief sie zu sich und sprach: Ihr wisst, dass die Herrscher ihre Völker niederhalten und die Mächtigen ihnen Gewalt antun. So soll es nicht sein unter euch; sondern wer unter euch groß sein will, der sei euer Diener; und wer unter euch der Erste sein will, der sei euer Knecht, so wie der Menschensohn nicht gekommen ist, dass er sich dienen lasse, sondern dass er diene und gebe sein Leben zu einer Erlösung für viele." *(Matthäus 20,25-28)*

> „Weidet die Herde Gottes, die euch anbefohlen ist; achtet auf sie, nicht gezwungen, sondern freiwillig, wie es Gott gefällt; nicht um schändlichen Gewinns willen, sondern von Herzensgrund; nicht als Herren über die Gemeinde, sondern als Vorbilder der Herde. So werdet ihr, wenn erscheinen wird der Erzhirte, die unvergängliche Krone der Herrlichkeit empfangen." *(1. Petrus 5,2-4)*

Es ist noch kein Meister vom Himmel gefallen

„Führungsaufgaben erfüllt nicht, wer Menschen zu seinen Bediensteten herabwürdigt, sondern wer sich selbstlos in ihren Dienst begibt."[4]

„Mir ist gegeben alle Gewalt im Himmel und auf Erden. Darum gehet hin und machet zu Jüngern alle Völker: Taufet sie auf den Namen des Vaters und des Sohnes und des Heiligen Geistes und lehret sie halten alles, was ich euch befohlen habe. Und siehe, ich bin bei euch alle Tage bis an der Welt Ende." (Matthäus 28,18-20)

Kennen Sie Joseph von Zypern? Die Apostel des Neuen Testaments gaben ihm einen Künstlernamen, den man mit „Sohn des Trostes" oder auch mit „der Mann, der anderen Mut macht" übersetzen könnte. Dieser Künstlername war Barnabas (vgl. Apostelgeschichte 4,36). In Apostelgeschichte 11,23-24 wird von ihm gesagt, dass er ein fröhlicher, guter und auch ermutigender Mensch war, voll Heiligen Geistes und persönlichen Glaubens. Weiteren Berichten zufolge war er auch ein erfolgreicher Evangelist. Könnte er damit ein Vorbild für Leiterschaft sein?

Was ist überhaupt unter „Leiterschaft" zu verstehen? Vielleicht nehmen Sie sich einen Augenblick Zeit, um für sich selbst über diesen Begriff nachzudenken. Was für Gedanken gehen Ihnen durch den Kopf, wenn Sie den Begriff „Leiterschaft" hören? Welche Erfahrungen verbinden Sie mit Leiterschaft, vielleicht in der Gemeinde, zu der Sie gehören, oder in der Sie vielleicht sogar eine Leitungsaufgabe haben? Oswald Sanders definiert den Begriff „Leiterschaft" folgendermaßen: „Vollmächtiges Führen bedeutet Einfluss haben. Ein Mensch kann andere nur so weit führen, wie er sie beeinflussen kann"[5]. Lord Montgomery[6] definiert den Begriff so: „Leitung bedeutet, den Willen und die Fähigkeit dazu haben, Männer und Frauen zu einem gemeinsamen Zweck zusammen-

---

[4] Sanders: Leiterschaft, S. 11.
[5] A.a.O.: S. 17.
[6] Britischer Feldmarschall im zweiten Weltkrieg.

zubringen, und einen Charakter zu besitzen, der Vertrauen einflößt"[7]. Dr. John R. Mott[8] erklärt dazu: „Ein Leiter ist ein Mann, der den Weg kennt, der vorangeht und andere nach sich zieht"[9]. Und schließlich noch Dr. J. Robert Clinton, der es folgendermaßen umschreibt: „Leiterschaft ist ein dynamischer Prozess, in dem ein Mann oder eine Frau mit den von Gott gegebenen Fähigkeiten eine bestimmte Gruppe von Menschen Gottes in Bezug auf Seine Absichten mit dieser Gruppe beeinflusst"[10].

Leiterschaft und Charakter

Wenn man sich diese Definitionen genauer anschaut, kristallisiert sich ein Schlüsselbegriff heraus: Einfluss nehmen. Menschen, die andere Menschen führen, nehmen automatisch Einfluss auf diese Menschen.

Wenn man dies zu Ende denkt wird deutlich, warum der Charakter des Leiters in der Menschenführung eine solch entscheidende Rolle spielt. Theodore Roosevelt (26. Präsident der USA) sagte einmal: „Der entscheidende Faktor im Leben des Einzelnen wie der Nation ist auf lange Sicht der Charakter". Bei der Frage, ob er Recht hat, könnte uns eine Geschichte aus einem Kompetenzcenter[11] helfen. Sie dürfen am Ende raten, ob diese Geschichte wahr ist, oder einfach nur eine übertriebene Erzählung:

Herr Maier wurde Geschäftsführer eines neuen Kompetenzcenters eines Konzerns. In den vergangenen Jahren waren die besten Fachleute weltweit ausgewählt worden, um in diesem neuen Projekt zusammenzuarbeiten. Er wurde von vielen Kollegen beneidet, mit den Besten der Besten zusammenarbeiten zu dürfen. Die Namen des vorgesehenen Teams lasen sich wie das Who-is-Who der Szene. Der Schrecken begann gleich zu Beginn seiner neuen Tätigkeit, als einer seiner Experten sich weigerte, zu einer Teamstartveranstaltung zu kommen. Dort sei ein anderer Kollege, dieser habe ihn vor zehn Jahren öffentlich beleidigt. In der gleichen Firma zu arbeiten, sei gerade noch tolerierbar, aber er würde nie denselben Raum betreten wie dieser Kollege.

---

[7] Sanders: Leiterschaft, S. 17.
[8] Weltweiter Leiter des CVJM und Nobelpreisträger 1946.
[9] Sanders: Leiterschaft, S. 17.
[10] Clinton: Werdegang eines Leiters, S. 14.
[11] Knoblauch, Jörg u.a.: Ein Meer an Zeit, Frankfurt/Main 2005, S. 240.

Ein anderer Experte ließ hoch beleidigt anrufen, er sei sich nicht sicher, ob er mit der Einladung gemeint sei. Denn die Anrede sei nicht korrekt. Sein Professoren-, Doktor- und Funktionstitel war - wie hausintern üblich - weggelassen worden. Das könne er jedoch nicht akzeptieren. Ob man ihm eine korrigierte Einladung zusenden könne, sonst sehe er sich leider nicht imstande zu kommen. Wieder ein anderer meldete sich. Er sei hier, um zu arbeiten, deswegen werde er an solchen Treffen prinzipiell nicht teilnehmen. Innerhalb kürzester Zeit sprachen sich diese Fakten auch noch bei anderen Mitarbeitern herum.

Das Center war in Aufruhr und Herrn Maiers Zeitplan total durcheinander. Zuerst musste er den beleidigten Kollegen besuchen, dann stundenlange Versuche unternehmen, die zerstrittenen Kollegen doch für eine Teilnahme zu gewinnen. Die Gespräche waren extrem erniedrigend für ihn. Sein beleidigtes Gegenüber strotzte nur so von Arroganz und Eitelkeit, die er in scheinheilige Pseudo-Sachargumente verpackte. Kaum in sein Büro zurückgekehrt, warteten zwei Mitarbeitervertreter, die extrem erbost waren und sich von den Experten nur als moderne Sklaven benutzt sahen, mit der Hauptaufgabe, den hohen Herren zu huldigen und in den Mantel zu helfen, begleitet von stundenlangen sinnlosen Meetings, die der Selbstdarstellung und Machtdemonstration dienten.

Soweit diese Geschichte. Nun sind Sie dran. Was denken Sie: ist diese Geschichte wahr oder ist sie hoffnungslos übertrieben? Nicht weiterlesen, zuerst entscheiden! + + + + + +

Diese Geschichte ist geschehen im Deutschland des 21. Jahrhunderts. Nach dem Autor, Jörg Knoblauch, gibt es noch mehr solcher Beispiele: Da musste z.B. ein neuer Unternehmensstandort in einer strukturschwachen Gegend bald wieder geschlossen werden, nur wegen Machtgerangel zwischen zwei Parteien. Im Grunde war es ein riesiger Kindergarten, der einen wirtschaftlichen Schaden von ca. 500 Millionen Euro anrichtete und einige hundert Arbeitsplätze kostete. Natürlich wurde das alles gut begründet, diese Gründe hatten jedoch nichts mit der Realität zu tun[12]. Es war schlicht und ergreifend eine Katastrophe, verursacht von charakterschwachen Führungspersönlichkeiten.

---

[12] Vgl. Knoblauch, Jörg u.a.: Ein Meer an Zeit, Frankfurt/Main 2005, S. 241.

In unserer deutschen Wirtschaft entstehen jedes Jahr Milliardenschäden aufgrund von extremen Charakterschwächen auf allen Führungsebenen, wobei dabei der immense Verlust an Zeit und an Lebensqualität noch gar nicht berücksichtigt ist.

Stephen Covey hat dazu, beim Durchforsten der Erfolgsliteratur der letzten 200 Jahre, ein paar interessante Beobachtungen gemacht. Die Quintessenz dieser älteren Literatur war einhellig: „Säe einen Charakter und du erntest ein reiches Leben". Das heißt, es wurde zur damaligen Zeit eine sehr starke Ethik des Charakters vertreten. Die Literatur der vergangenen 50 Jahre stand dagegen eher unter dem Aspekt der Ethik des Images, frei nach dem Motto: „Tu so, als ob du einen starken Charakter hast und du erntest dasselbe, als wenn du einen hättest". Sprich: Image ist alles! Zeige, was du hast, aber nicht unbedingt, wer du bist.

Und noch ein letztes Zitat, das uns auf die geistliche bzw. Gemeindeebene bringen wird. Es ist aus einem Buch von William MacDonald:[13] „Dr. Howard Hendricks weiß von 246 Männern zu berichten, die im vollzeitlichen Dienst begonnen hatten und innerhalb von 2 Jahren moralisch versagten. Fast 250 Männer also haben innerhalb von 24 Monaten Schiffbruch erlitten. Das sind ungefähr 10 jeden Monat, die sich [...] disqualifiziert hatten. Dr. Paul Beck schätzt, dass nur ein Zehntel derer, die mit 21 Jahren in den vollzeitlichen Dienst für den Herrn gehen, mit 65 Jahren noch Christus predigen. Neun von zehn fallen aus.»Manche kommen moralisch zu Fall, andere durch Entmutigung, wieder andere durch liberale Theologie. Auch Geldliebe wird etlichen zum Fallstrick«."[14]

Ja, es gibt sie tatsächlich, diese zwei Seiten der Medaille, denen wir uns stellen müssen. Es gibt den Menschen, der an seinem Charakter arbeitet und den Menschen, der meint, an seinem Charakter zu arbeiten. Der eine macht eine gute Arbeit und der andere denkt so lange, dass er eine gute Arbeit macht, bis ihn die Realität vom Gegenteil überzeugen wird. Wenn Sie sich das Schaubild mit den drei Dimensionen von Leiterschaft noch einmal anschauen, befinden wir uns mit dieser Thematik mitten im Bereich der Persönlichkeit.

---

[13] MacDonald, William: Seiner Spur folgen, Bielefeld (CLV) 2008, S. 149.
[14] Farrar, Steve: Finishing Strong, Sisters: Multnomah Press, 1995, S. 6.

Es geht um ein „dienendes Herz". Wenn Sie an die Beispiele und Statistiken von eben denken, können Sie deshalb die Arbeit am Charakter eines Leiters gar nicht hoch genug einschätzen. Ich persönlich habe zwar keine Aufzeichnungen und Umfragen gemacht, habe jedoch sowohl als Gemeinde-Coach als auch als Pastor und Gemeindeleiter viel zu oft negative Erfahrungen mit Leitern gemacht, die einen schwachen Charakter hatten.

Wenn Sie selbst nicht zu diesen schwachen Führungskräften gehören möchten, fragen Sie sich bitte selbst einmal: Was macht eigentlich einen guten Charakter aus?

1985 begann Rob Lebow - damals noch Mitarbeiter des Microsoft-Gründers Bill Gates - damit, die Grundzüge eines positiven Arbeitsumfeldes für Unternehmen zu untersuchen. Lebow startete die Erforschung dieses „menschlichen Betriebssystems" mit einer wissenschaftlichen Studie über persönliche und betriebliche Werte.

Als Grundlage dazu diente ihm ein Fragebogen, der von 17 Millionen Arbeitnehmern in 40 Ländern ausgefüllt wurde und die Frage beinhaltete, in welchem Umfeld Menschen bereit wären, Höchstleistungen zu erbringen. Heraus kamen acht persönliche Werte, die Teilnehmer aus verschiedenen Ländern und Kulturen und Weltanschauungen übereinstimmend genannt hatten:

1. Ehrlichkeit
2. Vertrauen
3. Unterstützung
4. Offenheit
5. Risikobereitschaft
6. Anerkennung
7. Integrität
8. Selbstlosigkeit

Was für ein Umfeld! Wären Sie in solch einem Umfeld nicht auch bereit, Höchstleistungen zu bringen? Doch, wie kann solch ein Umfeld geschaffen werden, wenn Sie für Menschen verantwortlich sind?

Es lohnt sich, darüber etwas länger nachzudenken, und auch in der Bibel nachzuschauen. Dort können Sie z.B. einen Satz finden, der sehr gut zum Ausdruck bringt, wodurch sich der eigene Charakter entwickelt bzw. wie der eigene Charakter gestärkt wird. Er ist im Neuen Testament zu finden, in Galater 5,22-23: *„Die Frucht aber des Geistes ist Liebe, Freude, Friede, Geduld, Freundlichkeit, Güte, Treue, Sanftmut, Keuschheit (Selbstbeherrschung oder Enthaltsamkeit); gegen all dies ist das Gesetz nicht"*.

Manche Ausleger sagen, dass man bei diesem Ausspruch - nach der Satzstellung in den Urtexten - hinter dem Wort „Liebe" eigentlich einen Doppelpunkt setzen müsste. Das würde auch die Einzahl des Wortes „Frucht" erklären: *„Die Frucht aber des Geistes ist Liebe:"* Und dann käme der Doppelpunkt, der besagen würde: Und diese Liebe äußert sich in *„Freude, Friede, Geduld, Freundlichkeit, Güte, Treue, Sanftmut, Selbstbeherrschung"*.

Wenn ein Mensch die Liebe Jesu in all diesen Ausprägungen zu leben vermag, kann man von einem sehr charakterstarken Menschen sprechen. Das ist jedoch nicht die Regel, weshalb es sicher ratsam ist, in der persönlichen Entwicklung den eigenen Charakter immer im Blick zu behalten.

Wenn Sie gleich damit anfangen möchten, empfehle ich Ihnen, eine kleine Übung, die Sie auf der folgenden Seite in Form eines Fragebogens vorfinden. Auf diesem Fragebogen können Sie sich auf einer Skala von 0 (negativ) bis 10 (positiv) selbst beurteilen.

Nehmen Sie sich bitte ca. 10-15 Minuten Zeit, schauen sich die Eigenschaften an und beurteilen Sie sich damit selbst. Bitte lesen Sie nicht einfach weiter. Machen Sie bitte zuerst den Test!

Workshop: „Mein Charakter"

Meine negativen Charaktereigenschaften	0	1	2	3	4	5	6	7	8	9	10	Meine positiven Charaktereigenschaften
Ich bin unehrlich, rede schön und suche Ausreden												Ich bin ehrlich (meine Worte stimmen mit der Realität überein)
Ich bin unzuverlässig												Ich bin zuverlässig
Ich bin humorlos												Ich bin freudig (freue mich über kleine und große Dinge)
Ich bin bequem												Ich bin fleißig
Ich bin opportun (meine Worte und mein Tun sind nicht stimmig)												Ich bin integer (meine Worte und mein Tun sind stimmig)
Ich bin unbeherrscht												Ich bin selbstbeherrscht
Ich rede anderen nach dem Mund, was mir günstig erscheint												Ich bin prinzipienorientiert
Ich bin egoistisch												Ich bin besorgt um das Wohl anderer
Ich bin ungeduldig												Ich bin geduldig
Ich bin besserwisserisch und arrogant												Ich bin belehrbar und lernwillig
Ich bin angeberisch												Ich bin bescheiden
Ich nutze aus, bin machtbesessen und selbstherrlich												Ich bin unterstützend, dienstleistend, hilfsbereit
Ich bin autoritär												Ich bin kooperationsbereit
Ich bin unbarmherzig												Ich bin barmherzig

Nach diesem Selbsttest möchte ich gerne, dass Sie herausfinden, wie sehr Ihre Sensibilität für die Dinge des Charakters schon gestiegen ist. Dies soll geschehen, indem Sie in der folgenden Situationsbeschreibung, aus einem Buch von Stephen Covey[15], herausfinden, welches das Problem in der beschriebenen Situation sein könnte. Die Geschichte dazu trägt den Titel „Neulich in einer Bank":

„Vor einiger Zeit wurde ich von einer Bank, die ein Problem mit der Moral ihrer Angestellten hatte, als Berater hinzugezogen. »Ich weiß nicht, was los ist!«, klagte der junge Direktor. Er war intelligent und charismatisch, hatte einen schnellen Aufstieg hinter sich, und musste jetzt sehen, dass seine Institution strauchelte. Die Profitabilität und der Gewinn waren stark gesunken. Dafür machte er seine Leute verantwortlich: »Ich kann ihnen die tollsten Anreize bieten, aber sie blasen einfach weiter Trübsal«. Er hatte Recht. Das Klima schien durch Argwohn und fehlendes Vertrauen vergiftet. Ich führte zwei Monate lang Workshops durch, doch es änderte sich nichts. Ich stand vor einem Rätsel. »Wie könnte man dem vertrauen, was hier vorgeht?«, war die typische Antwort der Leute. Doch niemand wollte mir sagen, wie es zu diesem Misstrauen gekommen war. In informellen Gesprächen kristallisierte sich dann allmählich die Wahrheit heraus."

Soweit erst einmal. Bevor Sie weiterlesen möchte ich Sie bitten, folgende Frage zu beantworten: Welches Problem könnte sich hinter dem Misstrauen und der daraus resultierenden, miserablen Arbeitsmoral der Mitarbeiter verbergen?

Wenn Sie die Frage beantwortet haben, können Sie weiterlesen.

„Der Bankdirektor, der verheiratet war, hatte ein Verhältnis mit einer seiner Angestellten. Und alle wussten das! Jetzt war offensichtlich, dass die schlechte Leistung der Bank durch sein Verhalten verursacht wurde. Der größte Schaden, den dieser Mann anrichtete, betraf jedoch ihn selbst. Er dachte nur an sein Vergnügen und ließ die langfristigen Konsequenzen außer Acht. Außerdem hatte er ein Vertrauen verletzt, das ihm hätte heilig sein sollen: Das seiner Frau. Mit anderen Worten: Sein Misserfolg lag im Bereich des Charakters."

---

[15] Covey, Stephen R.: Der 8. Weg, Offenbach ⁴2007, S. 175.

Hier haben wir es mit einem Fall zu tun, den C. S. Lewis folgendermaßen beschreiben würde[16]: „Wenn Sie einem Menschen begegnen, der nicht an das wahre Richtig oder Falsch glaubt, wird eben jener Mensch einen Augenblick später genau darauf zurückgreifen. Er mag sein Versprechen Ihnen gegenüber brechen, aber wenn Sie versuchen, Ihr Versprechen ihm gegenüber zu brechen, wird er jammern: »Das ist doch nicht fair«, bevor Sie mit der Wimper zucken konnten".

Das sind die Leiter, die nur auf ihr eigenes Wohl und ihre Bedürfnisse aus sind. Aber „gnade dir Gott", wenn du es auch bist. Falls doch, können solche Leiter ziemlich unangenehm werden. Sie merken also: Die Entwicklung des Charakters ist sehr wichtig und wird Ihnen im Rahmen von Leiterschaft in der Gemeinde an allen Ecken und Enden begegnen. Fassen wir es deshalb zusammen, mit einer griffigen Definition von Andy Stanley: „Charakter ist der Wille, das Richtige zu tun, selbst wenn es schwerfällt!"

Und damit sind Sie nun bestens gerüstet für das, was ich als die Kernaufgabe geistlicher Leiterschaft bezeichnen würde. Diese finden Sie in einer Stelle aus dem Neuen Testament, die mein persönlicher Favorit in Bezug auf den Bau der Gemeinde ist:

> „Und er (Jesus) *hat einige als Apostel eingesetzt, einige als Propheten, einige als Evangelisten, einige als Hirten und Lehrer, damit die Heiligen zugerüstet werden zum Werk des Dienstes. Dadurch soll der Leib Christi erbaut werden, bis wir alle hingelangen zur Einheit des Glaubens und der Erkenntnis des Sohnes Gottes, zum vollendeten Mann, zum vollen Maß der Fülle Christi, damit wir nicht mehr unmündig seien und uns von jedem Wind einer Lehre bewegen und umhertreiben lassen durch trügerisches Spiel der Menschen, mit dem sie uns arglistig verführen."*
>
> *(Epheser 4,11-14)*

Dahinter verbirgt sich nicht nur ein wunderbares Prinzip, sondern auch ein Auftrag an alle, die in einer Gemeinde Verantwortung tragen. Robert Logan hat einmal gesagt: „Wo immer wir mit Gemeinden zu tun

---

[16] Stanley: Leader, S. 138.

haben, können wir Folgendes feststellen: Dort, wo ein Leiter seine Aufgabe primär darin sieht, die Arbeit selber zu tun, anstatt andere zum Dienst anzuleiten, ist das Wachstumspotential der Gemeinde äußerst begrenzt"[17].

Solange eine Gemeinde noch klein ist, ist das alles noch nicht schwierig. Die Arbeit ist für den Leiter noch überschaubar, und es ist kein Problem, eine Ein-Mann-Show aus der Gemeinde zu machen. Aber mit zunehmendem Wachstum an Gemeindegliedern oder Arbeits- und Verantwortungsbereichen, kommen Sie an Systeme und Strategien nicht mehr vorbei, die weiteres Wachstum der Gemeinde und der Christen in der Gemeinde ermöglichen. Ich zitiere noch einmal Robert Logan:

„In dem Maße jedoch, wie sich der Leiter darauf konzentriert, ehrenamtliche Mitarbeiter zum Dienst anzuleiten, steigt das Wachstumspotential, da nun die Ressourcen der ganzen Gemeinde für den Dienst freigesetzt werden. Konzentriert er sich darauf, Menschen zum Dienst zu befähigen, so wird er erleben, dass mehr und mehr Christen in Leitungsaufgaben hineinwachsen. Ein »Schneeballeffekt« entsteht"[18].

Ich habe versucht, dies mit Hilfe eines Dreiecks aus Epheser 4,11-14 abzuleiten. In der Struktur der ersten Gemeinden werden „einige" zu Leitern bestimmt, die für die Gemeinde verantwortlich sind. Diese sollen „die Heiligen zurüsten", damit das Werk Jesu getan werden kann - also viele davon sind Mitarbeiter. Das Ziel ist, dass „wir alle hingelangen" zur Reife in Jesus Christus. Im Grunde also ein Prozess zur Entwicklung geistlichen Lebens, aus Sicht der Leiter, die Jesus eingesetzt hat.

... Dadurch soll der Leib Chrisi erbaut werden ...
Alle zur Reife in Christus

... damit die Heiligen zugerüstet werden zum Werk des Dienstes ...
Viele als Mitarbeiter

... einige als Apostel einige als Propheten ...
Einige als Leiter

---

[17] Logan: Gemeindeleitung, S. 10.
[18] Ebd.

Dienende Leiterschaft

In eine Struktur der Leitung einer Gemeinde umgesetzt, könnte es dann so aussehen, wie auf nebenstehendem Bild. Dabei wird die klassische Führungspyramide bewusst auf den Kopf gestellt, sodass sich, wie von Jesus gedacht (vgl. Matthäus 23,8-12), sowohl der Gemeindeleiter als auch die gesamte Gemeindeleitung am unteren Ende der Pyramide befinden.

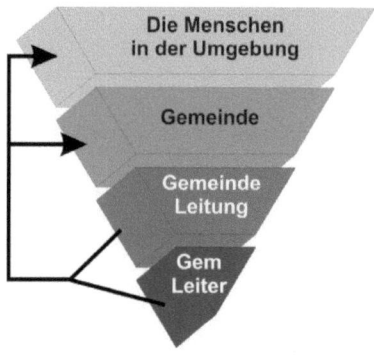

Die Leitung der Gemeinde nimmt dadurch eine dienende Haltung ein, und fokussiert sich letzten Endes auf „die Menschen in der Umgebung", auch wenn sie dabei die Gemeinde nicht aus dem Blick verlieren darf. Und das alles in einer Art und Weise, die von Fragen bestimmt ist, wie z.B.: Wie kann ich dir helfen? Was kann ich tun, damit du dein von Gott gegebenes Potential entfalten kannst?

Damit verbunden ist für mich das Bild des Adlers. Nicht nur, weil er sich in seiner majestätischen Art über den Rest der Welt in die Luft erheben kann, sondern weil er nicht so erdverbunden ist. Weil er Überblick hat und auch mal etwas riskiert, wie z.B. einen Sturzflug, um Beute zu machen. Er ist ein königlicher Jäger.

Im positiven Sinne sollten Leiter dies auch sein: Immer die Augen offen halten für die Menschen in der Gemeinde, und dabei den Überblick behalten, damit sie auch die Menschen nicht aus den Augen verlieren, die ohne eine Beziehung zu Jesus verloren gehen würden.

Ebenen der Leiterschaft

Diese Form der Leiterschaft spielt sich in der Praxis der Gemeindearbeit auf verschiedenen Ebenen ab. Führung von Menschen geschieht nicht nur im Rahmen der Gemeindeleitung, auch wenn es bei dieser Aufgabe am deutlichsten zu Tage tritt. Führung von Menschen findet sich auch noch in anderen Bereichen der Gemeinde. Ein Leitgedanke dazu könnte die Feststellung des Apostels Paulus sein, die er in seinem Brief an die Gemeinde in Korinth trifft. Dabei geht es explizit um das Thema Leiterschaft:

> *„Und Gott hat in der Gemeinde eingesetzt erstens Apostel, zweitens Propheten, drittens Lehrer, dann Wundertäter, dann Gaben, gesund zu machen, zu helfen, zu leiten und mancherlei Zungenrede."* (1. Korinther 12,28)

Luther hat das Wörtchen „zu leiten" als Verb übersetzt. In anderen Übersetzungen findet sich dieses Wort auch als Substantiv und im Plural. Es handelt sich demnach um „Leitungen". Nicht in der Art wie z.B. eine Wasserleitung, sondern es geht um verschiedene Arten von Leitung in der Gemeinde. Man spricht auch von verschiedenen Ebenen der Leiterschaft in der Gemeinde. Damit haben Sie auch ein gutes Instrument an der Hand, mit dem angehende Leiter langsam aber sicher an größere Aufgaben herangeführt werden können.

Das kann beginnen, indem sie auf der Ebene 1 einem Leiter eines Hauskreises (Zelle) oder einer Dienstgruppe (Lobpreis - Putz-Team - Technik - etc.) als Co-Leiter oder Leiter-Azubi zur Seite stehen. An dessen Seite können sie Grundlagen von Leiterschaft kennenlernen und einüben, bevor sie durch Multiplikation der Zelle selbst die Leitungsaufgabe übernehmen.

Auf der Ebene 2 wäre es möglich, weitere Erfahrungen zu machen, indem z.B. der Leiter einer Zell- oder Dienstgruppe einen Leiter-Azubi anleitet oder die Betreuung und Fortbildung von mehreren Zell-Leitern übernimmt.

Auf der Ebene 3 befinden sich Leitungsaufgaben, die größere Bereiche der Gemeinde betreffen, wie z.B. Jugend-, Frauen-, Männer- oder Seniorenarbeit einer Gemeinde. Stellen sich bei einem Leiter auf der Ebene 3 besondere Befähigungen heraus, könnte er gleichzeitig die Begleitung anderer Bereichsleiter übernehmen.

Und schließlich geht es auf der Ebene 4 darum, in der Leitung der Gemeinde direkt mitzuarbeiten. Dies kann als Gemeindeleiter, als Ältester oder als Bereichsleiter geschehen. Auf diese Ebene sollten nur erfahrene Personen[19] berufen werden. In dem folgenden Schaubild werden die Ebenen noch einmal zusammengefasst beschrieben:

	Ebene 1	Ebene 2	Ebene 3	Ebene 4
Aufgabe	Christen/ Gruppen leiten	Mitarbeiter leiten	Bereiche leiten	Gemeinde leiten
Beispiele	Hauskreise/ Dienstgruppen	Coach für Leiter und Mitarbeiter	Strukturieren/ Organisieren/ Coach für Bereichsleiter	Gremienarbeit/ Vision/Ziele/ Coach für Gemeinde-Ltg.
Schwerpunkt	Dienst mit anderen	Personen/ Grp. coachen	Strukturen optimieren	„Vaterschaft" Vision/Ziele
Neigungen	Aufgaben/ Dienste/ Personen	Andere in ihrer Entwicklung fördern	Überblick behalten und vernetzen	Vision/Ziele/ Gruppen/ Gemeinde weiterbringen

Zum Ende dieses Kapitels würde ich Sie gerne zur Bearbeitung eines Workshops motivieren. Dabei geht es um Ihre Ergebnisse aus dem Workshop „Mein Charakter" und Ihre persönlichen Ziele für Ihr Leben. Dazu bitte ich Sie, sich Gedanken über folgende Fragen zu machen. Ihre Ergebnisse können Sie in die Tabelle auf der nächsten Seite eintragen:

- Was haben meine Lebensziele mit den einzelnen Ebenen der Leiterschaft zu tun?
- Welche Konsequenzen ergeben sich daraus für meine Rolle(n) im derzeitigen bzw. in einem möglichen zukünftigen Aufgabenfeld (in der Gemeinde)?
- Welche Charakterstärke würde ich gerne weiter ausbauen, welche Schwäche angehen?
- Was könnte ich konkret für Schritte gehen, um bestimmte Charaktereigenschaften einzuüben, von denen ich überzeugt bin?

---

[19] Ob dies weibliche oder männliche Personen sein können, hängt von den theologischen bzw. geistlichen Grundsätzen der jeweiligen Gemeinde ab.

Es ist noch kein Meister vom Himmel gefallen

WAS?	WANN?	WIE?	Wer hilft mir dabei?

Leiterschaft mit Vision

„Jede Gemeinde, jedes Team, jede Organisation verdient und braucht jemanden, der die Vision verkörpert, jemanden, dessen Werte und dessen Hingabe die Vision leben lassen."[20]

„Weidet die Herde Gottes, die euch anbefohlen ist; achtet auf sie, nicht gezwungen, sondern freiwillig, wie es Gott gefällt; nicht um schändlichen Gewinns willen, sondern von Herzensgrund." (1. Petrus 5,2)

In jedem Menschen, jedem Führungsteam und jeder Gemeinde gibt es eine Glut unter der Asche. Diese Glut ist der sehnliche Wunsch, eine erträumte Zukunft zu erschaffen, Teil eines größeren Ganzen und wenn möglich, erfolgreich zu sein. Diese Glut ist Ihre Vision, Ihre Lebensenergie und Ihr Glaube daran, dass Sie diese auch verwirklichen können. Die Kraft dazu ist immer vorhanden, genährt von dem, der von sich gesagt hat, dass er selbst die Gemeinde bauen möchte: Jesus.

Und das bedeutet, Sie haben Visionen, Sie haben Energie und Sie haben Glauben. Und zwar genug, um die Wirklichkeit zu schaffen, die Ihnen von Jesus, in Bezug auf Ihre Gemeinde, vor Augen gemalt wird. So werden seine Wünsche und seine Ziele zu den Ihren. Folgen Sie diesen Vorgaben, nenne ich dies, Leiterschaft mit Vision.

In diesem Abschnitt des Buches soll dieses Leiten mit Vision aus drei Blickwinkeln betrachtet werden: Prinzipienorientiert Leiten, Leiten im Regelkreis und kommunikativ Leiten. Damit ist sicher nicht alles über Leiterschaft mit Vision gesagt, aber Sie erhalten dadurch einen guten Überblick darüber, wie Sie auch in Ihrer Gemeinde ziel- und visionsorientiert leiten können.

Einsteigen möchte ich allerdings mit einer These, die aus meiner Sicht das Öl sein könnte, das die Glut zum Brennen bringt, um in obigem Bild zu bleiben. Diese These heißt:

---

[20] Hybels: Mutig führen, S. 45.

Die Gemeinde kommt nur so weit wie ihre Leiter schon sind

Pastor Rick Warren, Seniorpastor der Saddleback Valley Church in Kalifornien, sagte einmal: „Wachsende Gemeinden brauchen wachsende Leiter. Wenn der Leiter aufhört zu wachsen, wird auch die Gemeinde nicht weiter wachsen."[21] Damit brachte er ein geistliches Prinzip der Leitung von Gemeinden auf den Punkt, das heißt: „Eine Gemeinde kommt immer nur so weit, wie ihre Leiter bereits sind".

Bill Hybels hat es in seinem Buch etwas anders ausgedrückt, indem er schreibt: „Ich bin absolut davon überzeugt, dass die Kirche nie ihr volles erlösendes Potenzial erreichen wird, wenn Männer und Frauen mit der Gabe der Leitung nicht aufstehen und führen"[22]. Auch hinter dieser Aussage steckt das Prinzip, dass eine Gemeinde immer nur so weit kommen kann, wie ihre Leiter bereit sind, zu gehen bzw. sich zu entwickeln. Und das gilt für die geistliche Reife, die charakterliche Stärke, die Liebe zu sich selbst und zu anderen und die Leidenschaft für die Gemeinde und ihre Arbeit. Dieses geistliche Prinzip finden Sie nicht als Bibelvers in der Bibel, aber Sie können es aus den Berichten über die ersten Gemeinden herauslesen.

Und Sie können es in der Praxis der Gemeindearbeit erkennen, wenn Sie sich verschiedene Gemeinden und ihre Arbeit anschauen. Deshalb möchte ich über ein paar Bereiche der Leitung einer Gemeinde sprechen, die mir der Geist Gottes im August 2015, mitten in der Nacht aufs Herz gelegt hat, damit sich Gemeinden zu Gottes Ehre so weiterentwickeln können, wie er es möchte. Und dies vor allem dadurch, dass verantwortliche Leiter in der Gemeinde ihren Gemeindegliedern immer einen Schritt voraus sind, in welchen Bereichen auch immer. Im Folgenden stelle ich dazu sieben Fragen:

(1) Wie sehen Sie sich als Team?
Ich bin der festen Überzeugung, dass Gott immer darauf bedacht ist, dass er für jede Phase oder Zeit, in der sich eine Gemeinde befindet, genau das passende Team mit den passenden Leitern zusammenstellt. Dazu zwei Bibelstellen:

---

[21] Warren, Rick: „Die sieben Fallen", in Willownetz, Ausgabe Nr. 02/06, S. 5.
[22] Hybels: Mutig führen, S. 30.

> *„Wie ist es denn nun, liebe Brüder? Wenn ihr zusammenkommt, so hat ein jeder einen Psalm, er hat eine Lehre, er hat eine Offenbarung, er hat eine Zungenrede, er hat eine Auslegung. Lasst es alles geschehen zur Erbauung!"*
>
> (1. Korinther 14,26)

Das heißt nicht, dass einer dies hat und ein anderer jenes, sondern dass jeder Einzelne alles für die Arbeit Notwendige beizutragen hat, wenn Sie als Team zusammenkommen. Und alles soll zur Erbauung dienen.

> *„Denn wie der Leib einer ist und doch viele Glieder hat, alle Glieder des Leibes aber, obwohl sie viele sind, doch ein Leib sind: so auch Christus. Denn wir sind durch einen Geist alle zu einem Leib getauft, wir seien Juden oder Griechen, Sklaven oder Freie, und sind alle mit einem Geist getränkt. Denn auch der Leib ist nicht ein Glied, sondern viele. Wenn aber der Fuß spräche: Ich bin keine Hand, darum bin ich nicht Glied des Leibes, sollte er deshalb nicht Glied des Leibes sein? Und wenn das Ohr spräche: Ich bin kein Auge, darum bin ich nicht Glied des Leibes, sollte es deshalb nicht Glied des Leibes sein? Wenn der ganze Leib Auge wäre, wo bliebe das Gehör? Wenn er ganz Gehör wäre, wo bliebe der Geruch? Nun aber hat Gott die Glieder eingesetzt, ein jedes von ihnen im Leib, so wie er gewollt hat."* (1. Korinther 12,12-18)

Gott setzt seine Kinder an der Stelle im Leib Christi ein, die er für richtig hält. Und das heißt, dass Sie in Ihrem Team - für den momentanen Zeitpunkt - genau richtig zusammengesetzt sind. Jeder ist in Ihrem Team, weil er aus Gottes Sicht dort sein soll. Dementsprechend kann jeder - von Gott - für diese Gemeinde fruchtbar werden. Der Apostel Paulus schreibt dazu in Epheser 2,8-10:

> *„Denn aus Gnade seid ihr selig geworden durch Glauben, und das nicht aus euch: Gottes Gabe ist es, nicht aus Werken, damit sich nicht jemand rühme. Denn wir sind sein Werk, geschaffen in Christus Jesus zu guten Werken, die Gott zuvor bereitet hat, dass wir darin wandeln sollen".*

Natürlich sieht es von außen oft so aus, als ob Menschen ihre Hände so sehr im Spiel hätten, dass manches einfach nicht mehr funktionieren kann. Wenn Sie allerdings anfangen, sich als von Gott platziert zu sehen, verändert dies alles. Und Sie können anfangen herauszufinden, was Ihre spezielle Aufgabe in diesem Team ist. Es kann eine sehr spannende Angelegenheit sein, darüber einmal als Team in Klausur zu gehen. Ich habe dies schon mit einigen Teams gemacht. Wenn Menschen erkennen, dass sie von Gott eingesetzt und gewollt sind, setzt dies Energien frei, mit denen keiner vorher gerechnet hat. Also, fragen Sie sich: Wie sehen wir uns als Team?

(2) Wie stehen Sie zueinander?
Gott sagte zu den Menschen im Paradies: *„Und Gott segnete sie und sprach zu ihnen: Seid fruchtbar und mehret euch und füllet die Erde und machet sie euch untertan und herrschet"* (1. Mose 1,28). Wir sollen also herrschen. Wenn wir nun ins Neue Testament der Bibel schauen, hat sich für uns als Christen daran nichts verändert:

> *„Denn wenn wegen der Sünde des Einen der Tod geherrscht hat durch den Einen, um wie viel mehr werden die, welche die Fülle der Gnade und der Gabe der Gerechtigkeit empfangen, herrschen im Leben durch den Einen, Jesus Christus."* (Römer 5,17)

„Herrschen im Leben", also nicht erst, wenn Sie tot sind! Und mit welchem Status sollen Sie das - z.B. im Leitungsteam - tun? In Offenbarung 1,5-6 können Sie dazu lesen:

> *„Ihm, der uns liebt und uns erlöst hat von unsern Sünden mit seinem Blut und uns zu <u>Königen und Priestern</u> gemacht hat vor Gott, seinem Vater, ihm sei Ehre und Gewalt von Ewigkeit zu Ewigkeit!"*

Sie sollen herrschen, weil Sie Könige und Priester Gottes auf der Erde sind. Wie dieses „herrschen" aussehen kann oder auch sollte, werde ich noch erläutern. An dieser Stelle geht es mir vor allem darum, wie Sie sich im Leitungsteam gegenseitig sehen können: Als Könige und Priester im Reich des Königs aller Könige. Und weil das so ist, gehen damit auch gewisse Folgerungen einher. Eine davon finden Sie z.B. in Matthäus 10,40-42:

> *„Wer euch aufnimmt, der nimmt mich auf; und wer mich aufnimmt, der nimmt den auf, der mich gesandt hat. Wer einen Propheten aufnimmt, weil es ein Prophet ist, der wird den Lohn eines Propheten empfangen. Wer einen Gerechten aufnimmt, weil es ein Gerechter ist, der wird den Lohn eines Gerechten empfangen. Und wer einem dieser Geringen auch nur einen Becher kalten Wassers zu trinken gibt, weil es ein Jünger ist, wahrlich, ich sage euch: Es wird ihm nicht unbelohnt bleiben."*

Wenn ich diese Stelle richtig verstehe, sagt sie etwas darüber aus, was ein anderer Mensch für mich sein kann. Oder im Falle eines Leitungsteams, was der Einzelne für das Team werden kann. Und das heißt: Wenn Sie den anderen als den anerkennen, der er ist, mit seinen Begabungen, Fähigkeiten, Stärken und Schwächen, werden Sie als Team auch das bekommen, was Gott durch den Anderen wirken möchte. Jedes Teammitglied kann auf diese Weise für das Team zu dem Menschen werden, den Gott sich gedacht hat und seine Zugehörigkeit wird fruchtbar werden können. Wenn Sie das nicht tun, geschieht vermutlich das, was in Markus 6,4-5 beschrieben ist:

> *„Jesus aber sprach zu ihnen: Ein Prophet gilt nirgends weniger als in seinem Vaterland und bei seinen Verwandten und in seinem Hause. Und er konnte dort nicht eine einzige Tat tun, außer dass er wenigen Kranken die Hände auflegte und sie heilte".*

Jesus war zu diesem Zeitpunkt in seiner Heimatstadt Nazareth, in der Synagoge. Er lehrte mit Vollmacht und alle waren davon begeistert. Es herrschte bestimmt eine ehrenvolle Atmosphäre im Raum, bis einer auf die Idee kam und die anderen fragte: „Ist das nicht der Jesus, den wir als Sohn des Zimmermanns - Josef - kennen?" Und von einem auf den anderen Moment war die staunende Ehre aus der Synagoge verschwunden, wie bei einem Luftballon, aus dem man die Luft herauslässt. Das Ergebnis war, dass Jesus, der Sohn Gottes, in seinem Tun begrenzt wurde, weil es Menschen gab, die anderen Menschen - in diesem Fall Jesus - die Ehre verweigert haben. Sie ließen ihn nicht stehen als den, der er ist: Jesus Christus, der Sohn Gottes, sondern legten ihn fest auf den Sohn des Zimmermanns. Und entsprechenden Lohn bekamen sie auch. Es ist demnach sehr wichtig, wie Sie sich gegenseitig im Team sehen und ob Sie anerkennen können, dass andere Teammitglieder ein Geschenk Gottes sind, mit denen unser Gott etwas in Ihrer Gemeinde erreichen möchte.

(3) Sind Sie an Leiter-Nachwuchs interessiert?
Mittlerweile sind sich die Fachleute darüber einig - und vielleicht erleben Sie es auch persönlich, dass es immer weniger Menschen gibt, die bereit sind, mit anzupacken bzw. Verantwortung zu übernehmen. Das kann sehr unterschiedliche Gründe haben, die ich hier nicht erörtern werde. Doch es bedeutet nicht, dass Sie als aktuell Verantwortliche den Kopf in den Sand stecken müssen. Nehmen Sie einfach die Herausforderung an und überlegen Sie, wie Sie vor allem junge Menschen wieder dafür gewinnen und schulen können, Führungsverantwortung in christlichen Gemeinden zu übernehmen.

Dazu bietet sich ein biblisches Konzept an, das der Apostel und Gemeindegründer Paulus seinem Mitarbeiter Timotheus ans Herz gelegt hat:

> *„Und was du von mir gehört hast vor vielen Zeugen, das befiehl treuen Menschen an, die tüchtig sind, auch andere zu lehren."* (2. Timotheus 2,2)

Daraus ergibt sich zunächst einmal eine grobe Strategie für die Gewinnung von Leitern in der Gemeinde. Im Handbuch für Gemeindeleitung ist dazu zu lesen: „Eine Gemeinde oder eine Organisation kann nur in dem Maß wachsen, wie sie ihre Leiterschaft vergrößert. Darum müssen wir Ausschau halten nach Timotheussen und Titussen, die wir für Leitungs- und Verantwortungsaufgaben nachziehen und anleiten können, mit dem Ziel, dass sie von uns als Leiter unabhängig, aber von Gott ganz abhängig werden"[23].

Das leuchtet nicht nur ein, sondern ist auch die Erfahrung in der Praxis der Gemeinde-Arbeit, wie es z.B. in den Worten von Robert Logan zum Ausdruck kommt, die ich weiter vorne schon einmal zitierte: „Wo immer wir mit Gemeinden zu tun haben, können wir Folgendes feststellen: Dort, wo ein Leiter seine Aufgabe primär darin sieht, die Arbeit sel-

---

[23] Bosch: Handbuch, S. 43.

ber zu tun, anstatt andere zum Dienst anzuleiten, ist das Wachstumspotential der Gemeinde begrenzt"[24]. Solange eine Gemeinde noch klein ist, ist das alles noch kein Problem. Die Arbeit ist für den oder die Leiter überschaubar. Es ist nicht problematisch, eine „Ein-Mann-Show" aus der Gemeinde zu machen. Aber mit zunehmendem Wachstum an Gemeindegliedern oder Arbeits- und Verantwortungsbereichen sieht das anders aus. Dazu noch einmal das Zitat von Robert Logan: „In dem Maße jedoch, wie sich der Leiter darauf konzentriert, ehrenamtliche Mitarbeiter zum Dienst anzuleiten, steigt das Wachstumspotential, da nun die Ressourcen der ganzen Gemeinde für den Dienst freigesetzt werden. Konzentriert er sich darauf, Menschen zum Dienst zu befähigen, so wird er erleben, dass mehr und mehr Christen in Leitungsaufgaben hineinwachsen. Ein »Schneeballeffekt« entsteht"[25].

Diese Aufgabe, neues Leitungspersonal auf allen Ebenen zu gewinnen, muss nicht die alleinige Aufgabe der Gemeindeleitung sein. Man kann in der Gemeinde eine Art „Scouting" einführen, wie man es im Sport schon lange praktiziert. Dabei beobachten sich Menschen gegenseitig und suchen nach vorhandenem Leitungspotential. Das könnte auch einen positiven Effekt haben, neben dem, dass man sich besser kennenlernt: Die Menschen suchen nach positiven Eigenschaften in anderen Menschen. Das hilft zu besserem Verständnis und zu einem positiven Eindruck voneinander. Alles in allem kann sich dies sehr positiv auf die Beziehungen in der Gemeinde auswirken.

(4) Wer sind Sie für die Gemeinde: Vorbilder? Autorität? Diener?
Wenn eine Gemeinde wirklich nicht weiterkommen kann, als die Mitglieder der Leitung der Gemeinde bereits sind, stellt sich irgendwann die Frage, welche Komponenten das Weiterkommen beeinflussen können. Ich biete Ihnen dazu drei Stichworte an: Vorbild - Autorität - Diener.

(4.1) Vorbild
Paulus hat zu diesem Thema klare Vorstellungen, wenn er an seinen Mitarbeiter und Gemeindeleiter Timotheus Folgendes schreibt: *„Du aber sei den Gläubigen ein Vorbild im Wort, im Wandel, in der Liebe, im*

---

[24] Logan: Gemeindeleitung, S. 10.
[25] Ebd.

Glauben, in der Reinheit" (1. Timotheus 4,12). Dass ihm dieser Hinweis generell wichtig war zeigt sich darin, dass er diese Sache auch an seinen Mitarbeiter Titus schreibt:

> *„Dich selbst aber mache zum Vorbild guter Werke mit unverfälschter Lehre, mit Ehrbarkeit, mit heilsamem und untadeligem Wort, damit der Widersacher beschämt werde und nichts Böses habe, das er uns nachsagen kann." (Titus 2,7)*

Wie wichtig die Vorbildfunktion in der Gemeinde ist, zeigt sich z.B. auch darin, dass in den letzten Jahren vielen Bücher und Schriften zum Thema Mentoring, Coaching oder geistliche Begleitung erschienen sind. Und nicht zuletzt auch in der großen Bewegung, die sich mit dem Thema der „Vaterschaft Gottes" befasst. Dabei geht es nicht nur um die Vaterschaft Gottes, sondern auch darum, wie Sie als Christ für andere eine begleitende und helfende Rolle einnehmen können. Wir brauchen mehr denn je Vorbilder für unser Leben als Nachfolger Jesu.

(4.2) Autorität

Als Leitungsteam haben Sie Autorität in der Gemeinde, die Ihnen von Gott, und nur von Gott, gegeben werden kann. Das gilt auch dann, wenn Mitarbeiter in Leitungsteams in der Regel gewählt bzw. berufen werden. In Hebräer 13,17 lesen Sie dazu:

> *„Gehorcht euren Führern und folgt ihnen, denn sie wachen über eure Seelen - und dafür müssen sie Rechenschaft geben -, damit sie das mit Freuden tun und nicht mit Seufzen; denn das wäre nicht gut für euch."*

Mit diesen Worten wird die Gemeinde angewiesen, sich unterzuordnen. Dies kann jedoch nur unter Menschen geschehen, die von Gott die Autorität bekommen haben, Gemeinde zu leiten, sonst geht es nur noch um Macht. Wie diese Autorität in der Praxis gelebt werden soll, beschreibt der Apostel Petrus in 1. Petrus 5,2-3:

> *„Weidet die Herde Gottes, die euch anbefohlen ist; achtet auf sie, nicht gezwungen, sondern freiwillig, wie es Gott gefällt; nicht um schändlichen Gewinns willen, sondern von Herzensgrund; nicht als Herren über die Gemeinde, sondern als Vorbilder der Herde."*

Dieses „weiden" (griechisch: poimeinoo) kann weiden, hüten, leiten, führen, bewachen, beschützen oder tragen bedeuten. Also eine klar umrissene Aufgabe, die zeigt, welche Verantwortung ein Leitungsteam gegenüber den Menschen hat, die ihm anvertraut sind. Das Spektrum reicht vom Leiten bis zum Beschützen. Das sollte niemand auf die leichte Schulter nehmen.

(4.3) Diener
Und schließlich geht es noch um eine ganz wichtige Ausprägung von Leiterschaft in der Gemeinde, nämlich, dass sie mit der Mentalität eines Dieners geschehen soll. Dazu können Sie in 1. Petrus 4,10 nachlesen:

> „Und dient einander, ein jeder mit der Gabe, die er empfangen hat, als die guten Haushalter der mancherlei Gnade Gottes."

Petrus macht hier deutlich, dass eine Leitungsaufgabe keinem reinen Selbstzweck dienen darf, sondern dazu, andere Menschen zu bevollmächtigen und sie auf die Aufgabe(n) vorzubereiten, die Gott für sie vorgesehen hat. Und das geschieht auch innerhalb eines Leitungsteams nur mit den Gaben und Fähigkeiten, die das jeweilige Teammitglied hat.

In eine Struktur der Leitung einer Gemeinde umgesetzt, könnte es so aussehen, wie auf dem Schaubild zum Thema „Dienende Leiterschaft". Dass dabei die klassische Führungspyramide auf den Kopf gestellt wurde bedeutet, dass die Leitung der Gemeinde eine dienende Haltung einnimmt. Und dies mit dem obersten Ziel „die Menschen in der Umgebung" zu erreichen. Diese Art der Leitung wird bestimmt von dem primären Anliegen, alle Christen zu Jüngern Jesu zu machen und ihnen zu helfen, ihr von Gott gegebenes Potential zu entfalten.

(5) Haben Sie ein gemeinsames Ziel?
In Bezug auf Vision und Zielsetzungen in einer Gemeinde, stimme ich dem zu, was Bill Hybels geschrieben hat: „Es ist einfach so, dass Menschen mit der Gabe der Leitung ganz besonders gut darin sind, Strategien und Strukturen zu entwickeln, die andere Menschen dazu befähigen, ihre Gaben so effektiv wie möglich einzusetzen. Leiter sehen das Gesamtbild und wissen, wie sie anderen helfen können, ihren Platz

innerhalb des Bildes zu finden"[26]. Dennoch kommt es laut dem Gemeindebauexperten John Wimber, immer wieder dazu, dass sich die Leiter einer Gemeinde mehr auf Programme und Personen konzentrieren, als auf Vision und Werte, Prioritäten und Strategien.[27] Das kann zu einer massiven Blockade im Wachstum der Gemeinde werden.

Denn Menschen spüren sehr schnell, ob es darum geht, sie nur als Arbeitskraft zu missbrauchen, oder darum, eine gemeinsame Vision bzw. einen gemeinsamen Auftrag umzusetzen. Natürlich gehört es heute fast schon zur Pflicht einer Gemeinde, eine Vision zu haben. Und die wird meist auch auf der Homepage und im Foyer der Gemeinde präsentiert. Aber ich erlebe immer wieder, dass dies nur Feigenblätter sind. Es ist eine Sache, eine Vision formuliert zu haben, aber es ist eine andere, die Gemeindearbeit auch konsequent an dieser Vision oder diesem Auftrag auszurichten. Denn das würde bedeuten, dass sich dieser Vision alles andere unterordnen müsste.

In Psalm 32,8 hat Gott versprochen: *„Ich will dich unterweisen und dir den Weg zeigen, den du gehen sollst; ich will dich mit meinen Augen leiten"*. Das bedeutet, dass eine Gemeinde nicht irgendeinem Auftrag folgt - vorausgesetzt sie ist mit Gott im Gespräch über das, was sie tun soll, sondern sie folgt dem Auftrag Gottes für sie, dem in der Folge auch persönliche Befindlichkeiten, Traditionen, vorhandene Gruppen und Kreise und persönliche Ziele unterzuordnen sind. Ich stelle fest, dass eine Gemeinde normalerweise gut vorankommt, wenn sie auf Gott hört und alles konsequent auf seine Vision/seinen Auftrag ausrichtet.

(6) Sind Sie an der Weiterentwicklung eigener Qualifikationen und Kompetenzen interessiert?

Wenn es einem Leitungsteam am Herzen liegt, dass die Gemeinde sich geistlich, organisatorisch und zahlenmäßig weiterentwickelt, wird sich das auch darin zeigen, dass sich die einzelnen Mitglieder der Leitung selbst weiterentwickeln möchten. In Amerika gibt es den Ausspruch:

---

[26] Hybels: Mutig führen, S. 29.
[27] Aus: Brodeur, Michael; Liebscher, Banning: Erweckungs Kultur, Vaihingen/Enz 2014, S. 296-297.

„Every leader is a reader!"[28] Der Begriff, der im Neuen Testament für Jünger verwendet wird, bedeutet im übertragenen Sinn: Schüler sein. Und ein Schüler ist in jedem Fall ein Lernender. Nebenbei bemerkt habe ich noch nie einen Schüler erlebt, der nicht auch aus Büchern gelernt hat. Entweder aus seinen eigenen oder aus denen des Lehrers. Ein Satz dazu aus Matthäus 11,29:

> „Nehmt auf euch mein Joch und lernt von mir; denn ich bin sanftmütig und von Herzen demütig; so werdet ihr Ruhe finden für eure Seelen."

Jesus fordert seine Nachfolger hier ganz bewusst dazu auf, von seinem Vorbild zu lernen. Ein weiterer Satz dazu aus 2. Timotheus 3,14:

> „Du aber bleibe bei dem, was du gelernt hast und was dir anvertraut ist; du weißt ja, von wem du gelernt hast."

Timotheus hatte offensichtlich etwas von Paulus gelernt. Und dies ermächtigte ihn nun, Gemeindeleiter zu sein. Das gleiche Anliegen hatte Paulus auch in seinem Brief an seinen Mitarbeiter Titus:

> „Lass aber auch die Unseren lernen, sich hervorzutun mit guten Werken, wo sie nötig sind, damit sie kein fruchtloses Leben führen." (Titus 3,14)

Auch in diesen Worten wird die Gemeinde aufgefordert, zu lernen. Sie können sich nicht mit „guten Werken" hervortun, wenn Sie nicht zuvor gelernt haben, was gute Werke sind. Der Gemeindeleiter Titus ist damit aufgefordert, Menschen in guten Werken anzuleiten. Und schließlich noch ein Satz aus Hebräer 5,8:

> „So hat er, obwohl er Gottes Sohn war, doch an dem, was er litt, Gehorsam gelernt."

Das ist für mich einer der stärksten Sätze im Neuen Testament der Bibel. Sogar der Sohn Gottes musste etwas lernen. Wie kommen manche Menschen dann darauf, dass Sie nichts mehr dazulernen und auch keine Bücher lesen müssten? Ich selbst habe schon einige Hundert Bücher gelesen. Dabei habe ich jedoch nicht den Anspruch, von jedem gelesenen Buch noch genau zu wissen, was der Inhalt war. Für mich

---

[28] Jeder Leiter ist auch ein Mensch, der Bücher liest!

verhält es sich so, wie bei einem schmutzigen Weidenkorb, mit dem jemand mehrmals zum Wasser holen geschickt wird: Er wird bei keinem seiner Versuche Wasser mitbringen, doch am Ende wird der Weidenkorb ganz sicher gereinigt sein. Mir sind all die Autoren der Bücher zu Mentoren geworden, die mein Leben geprägt und es verändert haben. Es ging also nie nur um die Anhäufung von Wissen, sondern in den meisten Fällen um persönliche Veränderung. Das ist ein wichtiger Ansatz, wenn es darum geht, dass sich Gemeinde entwickeln soll.

Es geht bei allem Lernen und Weiterentwickeln nie um das reine Anhäufen von Wissen, sondern immer auch um persönliche Veränderung und Weiterentwicklung, und die Erweiterung notwendiger Kompetenzen. Wenn Sie also wollen, dass sich Ihre Gemeinde weiterentwickelt, dann bleiben Sie dran, sich selbst weiter zu entwickeln, denn die Gemeinde wird nie weiter kommen, als ihre Leiter bereits gekommen sind!

(7) Können Sie Gottes Stimme hören?
Das gilt auch dann, wenn es darum geht, die Stimme Gottes zu hören, um Wegweisung zu empfangen. Je länger ich mit der Gemeindearbeit betraut bin, desto bewusster wird mir, wie wichtig es ist, Gottes Weisung in Bezug auf ganz konkrete Situationen zu hören. Gut, dass es uns als Kinder Gottes verheißen ist, die Stimme des Vaters hören zu können:

„Deine Ohren werden hinter dir das Wort hören: »Dies ist der Weg; den geht! Sonst weder zur Rechten noch zur Linken!«" (Jesaja 30,21)

„Meine Schafe hören meine Stimme, und ich kenne sie und sie folgen mir." (Johannes 10,27)

„Ich bin dazu geboren und in die Welt gekommen, dass ich die Wahrheit bezeugen soll. Wer aus der Wahrheit ist, der hört meine Stimme." (Johannes 18,37)

Meine Erfahrung ist, dass viele Christen diese konkrete Stimme Gottes nicht hören können. Und deshalb bieten wir auch das Seminar „Gottes Stimme -live- hören" an. In diesem Seminar können Christen die Grundlagen dafür lernen, Gottes Stimme in ihren alltäglichen Situationen vernehmen zu können. Dabei geht es um ein inneres Hören. Manche sprechen dabei von Eindrücken oder einer inneren Stimme, oder spontanen Gedanken. Wie man es auch immer nennen mag: Wir können nicht darauf verzichten, neben der Bibel (griech.: Logos) auch die innere Stimme Gottes (griech.: Rhema) zu vernehmen, um Gemeinde in diesen schwierigen Zeiten leiten zu können.

Nun hoffe ich, dass nach diesen sieben Fragen Ihre innere Glut in Flammen aufgegangen ist, und Sie sich aufmachen möchten, den Gliedern Ihrer Gemeinde immer einen Schritt voraus zu sein. Und dies, ohne dass es dabei zu einer Wettbewerbssituation kommen darf, womöglich noch unter der Frage, wer denn nun der Bessere sei. Sondern in dem Bewusstsein, dass Gemeinde viel besser vorankommt, wenn die Menschen, die sie leiten, charakterlich starke und ebenso kompetente Menschen sind.

Wie das in der Praxis aussehen kann, werden wir nun - wie angekündigt - aus drei verschiedenen Blickwinkeln betrachten. Jeder dieser Blickwinkel soll Ihnen die Möglichkeit eröffnen, weitere Schritte nach vorne zu machen, um in Ihrer Gemeinde als Vorbild, mit Autorität und Dienstbereitschaft kompetent leiten zu können.

Prinzipienorientiert Leiten

Lassen Sie uns, wo immer möglich, aus der Praxis in die Praxis einsteigen. Deshalb zunächst ein Zitat von Stephen Covey: „Gib einem Hungrigen einen Fisch, und du machst ihn für einen Tag satt. Lehre ihn angeln, und du machst ihn für sein ganzes Leben satt"[29].

Bitte halten Sie hier einen Moment inne, lesen das Zitat noch einmal und versuchen danach für sich, die beiden folgenden Fragen zu beantworten: Was hat diese Lebensweisheit mit Führung zu tun? Und: Welche Schlüsse könnte man aus ihr ziehen? Nicht gleich weiterlesen. Bitte zuerst kurz darüber nachdenken.

In diesem Zitat steckt eine Menge Wahrheit, auf der man auch in der neuzeitlichen Entwicklungshilfe aufbaut. Dort wird es nur etwas anders ausgedrückt. Man nennt es „Hilfe zur Selbsthilfe". Das hat sich jedoch nicht erst ein superschlauer Mensch ausdenken müssen, sondern es ist ein Prinzip aus der Natur geboren.

---

[29] Covey: Führungspersönlichkeit, S. 8.

Prinzipien sind fast schon Naturgesetze. Auf jeden Fall sind sie wie ein Kompass. Ich kenne das noch aus meinen Zeiten beim Militär. Der Kompass hat uns nie in die Irre geführt, wenn wir als Soldaten damit umgehen konnten, und wenn wir uns auch unterwegs immer nach ihm gerichtet haben. Wer unterwegs meinte, zwischendurch auf den Kompass verzichten zu können, kam nicht selten an einer völlig anderen Stelle heraus, als ursprünglich geplant oder gedacht.

Prinzipien können auch solche Wegweiser sein, wenn sie objektiv und allgemeingültig formuliert sind. Meist zeigen sie sich im Gewand von Werten, Vorstellungen und Normen. Die Geschichte menschlicher Zivilisation hat uns gelehrt, „dass Menschen und Zivilisation sich immer dann entfalten und aufblühen konnten, wenn sie nach den richtigen Prinzipien lebten"[30]. Und deshalb liegt auch der prinzipienorientierten Führung (Leitung) die Erkenntnis zugrunde, dass die natürlichen Gesetze nicht ungestraft verletzt werden können. „Ob wir an sie glauben oder nicht, ihre Gültigkeit und Wirksamkeit hat sich durch Jahrhunderte hindurch bewiesen."[31]

Deshalb ist und bleibt es für mich immer eine Herausforderung, nicht nach Methoden zu suchen, wenn es um die Führung von Menschen und/oder Gemeinde geht, sondern Prinzipien zu finden, die auf nahezu jede Leitungs- und Gemeindesituation angewandt werden können. Um den Unterschied zwischen Methode und Prinzip noch ein wenig deutlicher zu machen, hier ein Exkurs dazu:

Exkurs: Unterschied zwischen Prinzip und Methode
Diesen Unterschied möchte ich Ihnen deutlich machen, indem ich ein paar Prinzipien aus verschiedensten Lebensbereichen auflistе und diesen jeweils eine Methode zur Seite stelle, die eine Möglichkeit darstellt, das jeweilige Prinzip in die Praxis umzusetzen.

Prinzip: Der Mensch tut sich leichter, auf Veranstaltungen mitzugehen, wenn er Vertrauen zu einem Menschen hat, der bereits dort hingeht.
Methode: Wenn Sie eine Evangelisation oder evangelistische Veran-

---

[30] Covey, Stephen R.: Die effektive Führungspersönlichkeit, Frankfurt ⁴2008, S. 14.
[31] Ebd.

staltung planen, müssen Sie dieses Prinzip bedenken und lange im Vorfeld auf vertrauensbildende Maßnahmen setzen. Die Willow-Creek-Community-Church in Chicago ging methodisch noch einen Schritt weiter und hat einen sogenannten „Seeker-Service" eingerichtet, einen „Gottesdienst für Suchende". Das ist eindeutig eine evangelistische Methode, die auf diese Gemeinde zugeschnitten ist. Es gibt viele Gemeinden, die versucht haben, über diese Methode ihre Gemeinde zu bauen. Und das waren sicher seriöse und engagierte Versuche.

Aber der „Seeker-Service" ist und bleibt eine Methode. Und entweder Sie sind als Gemeinde groß genug und haben genug Manpower, oder Sie werden mit dieser Methode scheitern. Eine andere Möglichkeit, mit dieser Methode umzugehen wäre, dass Sie versuchen, die Prinzipien hinter dieser Methode zu finden, die Sie allerdings nicht so sehr in der aktuellen Gemeindestruktur finden können, sondern eher in den Zeiten, als Bill Hybels mit einem kleinen Team, die Gottesdienste in einem gemieteten Kino begann.

Prinzip: Menschen möchten dazugehören/sich an andere binden.
Methode: Wenn Sie über die Zugehörigkeit von Menschen zu Ihrer Gemeinde nachdenken, müssen Sie Möglichkeiten schaffen, die diesem Prinzip entgegenkommen. Das können z.B. Mitgliedschaft (auf Zeit), Zellgruppen-Struktur der Gemeinde, Brückenveranstaltungen oder ähnliches sein.

Prinzip: Menschen möchten sich gerne in etwas Sinnvolles einbringen.
Methode: Wenn Sie über Mitarbeit in Ihrer Gemeinde nachdenken, müssen Sie Möglichkeiten schaffen, bei denen sich sowohl ungläubige Menschen als auch bekehrte Christen einbringen können. Evtl. auch solche, wo sie sich probeweise engagieren können, um zu sehen, ob das etwas für sie ist. Dies berücksichtigt auch das Prinzip, dass sich Menschen nicht so gerne spontan auf längere Zeit festlegen bzw. an etwas binden möchten, ohne zu wissen, was dies für Konsequenzen hat.

Prinzip: Menschen brauchen Sinn/eine Vision.
Methode: Eine Gemeindearbeit die keine Perspektive oder Vision hat, wird auf Dauer keinen Menschen anziehen. Denn Menschen brauchen Sinn/Perspektive/Vision. Das bedeutet, dass Sie eine Vision für

Ihre Gemeinde erarbeiten sollten, auf die sich die gesamte Arbeit der Gemeinde ausrichtet, und auf die alle Ziele, in allen Bereichen der Gemeinde ausgerichtet sind.

Prinzip: Beziehungen brauchen Vertrautheit und Zeit und müssen gestaltet werden. Das gilt auch für die Beziehung zu Gott.
Methode: Einkehrzeiten - Jüngerschaftsschulung - Mentoring - Jahresbibelleseplan - Kleingruppen - Zweierschaften - etc.

Prinzip: Damit die Botschaft einer Verkündigung beim Zuhörer ankommen kann, sollte möglichst nichts vom Verkündiger ablenken.
Methode: PowerPoint-Präsentation. Wer diese Methode einsetzt, muss sie in Bildern und Inhalten so gestalten, dass sie die Worte des Verkündigers unterstützt. Bilder sollen die Menschen nicht auf eigene Gedanken bringen, sondern das Gesagte begleiten, unterstützen oder weiter ausführen.

Ich denke, durch diese Beispiele ist deutlich geworden, worin der Unterschied zwischen einem Prinzip und einer darauf aufbauenden Methode besteht. Wenn Sie eine „fremde" Methode gewinnbringend in Ihrer Gemeinde umsetzen möchten, sollten Sie deshalb nicht einfach die Methode eins zu eins übernehmen, sondern versuchen, die Prinzipien herauszuarbeiten, die hinter der Methode stecken. Das wird Sie davor bewahren, dass ein Projekt von Anfang an zum Scheitern verurteilt ist. Prinzipien sind allgemein anwendbar, Methoden aber nicht!

Prinzipienorientiert leiten
Wenn Sie auf Ihr eigenes Leben schauen, finden sich auch dort grundlegende Prinzipien, wie z.B. dieses, dass man jedes menschliche Leben im Großen und Ganzen in vier Bereiche einteilen kann:

- physisch (Körper/Gesundheit/Kreativität/Lebensfreude)
- sozial/emotional (Beziehungen/Kontakte/Hobbys/Freunde)
- mental (Leistung/Beruf/Finanzen/Wohnung)
- spirituell (Sinn/Glaube/Werte/Wünsche/Visionen)

Ziel dieses Prinzips ist, die vier Lebensdimensionen in Balance zueinander zu bringen. In der Ausgestaltung des Lebens könnte man sie zusammenfassen unter Begriffen wie Kraft, Sicherheit, Orientierung und Weisheit:

Kraft ist die Fähigkeit zu handeln und etwas zu vollbringen. Kraft ist die lebenswichtige Energie, mit der wir Entscheidungen treffen. Kraft ist auch das Vermögen, tief verwurzelte Gewohnheiten aufzugeben und schönere, bessere, effektivere Verhaltensweisen anzunehmen. Sicherheit ist unser Sinn für Identität, emotionalen Halt und Selbstachtung. Dies beziehen wir meist aus unseren Beziehungen und Freundschaften.

Orientierung ist die Richtung, die unser Leben erhält. Sie wird von Normen und Prinzipien bestimmt. Hier spielt unsere Prägung und unser Gewissen eine große Rolle. Je nachdem, was Sie für Werte haben bzw. wie Ihr Gewissen geprägt ist, wird Ihr Leben in die eine oder andere Richtung gehen. Oder auf Leiterschaft angewandt: Je nachdem, was Sie für Werte haben, wie Ihr Gewissen geprägt und Ihr Charakter entwickelt ist und was Sie für ein Bild von Menschen haben, werden Sie auf die eine oder andere Weise Menschen und Gemeinde mehr oder weniger erfolgreich führen können.

Und schließlich noch Weisheit, bei der es um eine kluge Sichtweise geht. Der Weise baut auf einen Felsen. Ein Tipp, den Jesus in Matthäus 7,24-28 gibt. Ein weiser Mensch versucht auch zu verstehen, wie sich die Mosaiksteine des Lebens zusammenfügen und wie sich Prinzipien finden und anwenden lassen. Dazu benötigt er Urteilsvermögen, Unterscheidungsfähigkeit und Erkenntniskraft. Übrigens alles Gaben, die Sie durch den Heiligen Geist als sogenannten Charismen erhalten können. Es ist also empfehlenswert, darauf aus zu sein, mit dem Heiligen Geist Gottes ganz eng zusammenarbeiten zu können.

Doch was geschieht, wenn Sie sich zu sehr auf Beruf oder Freizeit, auf Freunde, Feinde, Partner oder die Familie, auf die eigene Person oder Besitz und Geld konzentrieren? Sie schwächen sich und werden unsicher im Lebensvollzug. Wenn Sie z.B. zu großen Wert auf das Bild legen, dass andere von Ihnen haben könnten, und womöglich auf ihre Anerkennung aus sind, werden Sie sich nicht mehr von Prinzipien leiten lassen, sondern Sie werden von menschlicher Meinung kontrolliert. Wenn es Ihnen an Sicherheit und Selbstachtung fehlt, geraten Sie in emotionale Abhängigkeit. Wenn es Ihnen an Weisheit fehlt, wiederholen Sie die Fehler der Vergangenheit. Wenn es Ihnen an Orientierung fehlt, folgen Sie jedem Modetrend und führen das nicht zu Ende, was Sie begonnen haben. Und wenn es Ihnen an Kraft fehlt, werden Sie zum Spielball Ihrer Umgebung und Ihrer Launen.

Dieses Lebensprinzip können Sie auch auf eine Organisation wie z.B. eine Gemeinde anwenden. Ich möchte Sie deshalb zunächst bitten, einen Moment über dieses Lebensprinzip nachzudenken und dann folgende Fragestellung zu bearbeiten: Was geschieht, wenn es in einer Organisation/Gemeinde an _____ fehlt? Auf den leeren Strich können Sie jeweils einen der Bereiche eintragen. Wenn Sie alle Bereiche durchdacht haben, können Sie gerne weiterlesen.

Und? Haben Sie alle Bereiche durchdacht? Dann möchte ich Ihnen ein paar Impulse geben, die als Antworten möglich wären: <u>Was geschieht, wenn es in einer Gemeinde an Sicherheit fehlt?</u>

- Es besteht eine große Wahrscheinlichkeit, dass die Glieder der Gemeinde nicht ehrlich miteinander sein können und sich deshalb etwas vormachen, indem sie Masken tragen.

- Weil es schwierig ist, offen zu sein, besteht die Gefahr, dass in der Umsetzung der Gemeindearbeit faule Kompromisse geschlossen werden.

- Dieses Umfeld von Heuchelei und Misstrauen kann dazu führen, dass bestehende Konflikte nicht bewältigt, sondern verschleppt werden.

<u>Was geschieht, wenn es in einer Gemeinde an Weisheit fehlt?</u>
- Der Volksmund sagt: Wer aus Fehlern nicht lernt, begeht damit einen weiteren Fehler. Wo es an Weisheit mangelt, ist deshalb die Wahrscheinlichkeit groß, immer wieder die gleichen Fehler zu machen, weil es möglicherweise nicht für nötig erachtet wird, abgeschlossene Projekte nachträglich zu beleuchten.

- Gegen Traditionen ist absolut nichts einzuwenden, ganz im Gegenteil. Aber wenn eine Tradition nicht mehr dazu beiträgt, die aktuelle Arbeit der Gemeinde zu unterstützen, muss sie ersetzt werden. Wo es an Weisheit mangelt ist die Gefahr groß, dass dies nicht geschieht.
- Ein Satz, wie z.B. „das haben wir schon immer so gemacht", zeugt davon, dass es an Weisheit mangelt. Als Folge davon werden oftmals starre Strukturen in Leitung und Veranstaltungen erhalten, obwohl sie eher dazu geeignet sind, die Gemeinde in Dienst zu nehmen als umgekehrt.

Was geschieht, wenn es in einer Gemeinde an Orientierung fehlt?
- Wo es an Orientierung mangelt wird jeder neue Hype in die Gemeinde aufgenommen (z.B.: Musikstil/Methoden/Modelle).
- Fehlt die Orientierung in Bezug auf Vision und Auftrag der Gemeinde, besteht die Gefahr, dass die „lauten Stimmen" die Richtung bestimmen, in die sich die Gemeinde entwickeln soll.
- Das kann zu einer allgemeinen Unsicherheit führen, aufgrund der unklaren Verhältnisse, und damit zu einer hohen Fluktuation bei den Gemeindegliedern.

Was geschieht, wenn es in einer Gemeinde an Kraft fehlt?
- Längst notwendige Veränderungen werden nicht angegangen.
- Latente Konflikte schwelen und offensichtliche Konflikte werden verschleppt.
- In aller Regel führt ein Mangel an Kraft in der Gemeinde dazu, dass sie sich in ihrem eigenen Ghetto bewegt und nur noch mit sich selbst beschäftigt ist. Damit verfehlt sie jedoch eindeutig ihren Auftrag, Menschen zu Jüngern Jesu zu machen.

Sie sehen also: Diese von Covey sogenannten vier „Lebenszentren" sind ganz mächtige Prinzipien, die Sie nicht ungestraft außer acht lassen können. Und die Strafe folgt meist nicht auf dem Fuß, sondern kommt eher schleichend daher. Vielleicht kommen manche Gemeinden oder Leitungsteams auch deshalb so spät dahinter, dass sie Prinzipien außer Acht gelassen haben...

Prinzipienorientieres Führen fängt also zunächst einmal gar nicht bei der Methodik des Führens an, sondern bei Prinzipien des Lebens, deren Umsetzung allerdings große Auswirkungen auf die Führung von Menschen und Organisationen haben kann.

Jesu Trainingsprogramm für Mitarbeiter
Ich denke, dass Jesus dies auch im Blick hatte, als er seine Jünger lehrte. Robert J. Redcliffe, ein bekannter Bibellehrer hat herausgefunden, dass wir in den Evangelien ca. 125 Situationen finden, in denen gelehrt bzw. gelernt wurde. Dabei war das Ziel dieser Lernsituationen nicht nur Wissen zu vermitteln, sondern vor allem Leben zu verändern.

Eine interessante Feststellung ist dabei auch, dass die Initiative für dieses Lernen nicht immer von Jesus selbst ausging, sondern auch von Menschen, die wie Nikodemus oder die Frau am Jakobsbrunnen (vgl. Johannes 3 und 4) mit ihren Fragen zu Jesus kamen.

Jesus setzte also bei den Fragen der Menschen an und wartete auf ihre Initiative. Wenn wir uns selbst beobachten, leuchtet diese Vorgehensweise ein: Wer von uns möchte sich schon gerne schulmeistern lassen? Wenn wir aber Fragen haben, lassen wir uns gerne etwas sagen und versuchen es dann auch umzusetzen.

Nach Dr. Craig Ott hat Jesus mit seinen Jüngern ein gezieltes Trainingsprogramm verfolgt, bei dem er drei unterschiedliche Lernbereiche abgedeckt hat: Den kognitiven, den affektiven und den pragmatischen Lernbereich => Wissen - Persönlichkeit - Praxis!

Und er hat dabei auch die Lebenszentren nicht außer Acht gelassen. Sie können ja die Lernsituationen der Jünger einmal auf diese Tatsache hin untersuchen.

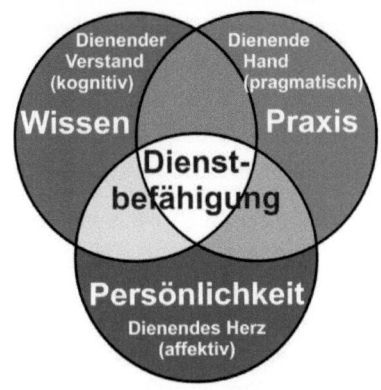

<u>Kognitive Ziele</u>
Bei seinen Lehrveranstaltungen verfolgte Jesus z.B. kognitive Ziele, wenn er den Jüngern die Gleichnisse erklärte, damit sie verstehen konnten, was es mit dem Reich Gottes auf sich hat (vgl. Markus 4,34). Oder er klärte

sie z.B. über seinen Leidensweg auf (vgl. Matthäus 16,21ff.), damit sie sein Handeln zumindest einordnen konnten, auch wenn sie es nicht unbedingt sofort verstanden. Sie sollten aber auf keinen Fall ohne eine Möglichkeit zur Orientierung sein.

Affektive Ziele
Im Bereich der affektiven Ziele wäre z.B. zu nennen, dass Jesus das Vertrauen der Jünger stärken wollte. Dabei hatte er sowohl Kraft als auch Sicherheit im Blick. Nicht nur darum ließ er sie Wunder erleben, wie z.B. die Stillung eines Sturmes auf dem See (vgl. Matthäus 8,23-27). Oder eine andere Situation, die das Ziel hatte, seine Jünger zu einer dienenden Haltung zu ermutigen, als er ihnen zum Vorbild ihre Füße gewaschen hat, und nicht ihre Köpfe (vgl. Johannes 13).

Pragmatische Ziele
In die Praxis hat Jesus sie geschickt, als es um ein Praktikum ging. Er sandte sie in Zweierteams aus, um durch Städte zu reisen und zu predigen und zu heilen. Dabei hatte er ihnen auch eine Praktikumsordnung mitgegeben, wenn auch nur in Kurzform (vgl. Lukas 9,1-6). Dadurch gab er ihnen Orientierung mit und mahnte zur Weisheit.

Als sie dann wieder von ihrem Einsatz zurück waren, wurden die gesammelten Erfahrungen natürlich ausgewertet (vgl. Lukas 9,10). Das ist vorbildlich. Aus der Praxis für die Praxis lernen, durch Reflexion des bereits angewandten. Auf diese Weise wurden die Prinzipien des Lebens organisch zu einer zweiten Natur der Jünger Jesu.

Ich denke, dass die Lehre der Apostel, die in Apostelgeschichte 2,42 erwähnt wird, ohne diese Prinzipien sicher nicht so durchschlagskräftig gewesen wäre. Und ohne die nötige emotionale und geistliche Stabilität hätten die Christen dem großen Widerstand in Verfolgung sicher nicht standhalten können (vgl. Apostelgeschichte 5,29.40-42).

Und schließlich wäre vermutlich die Wirksamkeit der Apostel nicht so groß gewesen, wenn das Vorbild der Predigt Jesu und seine Anleitung zur Heilung nicht vorhanden gewesen wären. Es ging also immer um ganzheitliche Unterweisung und Begleitung im Rahmen der Prinzipien des Lebens. Und genau das dürfen Sie auch nicht unterlassen, weder bei sich selbst noch bei den Menschen, die Ihnen anvertraut sind.

Möglichkeiten dazu gibt es genug: Sie können ihnen Kongresse oder Tagungen empfehlen, oder Literatur zu bestimmten Themen. Sie können Fortbildungen veranstalten, Mentoring-Beziehungen fördern und Mitarbeitertreffen organisieren. Das sind jedoch schon Methoden, die helfen können, die Lebensprinzipien in der Gemeinde umzusetzen. Was davon auf Ihre Situation passt, überlasse ich Ihrer Einschätzung.

Ich behaupte nicht, dass prinzipienorientierte Leiterschaft ein einfaches Unterfangen ist, ganz bestimmt nicht. Aber wenn Sie sich auf die Prinzipien menschlichen und geistlichen Lebens konzentrieren, von denen Sie eben einige studiert haben, werden Sie sicher zu Modellen und Methoden finden, die auf die Situation Ihrer Gemeinde passen. Das wird Ihnen helfen, Ihren göttlichen Auftrag als Gemeinde erfüllen zu können.

Leiten im Regelkreis

Auch mit diesem Thema wechseln wir nicht in den Bereich der Methodik, sondern wir kommen jetzt zu einem sehr wichtigen Prinzip, das ich an einem Fallbeispiel verdeutlichen möchte.

<u>Fallbeispiel</u>
Sie sind ein Team von fünf Personen und leiten eine Gemeinde. Im kommenden Jahr wird die Gemeinde 25 Jahre alt. Grund genug, ein Jubiläumsjahr auszurufen, das durch verschiedene Veranstaltungen geprägt sein soll. Durch diese Veranstaltungen möchte die Gemeinde auch ein paar Akzente setzen, durch die im Umland Aufmerksamkeit erregt werden soll.

Aufgabe: Nehmen Sie sich Zeit, um folgende Frage zu bearbeiten: In welchen Schritten gehen Sie bei diesem Projekt vor? Bitte begründen Sie jeden dieser Schritte in schriftlicher Form.

Haben Sie sich mit diesem Fallbeispiel auseinandergesetzt? Dann dürfen Sie gespannt sein, zu welchen Ergebnissen Sie kommen, wenn Sie im Folgenden einiges über das „Führen im Regelkreis" lesen werden. Sie werden auf jeden Fall erkennen, ob Sie schon ganz natürlich mit den Grundprinzipien von Führung umgehen, oder ob es da noch das eine oder andere zu lernen gibt.

Leiterschaft mit Vision

Fredmund Malik - einer der führenden Managementexperten in Europa - sagt: „Grundsätze sind ein erstes Element wirksamer Führung. Ein zweites sind die Aufgaben, die Führungskräfte zu erfüllen haben"[32]. Dies sagte er im Zusammenhang mit den Aufgaben, die sich im sog. „Regelkreis der Leiterschaft" befinden. Dazu gehören: Ziele setzen, Planen, Entscheiden, Organisieren, Delegieren, Führen/Motivieren, Kontrollieren/Korrigieren.

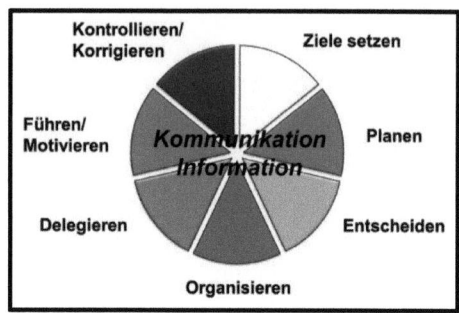

Ziele setzen
Wenn Sie ein Projekt angehen, wie z.B. dieses 25-jährige Gemeinde-Jubiläum, beginnt alles damit, dass Sie sich Ziele setzen. Das gilt übrigens generell für die Gemeindearbeit. Denn wer nicht weiß, wohin er will, wird überall hinkommen, oder auch nirgends.

Zum „Ziele setzen" selbst verweise ich auf mein Buch „Die Vision als Fixstern der Veränderung"[33]. Wichtig ist hierbei, dass Sie sich Ziele auch wirklich setzen, und dass diese Ziele, die Sie sich für ein Projekt oder als Gemeinde setzen, mindestens messbar, machbar und motivierend sind (siehe Anlage 1+2). Ziele setzen kann auf eine Gruppe wirken wie die Karotte, die man dem Esel vor die Nase hält. Wenn er nicht gerade einen schlechten Tag hat, wird er in jedem Fall versuchen, die Karotte zu erreichen. Ziele können sehr motivierend sein und dazu beitragen, dass eine Gruppe von Menschen sehr motiviert ans Werk gehen wird.

Planen
Der nächste Schritt im Regelkreislauf des Führens ist die Planung. Planen heißt, dass die gesteckten Ziele in Teilziele unterteilt werden und die dafür benötigten Zeitabschnitte festgelegt werden: Was wollen wir bis wann erledigt haben? Dies ist sehr wichtig, um einem möglichen Gefühl der Überforderung vorzubeugen. Wenn ein großes Ziel, wie z.B. solch ein Jubiläumsjahr mit seinen verschiedenen Veranstaltungen nicht

---

[32] Malik: Führen, S. 173.
[33] Zöllner: Vision, S. 96ff.

in kleine Ziele und Zeitabschnitte unterteilt wird, bleibt es immer ein nicht zu organisierender großer Brocken. Wenn Sie es allerdings in kleinere Stücke unterteilen, wird es überschaubar und auch für die weiteren Schritte im Regelkreis leichter zu bearbeiten.

Entscheidungen treffen

Als nächster Schritt kommen wir dazu, Entscheidungen zu treffen. Bei diesem Punkt fangen manche an zu schmunzeln. Nach dem Motto: „Ist doch logisch, dass man Entscheidungen treffen muss!" Aber gerade das ist es nicht. Es werden viel zu viele Projekte, Aktionen, Visionen und Planungen nicht umgesetzt, weil genau das passiert: Wichtige Entscheidungen werden nicht getroffen.

Wer Entscheidungen trifft, macht sich natürlich auch angreifbar. Deshalb also, lieber die Sache laufen lassen. Es wird sich schon einer finden, der die Verantwortung übernimmt und die Entscheidungen trifft. Oder es wird so lange gewartet, bis man mit dem Rücken zur Wand steht, um erst dann festzustellen, dass die Entscheidungen zum jetzigen Zeitpunkt nicht wirklich leichter geworden sind.

Entscheidungen treffen hieße im Zusammenhang mit dem 25-jährigen Gemeinde-Jubiläum z.B., dass nach Wegen gesucht werden müsste, wie die gesteckten Ziele am besten zu erreichen sind. Diese Wege muss man finden, sich für sie entscheiden und dann auch konsequent gehen. Das müssen keine einsamen Entscheidungen eines Helden sein, der dann am Schluss des Jubiläumsjahres wie ein „Lonesome rider" in die untergehende Sonne reitet; sicher nicht.

Am besten ist, und das gilt für den gesamten Führungsprozess in ganz verschiedenen Situationen, möglichst viele Menschen einbeziehen. Das macht sicher ein wenig mehr Arbeit, und Sie müssen ein paar mehr Sitzungen bzw. Treffen veranstalten. Aber im Endeffekt lohnt sich das Ganze, denn wer viele Menschen mit einbezieht, hat auch viele an seiner Seite, und damit auch genügend Ratgeber, was bei Entscheidungen nicht das Schlechteste ist (vgl. Sprüche 11,14; 15,22; 24,6).

Organisieren

Der nächste Schritt ist das Organisieren. Wenn Ziele gesteckt, diese geplant und dann Entscheidungen getroffen wurden, geht es darum, die einzelnen Arbeitsabläufe und Zeitabschnitte zu koordinieren. Dabei fragen Sie sich am besten, wie viele Mitarbeiter Sie für welche Bereiche benötigen, welche technischen Hilfsmittel zu organisieren sind, wie groß das Budget sein muss, usw.

Wer sich mit dem Organisieren schwer tut, kann ja einen fähigen Mitarbeiter aus der Gemeinde in das Leitungsteam berufen, der sich damit leichter tut. Das ehrt diesen Menschen und es macht dem Leitungsteam die Arbeit insgesamt leichter.

Delegieren
Nun folgt das Delegieren. Das bedeutet, in Bezug auf das 25-jährige Gemeinde-Jubiläum, dass die einzelnen Veranstaltungen z.B. verschiedenen Vorbereitungsteams anvertraut werden können. Wenn Sie nicht so viele Mitarbeiter haben, könnten es z.B. auch nur einzelne Bereiche im Rahmen dieser Veranstaltungen sein, die delegiert werden.

Wir werden in diesem Buch noch genauer auf das Delegieren eingehen, darum werde ich es hier nicht vertiefen. So viel jedoch jetzt schon: Das wichtigste beim Delegieren ist, dass Sie anderen Menschen nicht nur die Arbeit aufbrummen und die Verantwortung bei sich lassen, um notwendige Entscheidungen selbst treffen zu können. Das entmündigt Menschen und nimmt ihnen die Motivation. Darum, und auch das ist ein Prinzip, immer sowohl die Aufgabe als auch die dazugehörige Verantwortung delegieren, damit ein größtmöglicher Handlungsspielraum entsteht und Sie selbst den Rücken von diesen Aufgaben frei bekommen.

Führen und Motivieren
Nun kommt die eigentliche Aufgabe eines Führungsprozesses im Regelkreislauf: Es geht darum, dass Sie Ihre Mitarbeiter nicht nur mit Aufgaben überschütten und sie dauernd ins kalte Wasser werfen. Im Bild gesprochen ruft das auf Dauer nur Frostbeulen hervor und fördert die Angst vor frischem Wasser.

Wer so führt braucht sich nicht zu wundern, wenn das Konzept von Mitarbeit einen fahlen Geschmack bekommt und irgendwann keiner mehr mitarbeiten möchte. Führen ist eine Kunst und die wiederum ist harte Arbeit. Wer sich selbst nicht in Menschen investieren möchte, braucht gar nicht führen zu wollen. Das wird scheitern.

Als Gemeindeleiter war es mir immer wichtig, Menschen nicht nur in Aufgaben zu zwängen, sondern für jede Aufgabe die nötige Zurüstung zu ermöglichen, z.b. durch Seminare, Kongresse oder Lehre und Weiterbildung in der Gemeinde. Und flankierend dazu die nötige Begleitung anzubieten, dass Mitarbeiter in geschütztem Rahmen ausprobieren und in eine Aufgabe finden können. Wir werden bei Team und Coaching noch einmal auf diese Themen zurückkommen.

Kontrollieren und Korrigieren
Der Schritt „Kontrollieren und Korrigieren" steht bewusst am Ende des Kreislaufs. Manche Leiter fangen nämlich damit an, richten aber mit ihrem Kontrollwahn ganz viel Leid an und zerbrechen viel Beziehungsporzellan. Darum sage ich gerne: Kontrolle ist gut, aber Vertrauen ist besser! Haben Sie Vertrauen, sowohl in die Fähigkeiten, die Gott Ihnen und Ihren Mitarbeitern mitgegeben hat, als auch in Gott selbst. Die Kontrolle über die Gemeinde behält der Herr der Gemeinde, Jesus Christus. Er kann das viel besser als Sie.

Wenn also im Regelkreis der Leitung von „Kontrolle" und „Korrektur" die Rede ist, geht es immer um die Kontrolle der Ergebnisse, die Sie mit Ihren Zielen erreichen wollen. Und es geht darum, Ihre Ziele zu korrigieren, wenn sie nicht mehr passend sind. Natürlich müssen dabei auch die Dinge angesprochen werden, die daneben gingen, oder Entscheidungen, die falsch getroffen wurden, bzw. nicht mit den Zielen übereinstimmten. Aber dies darf nie in einem Geist der Kontrolle geschehen, sondern muss immer im Blick auf die gemeinsame Vision stattfinden, die Sie umsetzen möchten.

Ein gutes Hilfsmittel dazu finden Sie in Anlage 3 in diesem Buch. Dieses Formular war in Gremien und bei Projekten mein stetiger Begleiter. Es war in den jeweiligen Ordnern oder Mappen immer an vorderste Stelle geheftet. Alle Beschlüsse, die gefasst wurden, habe ich in dieses Formular eingetragen. Damit hatte ich immer vor Augen, was, wer, wie, ab wann zu erledigen hatte und wie weit das Projekt oder der Beschluss schon fortgeschritten war (Grad der Erledigung). Sie werden sehen, wenn Sie dieses Formular verwenden, werden Ihnen keine Beschlüsse mehr durch die Hände gleiten und es wird Ihnen keiner mehr nachsagen können, dass Sie nur zusammensitzen, ohne dass sich dabei konkrete Ergebnisse in der Praxis der Gemeindearbeit zeigen würden.

Diese Schritte bei der Leitung im Regelkreis folgen nicht immer aufeinander. Manche Prozesse laufen parallel und manche auch mal früher oder später. Im Großen und Ganzen kommt es darauf an, dass die einzelnen Punkte des Führungsprozesses vorkommen, damit möglichst vielen Problemen und Konflikten schon im Vorfeld begegnet werden kann. Nicht nur deshalb stehen auch die Worte „Kommunikation" und „Information" in der Mitte des Schaubildes zum Regelkreislauf.

Jeder Mensch hat ein Bedürfnis nach Information. Und jeder möchte sich in irgendeiner Form mitteilen/kommunizieren. Das ist in der christlichen Gemeinde auch nicht anders. Ich glaube Peter Drucker war es, der einmal sagte: „If you have a vision, talk about!" Im übertragenen Sinne heißt das: Wenn du eine Vision bzw. Ziele hast, dann sprich auch darüber!

Eines der größten Handicaps, das manche Leitungsteams haben, ist mangelnde Kommunikation. Ein kleiner elitärer Kreis scheint immer über alles informiert zu sein. Und der Rest der Gemeinde erfährt nichts davon. Das führt zu mangelndem Verständnis, Misstrauen und schließlich zu Einschränkungen der Handlungsfähigkeit. Im schlechtesten Fall führt es zu einem destruktiven Wasserkopf, mit dem die Gemeinde überall hinkommen kann, nur nicht dahin, wo sie hinkommen sollte. Und deshalb legen Sie Informationswege fest und finden Sie Kommunikationswege, durch die alle gleich gut informiert sind. Kommunikation und Information sind das „A und O" der Leitungsarbeit. Aber auch zu diesem Thema werden wir in diesem Buch noch kommen. Es ist einfach zu wichtig.

Bevor wir aber zum nächsten Thema im Bereich „Leiterschaft mit Vision" übergehen, möchte ich noch einmal kurz auf das Fallbeispiel zum 25-jährigen Gemeinde-Jubiläum eingehen. Bitte nehmen Sie sich Zeit, um sich mit folgender Aufgabe zu befassen:

Vergleichen Sie bitte ihre bereits formulierten Schritte zum Fallbeispiel mit den Schritten im Führungsprozess des Regelkreislaufs. Stellen Sie sich dazu bitte folgende Fragen:

=> Habe ich alle Schritte des Regelkreislaufs berücksichtigt?
=> Sind die Begründungen für meine Schritte schlüssig?
=> Wo muss ich möglicherweise umdenken?

Kommunikativ Leiten

Bill Hybels sagte einmal: Eine „Vision ist ein Bild von der Zukunft, das Leidenschaft verursacht!"[34] Für die Abfassung ihres Buches „Führungskräfte" haben Warren Bennis und Burt Nanus 90 Führungspersönlichkeiten befragt, um dem Geheimnis ihrer Führungsqualität etwas näher zu kommen. Dabei stießen sie auf vier Hauptfähigkeiten, die diese Führungspersönlichkeiten auszeichnen:

1. Mit einer Vision Aufmerksamkeit erzielen
2. Sinn vermitteln durch Kommunikation
3. Eine Position einnehmen und damit Vertrauen erwerben
4. Entfaltung der Persönlichkeit durch ein positives Selbstwertgefühl[35]

Der ehemalige EC-Bundespfarrer - Volker Steinhof - hat einmal die These aufgestellt, dass man über Leitung eigentlich nur dann nachdenken könne, wenn man auch über Charisma nachdenkt. Ich denke, er hatte Recht, wenn dieses Charisma auch das Charisma des Wortes einschließt. Man spricht dabei auch von einer „linguistic intelligence"[36], also einer außerordentlichen Fähigkeit, mit Worten umzugehen. Oder um es anders zu sagen: Eigentlich kann man nur dann führen, wenn man auch kommunizieren kann. Und für den Bereich der Gemeinde hieße das: Man kann nur führen, wenn man auch verkündigen kann.

Denn Vision ist nicht nur ein abstraktes Bild, es ist vor allem eine Botschaft. Und die kann man nur kommunizieren. Ich lasse noch einmal Bill Hybels zu Wort kommen: „Vision ist der Kern dessen, was Leiterschaft ausmacht. Nimm dem Leiter die Vision und du nimmst ihm oder ihr das Herz. Vision ist der Brennstoff, der Leiter in Bewegung hält. Es ist die Energie, die Aktionen ermöglicht. Es ist das Feuer, dass die Leidenschaft der Nachfolger entzündet!"[37]

Vision ist demnach eine Sicht für die Zukunft. Oder um es mit den Worten von George Barna zu sagen, dem Autor des Buches „The Power of Team Leadership":

---

[34] Reimer: Verkündigung, S. 38.
[35] A.a.O., S. 37.
[36] A.a.O., S. 38.
[37] Ebd.

„Vision für den Dienst ist ein mentales Bild über die ersehnte Zukunft, das Gott seinen erwählten Dienern schenkt. Diese Vision gründet auf einem korrekten Verständnis von Gott, seiner selbst und den vorhandenen Umständen"[38].

Diese wichtige Information, oder man muss ja eigentlich schon von Botschaft reden, muss also unter die Leute, bzw. in die Mitte der Gemeinde transportiert werden. Dazu sollten Sie alle Kanäle nutzen, die Ihnen als Führungskraft zur Verfügung stehen, wie z.B.:

- E-Mail, Social Media, Website, Aushang, Gemeindebrief, etc.
- Das persönliche Gespräch unter Gemeindegliedern
- Gesprächsrunden in Zell- und Dienstgruppen
- Podiumsgespräche und Diskussionsrunden
- Schulungen, Seminare und Workshops

Dabei sollte das Ziel sein, dass Gemeindeglieder über lebenswichtige Wahrheiten informiert, zum Leben mit Jesus befähigt und zu dem Dienst ausgebildet werden, den Gott ihnen zugewiesen hat. Dies alles leite ich aus einer Bibelstelle ab, die ich gern zitiere, weil ich sie für eine der zentralen Stellen halte in Bezug auf Führung, Leiterschaft und Gemeindeaufbau. Es sind Sätze des Apostels Paulus an die Christen der Gemeinde in Ephesus:

> *„Und er hat einige als Apostel eingesetzt, einige als Propheten, einige als Evangelisten, einige als Hirten und Lehrer, damit die Heiligen zugerüstet werden zum Werk des Dienstes. Dadurch soll der Leib Christi erbaut werden, bis wir alle hingelangen zur Einheit des Glaubens und der Erkenntnis des Sohnes Gottes, zum vollendeten Mann, zum vollen Maß der Fülle Christi, damit wir nicht mehr unmündig seien und uns von jedem Wind einer Lehre bewegen und umhertreiben lassen durch trügerisches Spiel der Menschen, mit dem sie uns arglistig verführen. Lasst uns aber wahrhaftig sein in der Liebe und wachsen in allen Stücken zu dem hin, der das Haupt ist, Christus, von dem aus der*

---

[38] Reimer: Verkündigung, S. 39.

ganze Leib zusammengefügt ist und ein Glied am andern hängt durch alle Gelenke, wodurch jedes Glied das andere unterstützt nach dem Maß seiner Kraft und macht, dass der Leib wächst und sich selbst aufbaut in der Liebe."

(Epheser 4,11-16)

Aber noch etwas finde ich in diesen Sätzen, dem Johannes Reimer in seinem Buch „Leiten durch Verkündigung" eine Stimme gegeben hat. Es ist die leitende Kommunikation, die in Predigt, Lehre und sonstigen Verkündigungsformen ihre Anwendung finden kann. Für meine Begriffe ein bisher eher unterschätztes Mittel, um Gemeinde in guter Weise, fundiert zu leiten.

Aus den obigen Sätzen des Apostels Paulus lassen sich unter dieser Zielsetzung fünf verschiedene Verkündigungsschwerpunkte herausarbeiten, die ich im Folgenden erläutern möchte:

1. Es ist apostolische Verkündigung, die in der Gemeinde eine missionarische Gesinnung wecken möchte. Inhaltlich beschäftigt sie sich mit Zurüstung, Salbung, Motivation, Wachstum und Vervielfältigung.

2. Es ist prophetische Verkündigung, die in die Lebenssituation von Menschen hineinsprechen möchte. Dabei nimmt sie gesellschaftliche Entwicklungen auf und gibt auch Hilfen, wie man im Alltag als Christ mit diesen Entwicklungen umgehen bzw. darauf reagieren kann.

3. Es ist evangelistische Verkündigung, die auf eine Entscheidung hindrängt. Denn wer keine Entscheidung für Jesus trifft, trifft eben auch eine. Jesus hat gesagt: *„Wer nicht gegen uns ist, der ist für uns!"* (Lukas 9,50). Evangelistische Verkündigung soll den Blick für die verlorenen Menschen ebenso wecken wie all die zu einer Entscheidung rufen, die bisher diese wichtige Entscheidung noch nicht getroffen haben.

4. Es ist eine pastoral-seelsorgerliche Verkündigung, die tröstend, ermahnend, wegweisend und hilfreich ist für Probleme, Fragen, Sorgen und Nöte, mit denen Menschen zu kämpfen haben.

Bei den Beschreibungen wird deutlich, dass die einzelnen

Schwerpunkte nicht immer deutlich voneinander zu trennen sind. Das ist aber auch gar nicht nötig. Diese differenzierte Beschreibung soll Ihnen nur ein Bild vermitteln von der Vielfalt der Möglichkeiten, wie Verkündigung zur Leitung der Gemeinde eingesetzt werden kann.

5. Und schließlich noch lehrhafte Verkündigung, die darauf aus ist, zu lehren und zu schulen, damit Christen im Glauben und der Heiligen Schrift gegründet werden. Dabei spielt es keine Rolle, ob dies in Bezug auf Jüngerschaft oder einem besseren Verständnis der Bibel geschieht, oder auf die Vision der Gemeinde und die Schritte, die sich aus deren Umsetzung ergeben. Die Ziele dabei sind Information sowie Fort- und Weiterbildung von Christen in der Gemeinde.

All diese Schwerpunkte in der Verkündigung dienen letztlich dazu, der Gemeinde zu helfen, ihren von Gott gegebenen Auftrag konsequent und zielgerichtet auszuführen.

Leiten durch Verkündigung heißt dabei nicht, dass Gemeindeglieder zu dem hin manipuliert werden sollen, was sich die Leitung der Gemeinde Schönes ausgedacht hat. Wenn Sie den Prozess bis hierhin verfolgt haben, werden Sie feststellen, dass dies gar nicht so einfach möglich ist, weil es ein zutiefst gemeinschaftlicher Prozess ist.

Und deshalb kann kommunikativ leiten nur bedeuten, dass Sie dieses geistliche Mittel der Verkündigung dazu nutzen, um den Menschen in diesem Prozess zu helfen, sie mit Wissen zu versorgen, das hilft, die notwendigen Zusammenhänge zu verstehen, und sie in der Bibel zu verankern. Dies mit dem Ziel, ihnen zu helfen, einen Blick für das zu bekommen, was Gott mit ihnen und der Gemeinde vorhat: In ihrem persönlichen Leben und in ihrem Dienst in der Gemeinde!

Ich möchte dieses Thema abschließen, indem ich Ihnen eine Aufgabe mit auf den Weg gebe. Dazu finden Sie nachfolgend eine Tabelle, in der sowohl die Verkündigungschwerpunkte aus Epheser 4 als auch die Schritte der Leitung im Regelkreis aufgeführt sind.

Aufgabe

Bitte beantworten Sie mit Hilfe der Tabelle folgende Fragen:

- Welcher Verkündigungsschwerpunkt könnte für welchen Bereich des Führungsprozesses im Regelkreis hilfreich sein?
  (bitte ankreuzen)
- Welche Inhalte könnten sich dabei als nützlich erweisen?
  (bitte eintragen)

	Ziele setzen	Planen Entscheiden	Organisieren Delegieren	Führen Motivieren	Kontrolle Korrektur
Aposto-lisch					
Prophe-tisch					
Evange-listisch					
Pastoral					
Lehrhaft					

Gemeindearbeit mit Struktur

"Geistliche Autorität kommt von Gott her und unterscheidet sich von Autorität, die auf Stellung oder Gewalt beruht."[39]

"Und Gott hat in der Gemeinde eingesetzt erstens Apostel, zweitens Propheten, drittens Lehrer, dann Wundertäter, dann Gaben, gesund zu machen, zu helfen, zu leiten und mancherlei Zungenrede." (1. Korinther 12,28)

Strukturen sind Kanäle, in die eine Vision, die Identität, die Werte und die Kultur einer Gemeinde fließen können, um sich nicht in der Weite der strukturellen Wahlmöglichkeiten gänzlich zu verlieren. In christlichen Gemeinden findet man sie vor allem als Veranstaltungs-, Leitungs- und Kleingruppenstrukturen vor. Letzten Endes sollen sie dazu dienen, die Ziele umzusetzen, die einer Gemeinde durch ihre Vision und ihren Auftrag vorgegeben werden.

Auf keinen Fall dürfen Strukturen so angelegt sein, wie es Knut Bleicher sehr treffend formuliert hat: „Wir arbeiten in Strukturen von gestern mit Methoden von heute an Problemen von morgen vorwiegend mit Menschen, die die Strukturen von gestern gebaut haben und das Morgen innerhalb der Organisation nicht mehr erleben werden"[40].

Strukturen dürfen niemals eine herrschende, sondern müssen immer eine dienende Funktion haben, damit die eigentlichen Ziele nicht behindert und das Leitbild in seiner Ganzheit umgesetzt werden kann. Dabei gilt für alle Strukturen innerhalb einer Organisation das gleiche wie für die Vision: Auch die Strukturen einer Organisation sind immer einzigartig, weil sie auf einer einzigartigen Vision basieren, die von einzigartigen Menschen entworfen, organisiert und gefüllt werden.

Bei meiner Suche nach Strukturen in der Bibel, vor allem im Neuen Testament, bin ich nur indirekt auf Strukturen in der ersten Gemeinde gestoßen, die jedoch nicht eins zu eins übernommen werden können.

---

[39] Clinton: Werdegang eines Leiters, S. 101.
[40] Glatz: Handbuch, S. 255.

Dennoch kristallisieren sich aus den vorhandenen Berichten über die Gemeindepraxis zur damaligen Zeit und den Texten der Evangelien mindestens fünf Aufträge heraus, die für eine strukturierte Arbeit der Gemeinde Jesu in unserer Zeit grundlegend sein können:

Gemeinschaft
„Lasst uns aufeinander Acht haben und uns anreizen zur Liebe und zu guten Werken und nicht verlassen unsre Versammlungen, wie einige zu tun pflegen, sondern einander ermahnen, und das umso mehr, als ihr seht, dass sich der Tag naht." (Hebräer 10,24-25)

Nachfolge
„Wer mir folgen will, der verleugne sich selbst und nehme sein Kreuz auf sich täglich und folge mir nach. Denn wer sein Leben erhalten will, der wird es verlieren; wer aber sein Leben verliert um meinetwillen, der wird's erhalten."
(Lukas 9,23-24)

Anbetung
„Da sprach Jesus zu ihm: ... es steht geschrieben (5. Mose 6,13)*: »Du sollst anbeten den Herrn, deinen Gott, und ihm allein dienen.«"* (Matthäus 4,10)

Dienst
„Und er hat einige als Apostel eingesetzt, einige als Propheten, einige als Evangelisten, einige als Hirten und Lehrer, damit die Heiligen zugerüstet werden zum Werk des Dienstes. Dadurch soll der Leib Christi erbaut werden."
(Epheser 4,11-12)

Evangelisation
„Ihr werdet die Kraft des Heiligen Geistes empfangen, der auf euch kommen wird, und werdet meine Zeugen sein in Jerusalem und in ganz Judäa und Samarien und bis an das Ende der Erde." (Apostelgeschichte 1,8)

Die Stichworte dieser Aufträge wurden bewusst so gewählt, damit durch die Anfangsbuchstaben deutlich wird, von was die Umsetzung einer Gemeinde-Struktur zuallererst abhängt: Sie ergeben das Wort GNADE. Das dürfen Sie niemals aus den Augen verlieren, egal um was es in der Praxis der Arbeit Ihrer Gemeinde geht: Alles hängt von der Gnade Gottes ab, der Ihnen reichlich von dem geben will, was für den Erfolg Ihrer Gemeindearbeit nötig ist. Und das liegt einfach daran, dass ER seine Gemeinde bauen möchte (vgl. Matthäus 16,18).

Durch die angeführten Bibelstellen sprechen diese Aufträge für sich und können zu einer groben Struktur führen, die ich selbst in verschiedenen Gemeinden schon umgesetzt habe:

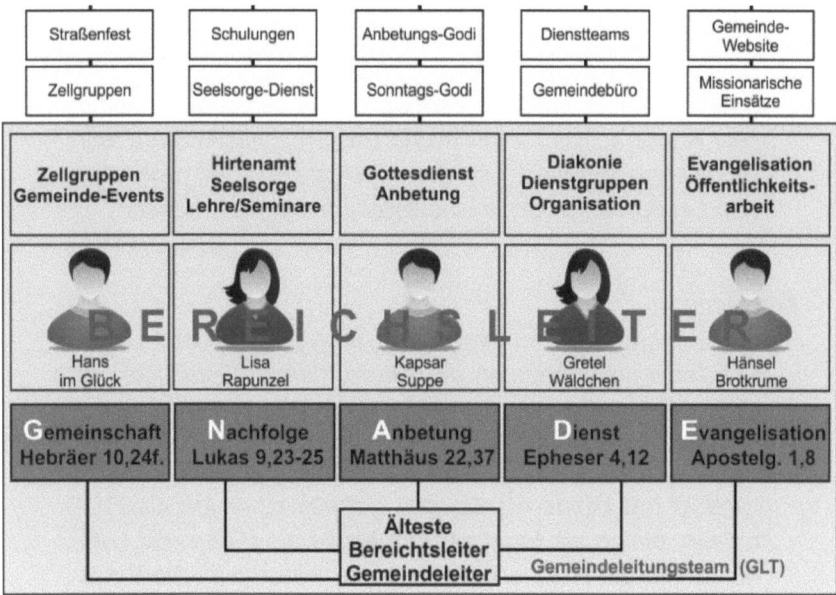

Diese Struktur ist bewusst von unten nach oben aufgebaut. Es geht in der Gemeinde nicht darum, Macht auszuüben oder zu regieren, sondern einander zu dienen und füreinander da zu sein. Ganz im Sinne Jesu, der gesagt hat:

> „Wer unter euch groß sein will, der sei euer Diener; und wer unter euch der Erste sein will, der sei euer Knecht, so wie der Menschensohn nicht gekommen ist, dass er sich dienen lasse, sondern dass er diene und gebe sein Leben zu einer Erlösung für viele." *(Matthäus 20,26-28)*

Das bedeutet, dass Leitung und Begleitung in der Gemeinde immer darauf ausgerichtet sein sollte, Christen zu helfen, sie zu unterstützen und sie auf dem Weg zu begleiten, den Gott ihnen vorgegeben hat, um das zu tun, was er von ihnen möchte.

Diese Leitungsstruktur möchte ich nicht als Modell verstanden wissen, sondern es ist eine auf biblischen Prinzipen aufgebaute Struktur, auf deren Schultern ganz verschiedene Gemeindeformen ihren Platz finden können. Wenn Sie genau hinschauen, werden Sie feststellen, dass Sie diese Struktur mit einer Person, einer Zellgruppe, einer kleinen sowie einer wachsenden Gemeinde leben können. Dabei lege ich Wert auf das Wörtchen „leben", denn eine Struktur ist kein totes Konstrukt, sondern eine Basis, auf der sich ein gesunder Organismus entwickeln kann, wie z.B. Gemeinde Jesu vor Ort.

Gemeindestruktur einer Meta-Gemeinde

Entwickelt sich aus dieser Struktur eine Gemeinde, bevorzuge ich die Gemeindeform der sogenannten „Meta-Gemeinde". Carl F. George prägte diesen Begriff und beschrieb diese Gemeindeform in den 90er Jahren des 20ten Jahrhunderts. Das Besondere daran ist, dass sich die Struktur im Großen und Ganzen auf zwei große Bereiche der Gemeinde konzentriert: Die Zellen, oder auch „Lebenshilfe-Zellen", und den Gottesdienst. Dabei haben die Zellen in dieser Struktur oberste Priorität. Dies zeigt sich auch in dem großen Ziel der Meta-Gemeinde, durch Multiplikation eine große Anzahl von Zellen hervorzubringen, damit möglichst viele Menschen zu Jüngern gemacht und zur Reife geführt werden können (vgl. Matthäus 28,18-20; Epheser 4,11-14).

George beschreibt dies so[41], dass die Gemeinde darauf ausgerichtet sein muss, sich am Sonntag zum Gottesdienst zu treffen, damit alle Zellen gemeinsam feiern können. Wenn sie nur eine Gemeinde ist, die nebenbei auch noch Zellen hat, wird diese Struktur scheitern. Ist sie aber eine Gemeinde, die zusammenkommt, damit Zellen gemeinsam feiern (und neue Menschen für neue Zellen gewonnen werden können),

---

[41] Vgl. George: Meta-Gemeinde, S. 110.

wird das Auswirkungen haben, bis hin zur Predigt im Gottesdienst, die die Zelle in der kommenden Woche oder das Leiterschaftstraining am Samstag inhaltlich beeinflusst. Das bedeutet wiederum, dass jede Entscheidung, jede organisatorische Maßnahme sowie die gesamte Entwicklung der Leiterschaft daran gemessen wird, inwieweit sie dazu beiträgt, dass sich die Arbeit der Gemeinde durch ihre Zellen vervielfacht. Und dies mit dem Ziel, dass jeder Neuankömmling in der Gemeinde mit großer Aufmerksamkeit empfangen und gefördert wird, bis die Bevölkerung im Umfeld der Gemeinde evangelisiert und zu Jüngern gemacht wurde (vgl. Matthäus 28,18-20; Epheser 4,11-14; 2. Timotheus 2,2).[42]

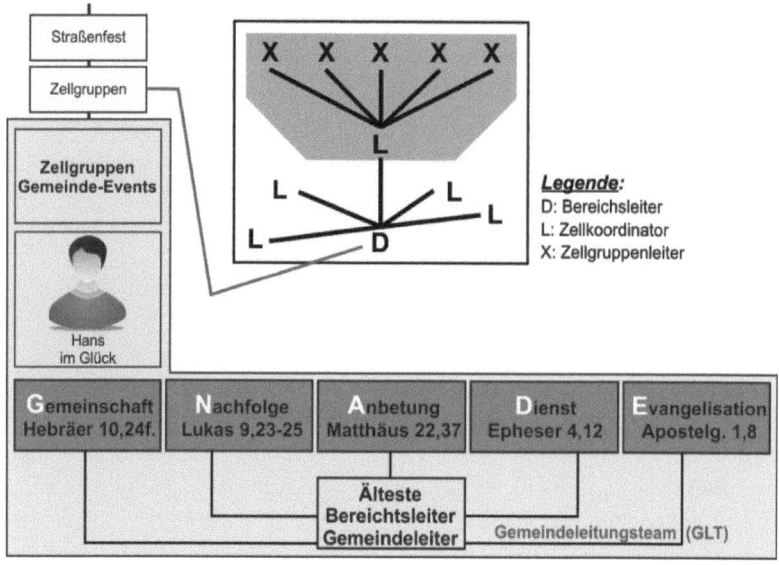

Mit der Leitungs-Struktur (GNADE) könnte nun diese Zellstruktur der Meta-Gemeinde wie in diesem Organigramm verbunden werden.[43] Damit ist sie zwar strukturell „nur" ein Teilbereich der Gemeinde, sollte aber in der Arbeit der Gemeinde immer eine sehr hohe Priorität behalten, sonst beraubt man diese Gemeindeform ihrer Möglichkeit(en), quantitativ nahezu unendliches Wachstum zu erfahren.

---

[42] Weitere Informationen dazu finden Sie im folgenden Kapitel: „Ohne Strategie geht es nicht".

[43] Dies ist eine sehr vereinfachte Darstellung einer Struktur, die sich in der Praxis komplexer erweisen wird. Mit diesem Organigramm soll nur gezeigt werden, dass sich die Struktur der Meta-Gemeinde auch mit dieser, auf biblischen Prinzipien aufgebauten Leitungsstruktur verbinden lässt, ohne dass die Zellgruppen dabei ihre Priorität verlieren.

George führt als praktisches Beispiel dafür, dass es tatsächlich funktionieren kann, die Yoido Full Gospel Church in Soul, Süd-Korea, an, die derzeit ca. 800.000 Besucher hat. Von dieser Zahl sollten Sie sich nicht abschrecken, sondern motivieren lassen, weil sie zeigt, dass es tatsächlich möglich ist, über die menschlichen Grenzen hinauszukommen, wenn der Herr Jesus beim Bau der Gemeinde die Richtung vorgeben darf.

Was damit gemeint ist, wird in den sieben Leitgedanken von George zu der Gemeindeform der Meta-Gemeinde deutlich, die ich aus seinem Buch übernommen habe:[44]

1. Die Gemeinden der Zukunft setzen sich voll und ganz dafür ein, mehr und besser geschulte Jünger hervorzubringen.

2. Die Gemeinden der Zukunft werden sich mehr um das Ausmaß der Ernte als um ihre beschränkten Möglichkeiten (finanziell, strukturell, organisatorisch, etc.) Gedanken machen.

3. Unter Gemeinde wird man vor allem einen Ort fürsorglicher Zuwendung verstehen, weniger ein Lehrgebäude (mehr Anwenden, weniger Verstehen/Wissen).

4. Die Pastoren stehen voll und ganz hinter dem Dienst von Ehrenamtlichen, obwohl jahrhundertelang eher das Gegenteil vorgelebt wurde.

5. Die Übertragung von Aufgaben an ehrenamtliche Mitarbeiter beinhaltet auch die Möglichkeit zur Leiterschaft in einer Zell-, Dienst- und/oder Großgruppe.

6. Ehrenamtliche werden Zeit, Energie und Geld dafür investieren, um sich die Fähigkeiten anzueignen, die man braucht, um den Hirtendienst kompetent zu versehen - wenn ihnen die Gelegenheit dazu geboten wird.

7. In der Gemeinde der Zukunft sehen die Pastoren und Mitglieder, dass sie letztendlich auf den Heiligen Geist angewiesen sind, dass er ihnen die Gaben schenkt, die sie brauchen, um sich gegenseitig aufzuerbauen.

---

[44] Vgl. George: Meta-Gemeinde, S. 174.

Vor allem der sechste Punkt dieser Leitgedanken hat mich etwas beschäftigt, bzw. dazu veranlasst, in diesen Abschnitt des Buches noch ein paar Impulse zu integrieren, die sich mit dem Lernen im Rahmen einer Gemeinde befassen.

Exkurs: Gemeinde, die dazulernen möchte

Die Grundidee dafür stammt von einem Mann namens Peter Michael Senge[45]. Er ist der Autor des Buches: „Die fünfte Disziplin", das 1996 erstmals in deutscher Übersetzung erschien. Senge schreibt darin, dass eine Organisation dann eine lernende sei, wenn sie auf äußere und innere Reize reagiert und anpassungsfähig ist. Eigenschaften, die man sich für jede Organisation wünscht. Nicht Konformismus, sondern Anpassungsfähigkeit an die Gegebenheiten, ohne die eigene Identität aufzugeben. Dafür ist Lernen die Grundlage jeder Organisation, auch der Gemeinde Jesu in dieser Welt.

In dem Buch von Senge geht es darum, „dass sich lernende Organisationen durch die Bündelung [von] fünf Disziplinen bzw. Teil- Technologien entwickeln lassen, wobei die ersten vier Disziplinen - gleichsam wie in einer Sammellinse - in der fünften Disziplin"[46], dem System-Denken, zusammengeführt werden.

<u>Lernen: Warum?</u>
Menschen fragen sich immer wieder: Warum müssen wir eigentlich dauernd lernen? Schauen wir auf die Halbwertszeit des Wissens, findet sich dort eine Antwort. Das eigene Schulwissen hält sich normalerweise ziemlich lange, weil in den ersten Klassen einer Grundschule viel grundlegendes Wissen vermittelt wird.

Wenn Sie aber z.B. auf IT-Fachwissen schauen, kann sich ein durchschnittlicher Studierender am Ende seines Studiums schon nicht mehr auf das Fachwissen zu Beginn berufen, sofern es nicht grundle-

---

[45] Peter Michael Senge ist Jahrgang 1947. Er ist Direktor des 1991 gegründeten Center for Organizational Learning am MIT (Massachusetts Institute of Technology) der Sloan School of Management in Cambridge (Massachusetts/USA - Vorort von Boston). Und er ist Vorsitzender der 1997 gegründeten Society for Organizational Learning (SoL). Sein Forschungsgebiet ist die Organisationsentwicklung.

[46] Wahren, Heinz-Kurt: Das lernende Unternehmen. Theorie und Praxis des organisationalen Lernens. Berlin 1996, S. 70.

gender Natur war. Im Allgemeinen geht man davon aus, dass spezielles Hochschulwissen nach 5 bis 10 Jahren nicht mehr aktuell ist. Wie gesagt: Es kommt immer auf den Lerninhalt an. Das berufliche Wissen eines Handwerkers hält sich z.B. viel länger als das eines Informatikers. Dennoch haben Studien ergeben, dass unser Wissen immer schneller veraltet. Darum ist in der heutigen Zeit das lebenslange Lernen zu einem wichtigen Bestandteil beruflicher Kompetenz geworden.

Und das gilt nicht nur für den einzelnen Menschen, sondern - wie in unserem Fall - auch für die Gemeinde. Wobei es bis heute in der Wirtschaftsliteratur keine einheitliche Meinung darüber gibt, was denn eine „lernende Organisation" überhaupt ist. Es gibt viele Versuche, diesen Begriff zu definieren, aber ein praxisrelevantes und konkretes Konzept finden Sie leider auch bei Peter Senge nicht. Die meisten verstehen allerdings darunter eine Organisation, die sich kontinuierlich weiterentwickelt, und das lässt in Bezug auf Gemeinde zumindest aufhorchen.

Leider beginnt in einer Organisation, wie z.B. der Gemeinde, ein Lernprozess meist erst dann, wenn „der status quo in Frage gestellt wird"[47]. Es muss eine Widerspruchssituation auftreten, bevor an Entwicklung gedacht wird. Das kann z.B. dadurch geschehen dass bemerkt wird, dass die selbst definierten Ziele nicht erreicht wurden. Solch eine Widerspruchsituation kann aber auch durch unzufriedene Mitarbeiter, ungelöste Fragen oder Stress auftreten.

Das wohl bekannteste Modell für das Lernen in einer Organisation geht auf die beiden Herren Chris Argyris und Donald Schön zurück. Sie unterscheiden drei verschiedene Lernebenen (siehe Bild):

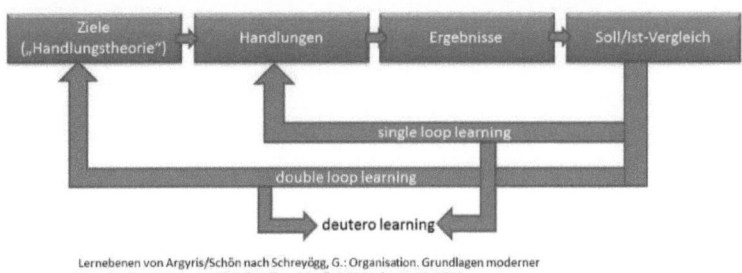

Lernebenen von Argyris/Schön nach Schreyögg, G.: Organisation. Grundlagen moderner Organisationsgestaltung, mit Fallstudien, 1. Aufl., Wiesbaden 1996, S.522

---

[47] Wilkesmann, Uwe: Lernen in Organisationen. Die Inszenierung von kollektiven Lernprozessen. Frankfurt/Main, New York 1999, S. 70.

Das „Single-Loop-Learning" ist die erste Stufe des Lernens, das auf allen drei Lernebenen durch ein vorhandenes oder sich abzeichnendes Problem angeregt wird. Wenn ein Mensch auf dieser ersten Stufe des Lernens mit einem Problem konfrontiert wird, versucht er dieses zu lösen, ohne dabei die Rahmenbedingungen bzw. den Handlungsablauf seines Lebens oder Wirkens zu verändern.

Ein Beispiel dafür: Normalerweise wird der Gottesdienst einer Gemeinde in XY von ca. 100 Personen besucht. Irgendwann stellt die Gemeindeleitung fest, dass der Gottesdienst seit geraumer Zeit nur noch von ca. 60-70 Personen besucht wird. Das ist die Situation, die für die Gemeindeleitung ein Problem darstellt.

Wir befinden uns im Single-Loop-Learning: Welche Maßnahmen können ergriffen werden, um das Problem zu lösen, ohne die Rahmenbedingungen zu verändern? Eine Möglichkeit wäre, dass die Gottesdienstbesucher im Rahmen der Moderation des Gottesdienstes darum gebeten werden, andere Menschen einzuladen. Die Gemeinde könnte sie dabei z.B. mit Einlade-Flyern unterstützen.

Wenn Sie es genau nehmen, hat dies eigentlich noch nicht so viel mit lernen zu tun, denn auf diese Weise werden bestehende Abläufe erhalten und nur auf dem Weg des geringsten Widerstandes versucht, ein Problem zu lösen. Womöglich funktioniert diese Aufforderung sogar für eine Zeit lang und es kommen wieder um die 100 Personen zum Gottesdienst. Aber aus Erfahrung wird das nicht lange anhalten und Sie müssen im Rahmen des Single-Loop-Learnings diese Aufforderung wiederholen. Wie lange das gut gehen wird, bleibt fraglich.

Das bedeutet, Sie müssen einen Schritt weiter gehen, denn beim Double-Loop-Learning sieht die Sache schon ganz anders aus: Wir stellen uns auch hier diesem Problem, dass der Gottesdienstbesuch in letzter Zeit rückläufig ist. Sie könnten auch auf dieser Lernebene die Gottesdienstbesucher darum bitten, weitere Menschen in den Gottesdienst mitzubringen, und dies mit Einlade-Flyern unterstützen.

Beim Double-Loop-Learning kommt es aber darauf an, nicht nur die Handlungsweisen zu modifizieren, sondern nach einer Reflektion der Situation die Rahmenbedingungen zu verändern, um einem Problem so begegnen zu können, dass es auf längere Zeit gelöst bleibt. In unserem

Fall hieße das, dass Sie z.B. die Inhalte des Gottesdienstes verändern könnten, wie z.B. Themen, Musikstil, oder die Moderation. Sie könnten mit kreativen Predigtformen arbeiten, zielgruppenorientierte Gottesdienste anbieten, oder während des Gottesdienstes die Kinder der Gottesdienstbesucher betreuen.

Natürlich verbindet sich mit der Denk- und Handlungsweise auf dieser Lernebene auch ein gewisses Spannungspotential. Denn reflektieren, modifizieren und anwenden bedeutet immer auch Veränderung. Und dies ist oftmals damit verbunden, lieb gewordenes ziehen zu lassen und Neues einzuführen. Diese Prozesse sind zugegebener Maßen meist auch mit gewissen Schmerzen und Trauer verbunden. Vielleicht bleiben deshalb manche Gemeinden lieber beim Single-Loop-Management und kommen deshalb auch nicht weiter.

Da allerdings auch dieses Double-Loop-Learning begrenzt ist, möchte ich Sie noch mit der Königsdisziplin des Lernens in einer Gemeinde bekannt machen, dem „Deutero-Learning". Auf dieser Ebene des Lernens geht es darum, aus dem Lernen zu lernen. Oder anders gesagt: Beim Deutero-Learning werden die vorhandenen Lernprozesse immer wieder auf ihre Brauchbarkeit hinterfragt und wenn möglich und nötig optimiert. Das hilft dabei, die Lernfähigkeit der Organisation zu verbessern.

Bleiben wir noch ein wenig bei unserem Problem, dass der Gottesdienstbesuch rückläufig ist. Im Rahmen von Single-Loop- und Double-Loop-Learning haben wir bereits Maßnahmen ergriffen. Im Rahmen des Deutero-Learnings bedeutet dies nun, dass Sie die bereits ergriffenen Maßnahmen nach einer gewissen Zeit auf ihre Brauchbarkeit bzw. ihre Anwendbarkeit untersuchen. Dazu holen Sie sich möglicherweise Feedback von Gemeindegliedern oder berufen ein Team, das sich nicht nur mit der Vorbereitung und Durchführung der Gottesdienste, sondern auch mit deren Weiterentwicklung beschäftigt.

Und Weiterentwicklung bedeutet, mit der Bezeichnung eines anderen Konzepts, auch einmal „outside the Box" zu denken. „Thinking outside the Box" ist ein Konzept, bei dem es um eine Sammlung von Praktiken geht, die für laufende Veränderungsfähigkeit sehr hilfreich sind. Sie helfen zu größerer Perspektive, zu mehr Ideen und zu vielseitigeren Handlungsoptionen.

Wenn Sie „outside the Box" denken wollen, müssen Sie Folgendes beachten:

- Seien Sie offen, sowohl unterschiedliche Dinge zu tun als auch Dinge unterschiedlich zu tun.
- Finden Sie neue, unbekannte Perspektiven, um Situationen zu betrachten und zu analysieren.
- Hören Sie anderen aktiv zu, und finden Sie deren Ideen und Bedürfnisse heraus.
- Versuchen Sie, positive Aspekte in Situationen zu sehen, auch wenn diese nerven.
- Denken Sie über Ihren Rahmen nach und wie Sie ihn erweitern und verändern könnten.
- Überlegen Sie, wie durch neue oder veränderte Ansätze ein Mehrwert für Ihre Situation oder die Lösung Ihres Problems geschaffen werden könnte.

Dass dieses Denken absolut notwendig ist, zeigen Aktionen wie z.B. das gegenseitige militärische Aufrüsten, wie es in den Zeiten des kalten Krieges zwischen den USA und der Sowjetunion (1947-1991) herrschte.

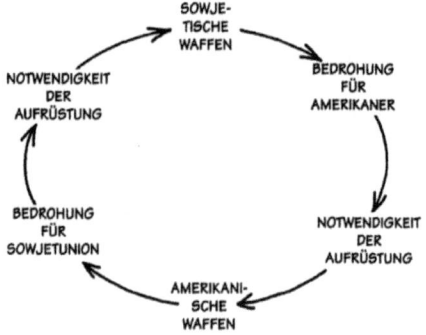

Die Ursachen für dieses Wettrüsten lagen weder in den rivalisierenden politischen Ideologien noch in den Kernwaffen, sondern einfach in einer Denkweise, die beide Seiten geteilt haben. Dabei dachten die Amerikaner in etwa so: Es gibt sowjetische Superwaffen, die sind eine Bedrohung für Amerika, also müssen wir unsere Waffen aufrüsten.

Die sowjetischen Machthaber dachten etwa so: Es gibt amerikanische Superwaffen, die eine Bedrohung für die Sowjetunion sind, also müssen wir unsere Waffen aufrüsten. Aus der Sicht der Amerikaner war die Sowjetunion der Aggressor und die atomare Aufrüstung der USA eine defensive Reaktion auf die bestehende Bedrohung. Aus der Sicht der Sowjetunion war Amerika der Aggressor und die atomare Aufrüstung der Sowjetunion eine defensive Reaktion auf die bestehende Bedrohung aus den USA. In der Praxis verläuft dieses Denken nicht linear, sondern in einem Kreislauf ohne Ende. Bis jemand aus dem Kreislauf aussteigt und sich eines Besseren besinnt.

Und genau das ist dann - bildlich gesprochen - wie ein Heraustreten aus der Situation, um eine objektive Perspektive zu bekommen. Um danach wieder in die Situation einzutreten, damit diese entsprechend bewältigt werden kann. Dieses Denken „outside the Box" ist damit ein mächtiges Hilfsmittel, gerade für das Deutero-Learning im Rahmen der Arbeit einer christlichen Gemeinde.

Die sich damit jedoch nicht von ihren geistlichen Grundlagen verabschieden muss. Für manche hören sich diese Ausführungen so an, als ginge es in der Gemeinde nur noch um Management und seine Methoden. Das mag vordergründig so aussehen. Doch bedingen auch diese Methoden aus der Organisationsentwicklung eine geistliche Grundlage, die an dieser Stelle durch zwei Bibelstellen aus dem Neuen Testament belegt werden soll; zunächst durch Matthäus 23,8:

> „...einer ist euer Meister; ihr aber seid alle Brüder."

Das heißt, es gibt zwar gewisse Hierarchien in allen Gemeinden. Das ist dem Menschen eigen und kann nicht aufgelöst werden. Aber diese Hierarchien sollen und dürfen nur die Aufgaben innerhalb einer Struktur regeln. Es kann dabei nie um Macht über andere gehen, denn wir haben nur einen Meister: Jesus Christus. Er ist der Herr der Gemeinde, aller Organisationen und auch über den Rest der Welt. Und wenn uns das klar ist, können wir über die zweite Bibelstelle nachdenken. Diese finden Sie in 1. Korinther 14,26:

> „Wie ist es nun, liebe Brüder? Wenn ihr zusammenkommt, so hat ein jeder einen Psalm, er hat eine Lehre, er hat eine Offenbarung, er hat eine Zungenrede, er hat eine Auslegung. Lasst es alles geschehen zur Erbauung!"

Für mich heißt das, dass jeder Mensch etwas Ordentliches zu einer Gruppe, Gemeinschaft oder Gemeinde beitragen kann. Auch wenn er noch so naiv erscheint und vielleicht nicht so intelligent ist. Das spielt keine Rolle, denn der Heilige Geist Gottes kann jeden Menschen gebrauchen, um seine Ziele zu erreichen. Das sollten Sie berücksichtigen, wenn Sie Menschen führen oder auch im Coaching oder der Seelsorge mit ihnen zu tun haben. Sie haben es nicht mit irgendwelchen Dummerchen zu tun, denen Sie sagen müssten, wie das Leben geht, sondern Sie haben es bei Christen mit vom Heiligen Geist gesalbten Menschen zu tun. Menschen, die durchaus in der Lage sind, durch die Kraft des Heiligen Geistes, dazu beizutragen, die Vision Ihrer Gemeinde zu ihrem göttlichen Ziel zu führen.

Um dieses Lernen in einer Organisation abzurunden möchte ich Ihnen noch zehn Weisheiten aus dem Buch[48] von Senge mitgeben, die helfen können sich immer freier auf der Lernebene des Deutero-Learnings zu bewegen:

1. Die „Lösungen" von gestern sind die Probleme von heute

Probleme begegnen uns ständig und wir müssen nach Lösungen suchen. Oftmals sind die Ursachen dieser Probleme einfach nicht zu finden. Hier könnte in einigen Fällen ein Blick auf die Lösungen von gestern helfen.

Beispiel: Es ist eine weit verbreitete Kultur des Umgangs mit Mitarbeitern in der Gemeinde, dass man die Bereitschaft zur Mitarbeit in einem Bereich der Gemeinde dadurch „belohnt", dass der Mitarbeiter eine Aufgabe schnell übertragen bekommt und damit aber auch auf lange Zeit inne hat. Nun haben neue Mitarbeiter die Leitung der Gemeinde übernommen und möchten einen zusätzlichen Gottesdienst für außenstehende Menschen starten, doch es finden sich absolut keine Mitarbeiter, die sich in diesem Projekt einbringen möchten.

Offensichtlich liegt das Problem darin, dass die Mitarbeiter keine Bereitschaft dazu haben, sich für dieses Projekt einzusetzen. Manchen wird dabei sogar Faulheit unterstellt. Ursächlich dafür ist aber die Kultur des eben beschriebenen Umgangs mit Mitarbeitern aus vergangenen Zeiten. Diese Weisheit zeigt also, dass die Ursachen von Problemen auch in den Lösungen der Vergangenheit liegen können. Und dass sie manchmal deshalb so schwer zu finden sind, weil die Menschen, die

---

[48] Vgl. Senge: Die fünfte Disziplin, S. 75ff.

das Problem lösen müssen, nicht unbedingt die Menschen sind, die es verursacht haben.

2. Je mehr man sich anstrengt, desto schlimmer wird es

Sicher haben das manche von Ihnen schon erlebt: Sie tun etwas und meinen es wirklich gut, aber die gute Tat löst eine Reaktion aus, die alle gut gemeinten Absichten wieder zunichtemacht. Hier spricht man von einem „kompensatorischen Rückkopplungseffekt": Je mehr man sich bemüht, ein System zu ändern, umso größer wird der Widerstand. Oder je mehr man versucht, eine Situation zu verbessern, desto schlimmer kann sie werden. Dessen muss man sich einfach bewusst sein.

Beispiel: Sie möchten Ihre Mitarbeiter in der Gemeinde ehren, indem Sie jährlich ein Mitarbeiter-Dank-Fest veranstalten, bei dem alle Mitarbeiter zu einem kostenlosen Essen in einer Gaststätte eingeladen werden. Ein entsprechendes Rahmenprogramm rundet den Abend ab. In der Folge melden sich zu diesem Fest aber ein Drittel der Mitarbeiter gar nicht an, sondern protestieren im Hintergrund heftig dagegen, weil es ja nicht sein kann, dass man sich mit den Spenden- und Opfergeldern der Gemeinde einen Abend lang vergnügt.

3. Der bequemste Ausweg erweist sich zumeist als Drehtür

Es ist für jeden Menschen bequemer, auf eine Lösung zurückzugreifen, die ihm vertraut ist und sich an das zu halten, was er am besten kennt. Ich denke dabei z.B. an die Liturgie bzw. den Ablauf eines Gottesdienstes, der immer gleich ist. Das hat sicher seine Vorteile, für die Moderatoren wie für die Gäste.

Jeder kann entspannt den Gottesdienst genießen, weil keine Überraschungen zu erwarten sind. Auf Dauer wird sich dies aber vermutlich als Drehtür erweisen, die die Menschen wieder aus dem Gottesdienst hinausträgt, in den sie das Programm vielleicht einmal gebracht hat.

4. Die Therapie kann schlimmer sein als die Krankheit

Ich habe es selbst als Gemeindeleiter immer wieder erlebt, dass ich vor Problemen stand und versucht war, diese selbst zu lösen, anstatt andere anzuleiten, ihren Teil zur Lösung von Problemen beizutragen. Oder als Gemeinde-Coach kam es immer wieder vor, dass die Gemeindeleitung die Lösungen ihres Problems einfach von mir haben wollte.

Auf Dauer kann das für eine Gemeinde fatale Auswirkungen haben. Denn wer nicht lernt, Probleme selbst zu bewältigen und Lösungen zu finden und umzusetzen, wird abhängig von einem Problemlöser. Das heißt, dass die Gemeindeleitung z.B. von ihrem Coach abhängig werden kann. Oder die Gemeinde von ihrem Gemeindeleiter, weil der sich als „Eier legende Wollmilchsau" in jedem Bereich der Gemeinde einbringt. So wird die Therapie letzten Endes keine Heilung bringen, sondern sie wird sich als schlimmer erweisen als die Krankheit, die diese Therapie notwendig machte.

5. Schneller ist langsamer

Eine optimale Entwicklung ist nicht mit dem schnellstmöglichen Wachstum gleichzusetzen. Peter Senge meint, dass „schnell", langfristig langsam oder gar Stillstand bedeuten kann. Ich habe es selbst immer wieder erlebt, ob in Beratungssituationen oder in der eigenen Gemeinde, dass Menschen richtig Gas geben wollten.

Dagegen ist zunächst absolut nichts einzuwenden. Wenn Sie dadurch allerdings versuchen, Prozesse abzukürzen, die zu Entwicklung und Wachstum notwendig sind, kann dies in manchen Fällen zu massiven Rückschlägen führen, die letzten Endes die Prozessdauer nicht verkürzen, sondern wesentlich verlängern können.

Wenn Sie z.B. in einem Visionsprozess nicht darauf achten, dass alle Beteiligten über den Prozess informiert sind und auch ein gewisses Mitspracherecht ausüben können, um im Endeffekt eine möglichst hohe Akzeptanz für die Vision zu erreichen, kann dies dazu führen, dass Sie plötzlich heftigen Widerstand in der Gemeinde haben, der es unmöglich machen kann, die Vision zeitnah umzusetzen.

6. Ursache und Wirkung liegen räumlich und zeitlich nicht nahe beieinander

Unter „Wirkung" versteht Senge ein Symptom, welches auf ein Problem hinweist und unter „Ursache" die Gründe im System, die für das Symptom verantwortlich sind. Meistens liegen diese beiden Faktoren aber nicht sehr nah beieinander.

Nehmen wir das Beispiel von eben, wo sich kein Mitarbeiter für den neuen Gottesdienst melden wollte. Auf welche Ursachen könnten Sie kommen, wenn Sie diese in der Wirkung der derzeitigen Situation suchen würden? Mangelnde Bereitschaft zur Mitarbeit, wenig Interesse an der Gemeindearbeit, mangelnde Reife im Glauben oder wenig Verständnis für die Vision der Gemeinde ...

Der eigentliche Grund ist aber dieser, dass Sie eine Kultur der Mitarbeit in der Gemeinde haben, die jeglichen Eifer schon im Keim erstickt. Und daran müsste gearbeitet werden. Sie werden also mit der Wirkung einer Sache konfrontiert, deren Ursache aber räumlich und zeitlich weit zurück liegt: Es melden sich keine Mitarbeiter.

7. *Kleine Veränderungen können eine riesige Wirkung haben - aber die Maßnahmen mit der stärksten Hebelwirkung sind häufig zugleich die unauffälligsten*

Peter Senge meint: Offensichtliche Lösungen funktionieren oftmals nicht, sondern verschlimmern die Situation eher langfristig. Jedoch zeigen kleine und gezielte Handlungen an der richtigen Stelle verschiedentlich eine nachhaltige Wirkung bzw. Besserung.

Ein schwieriges Problem zu lösen, hängt davon ab, herauszufinden, wo die „Hebelwirkung" am größten ist. Es stellt sich also die Frage, welche Veränderung zu einer dauerhaften Verbesserung führt. Und das nicht mit dem größten Aufwand, sondern mit einer Lösung, die so wenig Anstrengung wie möglich verursachen wird.

8. *Sie können den Kuchen essen und behalten - nur nicht gleichzeitig*

Eine sinnvolle Maßnahme wirkt sich meist erst später aus. Darum brauchen Sie Geduld, um auf den langfristigen Erfolg warten zu können. Bleiben wir bei dem Beispiel der Kultur der Mitarbeit in der Gemeinde: Kurzfristig wäre zu versuchen, die Mitarbeiter zu überreden, ihnen die Verlorenheit der Welt vor Augen zu malen, usw.

In der Regel würden Sie damit auch ein paar Leute finden, die sich zur Mitarbeit überreden lassen. Die Frage wird allerdings sein, wie lange diese Mitarbeit anhalten wird. Und die andere Frage wird sein, wie viele solcher Maßnahmen des Überredens noch gelingen werden, bevor Ihnen alle Mitarbeiter davongelaufen sind.

Setzen Sie allerdings auf ein langfristiges Konzept, das die Philosophie von Mitarbeit und die Kultur des Umgangs mit Mitarbeitern in der

Gemeinde auf eine humane und christliche Ebene bringt, müssen Sie möglicherweise auf den neuen Gottesdienst verzichten und evtl. auch auf andere Veranstaltungen. Sie werden mit dieser Maßnahme aber langfristig eine ganz andere Bereitschaft zur Mitarbeit und zum Einsatz haben, wie in der ganzen Zeit davor. Das habe ich selbst in einer Gemeinde schon so erlebt.

9. Wer einen Elefanten in zwei Hälften teilt, bekommt nicht zwei kleine Elefanten

Eine Organisation ist eine Einheit, die vom Ganzen abhängt. Wenn also ein Problem auftaucht, sollten Sie nicht in die Falle tappen und die Lösung nur in diesem kleinen Bereich suchen. Bleiben wir bei diesem Beispiel der Einführung eines neuen Gottesdienstes.

Wenn Sie die mangelnde Bereitschaft zur Mitarbeit nur im Bereich Gottesdienst und bei den darauf angesprochenen Mitarbeitern suchen, teilen Sie den „großen Elefanten" in mehrere „kleine Elefanten". Sie klammern damit die Kultur des Umgangs mit Mitarbeitern in der gesamten Gemeinde aus. Dadurch scheint es zwar überschaubarer zu werden und viele „wissen" dann auch sofort, woran diese mangelnde Bereitschaft zur Mitarbeit liegt ...

Aber letztlich wissen Sie gar nichts, solange Sie sich nicht das gesamte System angeschaut haben. Aus diesem Grund sind auch Kommunikation und ein gutes Informationssystem sehr wichtig, damit möglichst viele Menschen die Zusammenhänge sehen und wenn möglich auch verstehen können.

10. Niemand ist schuld

Menschen neigen in der Regel dazu, anderen Menschen die Schuld zu geben, wenn etwas misslungen ist. Und in den meisten Fällen gibt es auch einen Menschen, der durch sein Verhalten dazu beigetragen hat, dass etwas misslungen ist. Doch als Glieder der Gemeinde vor Ort gehören wir alle zusammen und arbeiten gemeinsam in der Gemeinde.

Darum darf es bei Fehlern zunächst nicht nur um Schuld gehen, auch wenn es Verursacher von Problemen gibt. Denn es ist eher selten, dass Menschen absichtlich blockieren oder zerstören. Die meisten wollen es wirklich recht machen.

Aufgabe (Fallbeispiele):

1. Bitte formulieren Sie zu den in der Tabelle beschriebenen Problemen/Symptomen aus Ihrer Sicht notwendige oder empfehlenswerte Aktionen, Entscheidungen und/oder Ziele (dabei immer mögliche strukturelle Probleme der Gemeinde im Blick behalten).
2. Danach überprüfen Sie bitte, ob es sich bei Ihren Lösungsvorschlägen um Single-Loop- oder um Double-Loop- oder Deutero-Loop- Aktionen, -Entscheidungen oder -Ziele handelt.

Situation: Die Gemeinde „Glaubens-Oase" sieht sich mit folgenden Problemen konfrontiert:

Problem/Symptom	Aktion/Entscheidung/Ziel
Menschen wissen sehr wenig über den Glauben und die Bibel	
Menschen fühlen sich in den Zellgruppen nicht genügend betreut	
In die Kinderarbeit kommen immer weniger Kinder	
Die Lob- und Anbetungsgottesdienste werden immer weniger besucht	
Familien beklagen sich, dass sie als Ganzes zu wenig zum Zug kommen	
Die finanziellen Mittel/Gaben/Spenden sind rückläufig (Liquidität ist gefährdet)	
Die Gemeinde fühlt sich bei Entscheidung der Gemeindeleitung übergangen	
Nachbarn der Gemeinde regen sich über die Parkplatzsituation während der Gottesdienste auf	

Ohne Strategie geht es nicht

„Der Kern aller Führungsfähigkeiten ist nicht das sichere Wissen, wie man`s macht, sondern liegt im Beherrscht werden von der wunderbaren Gnade Gottes."[49]

„Ich will dich unterweisen und dir den Weg zeigen, den du gehen sollst; ich will dich mit meinen Augen leiten."

(Psalm 32,8)

Mit einer Vision fängt es an

In ihrem Buch „Erweckungs Kultur" weisen die Autoren Brodeur und Liebscher darauf hin, dass im Rahmen der Arbeit einer christlichen Gemeinde die Vision eine Art Fixstern sein könnte, wie ihn die Seefahrer früherer Zeiten nutzten, um sich daran zu orientieren. Dabei verweisen sie auf das Bild einer Pyramide, das John Wimber zeichnete, als es ihm um gesunden Gemeindeaufbau ging: „Wimber glaubte, dass das Fundament jedes geistlichen Dienstes die gemeinsamen Werte sind, die all seine Mitglieder anerkennen. Dann sollten Prioritäten, Arbeitsweisen, Programme und Personen hinzugefügt werden, um den Dienst ‚von innen heraus' oder von unten nach oben zu bilden"[50].

Wimber hatte das Gefühl, dass der Fehler, den die meisten Leiter machen, der ist, sich auf äußerliche Dinge wie Programme und Personal zu konzentrieren. Es sei jedoch so, dass die Effektivität eines Dienstes oder einer Organisation wesentlich durch Werte, Prioritäten und Praktiken bestimmt wird, welche die drei ersten Elemente einer Gemeindekultur sind. Es war seine Überzeugung, dass sich die Kraftlosigkeit einer Gemeinde oder eines Dienstes direkt auf den Mangel an Be-

---

[49] Ford: Leiten wie Jesus, S. 113.
[50] Brodeur: Erweckungs Kultur, S. 297.

ständigkeit zwischen ihrer Kultur und ihren Programmen bezieht.

Dies ist auch meine Erfahrung, aus über 25 Jahren praktischer Gemeindearbeit. Ich schätze jedoch eine gemeinsame Vision als noch grundlegender ein, als das Fundament allein auf gemeinsame Werte zu stellen. Denn wer nicht weiß, wo ein (Gemeinde-) Zug hinfährt, wird nicht in den Zug einsteigen, auch wenn er mit den Werten der Eisenbahngesellschaft einverstanden ist. Einem Team werden gemeinsame Werte nicht viel helfen, wenn es keine gemeinsame Vorstellung (Vision) hat von dem, was es gemeinsam erreichen kann. Damit möchte ich nicht zum Ausdruck bringen, dass Werte bedeutungslos sind. Aber ich sehe sie in jedem Fall der Vision einer Gemeinde nachgeordnet, maximal „auf Augenhöhe". Dennoch halte ich das Modell Wimbers für so wesentlich, dass ich empfehle, diese „Kultur-Pyramide" als eine Art Korrektiv zu verwenden, gerade wenn es um visionäre, strukturelle und strategische Dinge in der praktischen Arbeit Ihrer Gemeinde geht.

Der Mensch im Mittelpunkt der Gemeindearbeit

Bevor wir zu strategischen Überlegungen kommen, die auf der Vision Ihrer Gemeinde aufbauen, lassen Sie uns zunächst einen kleinen Schritt zurückgehen. Dabei schauen wir uns etwas an, das ich als Plan Gottes für die gesamte Menschheit sehe. Etwas, das schon vor Grundlegung der Welt festgelegt war, nämlich dass der Mensch im Mittelpunkt des Welt- und damit auch Gemeindegeschehens liegen soll:

> *„Denn in ihm* (Jesus) *hat er uns erwählt, ehe der Welt Grund gelegt war, dass wir heilig und untadelig vor ihm sein sollten; in seiner Liebe hat er uns dazu vorherbestimmt, seine Kinder zu sein durch Jesus Christus nach dem Wohlgefallen seines Willens, zum Lob seiner herrlichen Gnade, mit der er uns begnadet hat in dem Geliebten."* (Epheser 1,4-6)

Lassen Sie uns diesen Gedanken noch ein wenig vertiefen, indem wir uns sechs Bibelstellen aus dem Alten und Neuen Testament der Bibel anschauen. Dies ist nötig, damit es zu einem Verständnis dafür kommen kann, worum es in diesem Plan Gottes wirklich geht. Vielleicht ist das für Sie sogar etwas völlig Neues. Zunächst der Blick auf eine Stelle im Alten Testament:

> *"Gott schuf den Menschen zu seinem Bilde, zum Bilde Gottes schuf er ihn; und schuf sie als Mann und Frau."*
> *(1. Mose 1,27)*

Gott schuf Himmel und Erde und alle Pflanzen und Tiere, Flora und Fauna. Und dann, als das „Haus" gebaut war, durfte der Mensch darin einziehen, wenn auch zunächst „nur" in den Garten Eden. Doch alle Zeichen deuten darauf hin, dass diese Erde einmal als Wohnraum für die Menschen geschaffen wurde. Damit lag der Fokus Gottes schon von Anfang an eindeutig auf den Menschen:

> *"Also hat Gott die Welt geliebt, dass er seinen eingeborenen Sohn gab, damit alle, die an ihn glauben, nicht verloren werden, sondern das ewige Leben haben."* (Johannes 3,16)

Auch im Neuen Testament liegt der Fokus Gottes immer noch auf den Menschen, deren Erlösung er schon vor Grundlegung der Welt beschlossen hatte (vgl. Epheser 1,4). Und dafür gab er alles, jedoch nicht ohne seine Jünger in die Verantwortung zu nehmen:

> *"Trachtet zuerst nach dem Reich Gottes und nach seiner Gerechtigkeit, so wird euch das alles zufallen."* (Matthäus 6,33)

Diese Aussage hat Gott jedoch an eine Bedingung geknüpft, die Sie in Markus 10,15 nachlesen können:

> *"Wahrlich, ich sage euch: Wer das Reich Gottes nicht empfängt wie ein Kind, der wird nicht hineinkommen."*

Die Menschen sollen also nach dem Reich Gottes streben und es in kindlichem Glauben empfangen. Doch wo ist das Reich Gottes? Dazu gibt es mindestens zwei Antwortmöglichkeiten: Zum einen ist das Reich Gottes um uns herum, oder wie es in Lukas 17,21 heißt:

> *"Denn siehe, das Reich Gottes ist mitten unter euch."*

Darauf lag auch in meinem geistlichen Leben lange Zeit der alleinige Fokus: Wir müssen Reich Gottes bauen. Und das hieß für mich: Wir müssen an der Gemeinde Jesu vor Ort arbeiten. Doch dieses „mitten unter euch" (griechisch: entos) kann auch noch anders übersetzt werden, ändert dann allerdings seine Zielrichtung. Und deshalb übersetzte Martin Luther diesen Vers in Lukas 17,21 folgendermaßen:

„Sehet, das Reich Gottes ist inwendig in euch."

Damit befindet sich das Reich Gottes sowohl um uns herum als auch in jedem einzelnen Christen. Und das fügt sich nahtlos in die Texte des Neuen Testaments der Bibel ein, wo es darum geht, dass Jesus Christus in seinen Jüngern beheimatet ist, wie z.B. Galater 2,20 aussagt:

> *„Ich lebe, doch nun nicht ich, sondern Christus lebt in mir. Denn was ich jetzt lebe im Fleisch, das lebe ich im Glauben an den Sohn Gottes, der mich geliebt hat und sich selbst für mich dahingegeben."*

Wenn Sie also nach dem Reich Gottes trachten, geht es auch darum, dass Sie sich nach dem ausstrecken, was an geistlichem Fortschritt in Ihnen geschehen kann. Z.B., dass Sie immer mehr erfüllt werden vom Heiligen Geist, wie es sich Paulus in Epheser 5,18 wünscht:

> *„Und sauft euch nicht voll Wein, woraus ein unordentliches Wesen folgt, sondern lasst euch vom Geist erfüllen."*

Oder dass Jesus Christus immer mehr Gestalt in Ihnen gewinnen kann, wie es Paulus auch den Christen in Galatien liebevoll ans Herz gelegt hat:

> *Meine lieben Kinder, die ich abermals unter Wehen gebäre, bis Christus in euch Gestalt gewinne!"* (Galater 4,19)

All diese Überlegungen finden schließlich ihren Höhepunkt in dem Missionsbefehl, den Jesus seiner Gemeinde, und damit auch uns Christen für die heutige Zeit ins Stammbuch geschrieben hat:

> *„Mir ist gegeben alle Gewalt im Himmel und auf Erden. Darum gehet hin und machet zu Jüngern alle Völker: Taufet sie auf den Namen des Vaters und des Sohnes und des Heiligen Geistes und lehret sie halten alles, was ich euch befohlen habe. Und siehe, ich bin bei euch alle Tage bis an der Welt Ende."* (Matthäus 28,18-20)

Um es zusammenzufassen: Jesus hat seiner Gemeinde nicht den Auftrag gegeben, Gemeinde zu bauen, sondern Menschen zu Nachfolgern Jesu zu machen und sie alles zu lehren, was er ihr anbefohlen hat. Wenn Sie danach trachten, dass Sie das Reich Gottes in den Menschen bauen, wird er Ihnen alles andere dazu geben, und er wird seine Gemeinde auch selbst bauen (vgl. Matthäus 16,18). Es geht also nicht in erster Linie darum, dass Sie sich um Strukturen, Strategien, Immobilien, Gruppen und Kreise bemühen, sondern auf das konzentrieren, was helfen kann, den Auftrag Jesu zu erfüllen, dass Menschen zu Jesus finden, im Glauben wachsen und zu Jüngern Jesu werden können.

Und genau diese Bemühung wird dann zu Strukturen, Strategien, Immobilien, etc. führen, um diesem Auftrag gewachsen sein zu können. Im Ergebnis mag es immer gleich aussehen, aber der Ansatz ist ein völlig anderer, denn mit diesem Fokus stehen der Mensch, seine Erlösung und sein geistliches Wachstum im Mittelpunkt und nicht nur die Pflege der Gemeinde vor Ort, mit all ihren Erfordernissen.

Der Fokus auf der Gemeinde führt nicht selten dazu, dass es fast nur noch darum geht, wie man Veranstaltungen bedienen, Traditionen pflegen, Full-Service bieten, den Strukturen dienen und sich dabei einen Namen machen kann. Aber der Mensch und seine geistliche Entwicklung bleiben dabei auf der Strecke. Nicht nur deshalb empfehle ich sehr, den Fokus immer auf den Menschen und seine geistliche Entwicklung zu richten, ganz im Sinne des Auftrags von Jesus. Und dies versuchen wir nun, strategisch umzusetzen.

Strategische Konsequenzen daraus

Die Dichterin Mary Oliver schrieb ein Gedicht mit dem Titel „Flusssteine". Darin beschreibt sie, wie leicht Steine „zufriedenzustellen" sind. Im Gegensatz dazu schreibt sie, wie sehr sich das Wasser danach sehnt, an einem anderen Ort zu sein. Wer schon einmal einen Bach oder einen kleinen Fluss beobachtet hat, wird ihr zustimmen. Steine liegen in einem Bach- oder Flussbett einfach nur da, sie bewegen sich nicht. Sie sehnen sich nicht nach Veränderung. Sie sind von Natur aus statisch. Doch das Wasser ist völlig anders. Es strebt immer nach Bewegung. Unaufhaltsam bewegt es sich von der Quelle bis zur Mündung. Menschen sind vergleichbar mit diesem Wasser. Und tatsächlich bestehen sie ja auch zu 70% aus Wasser. Wie das Wasser sind sie ständig auf der Suche nach etwas, nach einem anderen Ort, zu dem die Seele fließen möchte. Im Grunde sehnen wir Menschen uns nach inniger Vertrautheit (vgl. 1. Mose 2,18). Wir wollen wieder so eng mit Gott verbunden sein, wie wir das am Anfang waren. So eng, wie es eigentlich für jeden sein sollte (vgl. Johannes 17,21).

Für die Gemeinde bedeutet dies, dass die Aufgabe der Gemeindeleitung nicht nur darin besteht, den Menschen zu helfen, ein besseres Leben zu führen, sondern dass es auch darum geht, die Menschen darin zu begleiten, durch Jesus Christus ein Leben in der tiefen Gemeinschaft mit Gott führen zu können (vgl. Matthäus 28,19-20), und zu Jüngern Jesu zu werden (vgl. Epheser 4,11-14). Und das bedeutet auch, dass Sie es in der Gemeinde immer mit Menschen zu tun haben, die sich in unterschiedlichen geistlichen Phasen und in unterschiedlicher Nähe zur Gemeinde befinden.

Rick Warren hat in seinem Buch „Kirche mit Vision" diese Personengruppen etwas strukturiert und seinem System die Überschrift „Kreise der Hingabe"[51] gegeben. Darin beschreibt er diese Personengruppen mit Stichworten wie „Gesellschaft, Gottesdienstbesucher, Gemeinde, »gebende« Gemeindeglieder und Gemeindekern" [52].

Dieses Werkzeug kann eine Hilfe sein, wenn man Kriterien braucht, um Menschen in Bezug auf ihre Reife ein wenig einzuschätzen. Und das werden Sie müssen, wenn Sie Menschen wirklich so weit zu geistlicher Reife führen möchten, dass diese auch Verantwortung übernehmen, sowohl für die Gemeinde als auch für die Menschen, die sich zur Gesellschaft oder den Gottesdienstbesuchern zählen. Das Ganze kann sich dann auch in einem Entwicklungsprozess für geistliches Leben von Christen widerspiegeln.

Wenn Sie Gemeinde bauen, und dabei die Missionsaufträge Jesu oder den Auftrag von Paulus in Epheser 4 ernst nehmen möchten, sollte die Entwicklung geistlichen Lebens eine sehr hohe Priorität haben. Die Grundidee zu diesem Prozess stammt aus dem Buch „Kirche mit Vision"

---

[51] Vgl. Warren: Kirche, S. 126.
[52] *Gesellschaft:* Menschen, die normalerweise keinen Gottesdienst besuchen und der Kirche eher distanziert gegenüber stehen. - *Gottesdienstbesucher:* Christen oder Nichtchristen, die regelmäßig den Gottesdienst besuchen. - *Gemeinde:* Christen, die sich für den Auftrag von Anbetung und Gemeinschaft entschieden haben, und Mitglieder geworden sind. - *„gebende" Gemeindeglieder:* Christen, die beten, geben und daran arbeiten, in der Jüngerschaft zu wachsen, aber in keinem Dienstbereich eingebunden sind. - *Gemeindekern:* Das sind hingebungsvolle Mitarbeiter und Leiter, die sich dafür entschieden haben, anderen zu dienen. Sie arbeiten in den verschiedenen Diensten mit oder leiten sie. Hierzu kann z.B. auch die Teilnahme am D.I.E.N.S.T.-Seminar gehören und der Prozess der Platzanweisung Gottes in der Gemeinde.

von Rick Warren, wurde aber von mir stark modifiziert. Die grobe Zielsetzung hinter diesem Prozess ist, dass Sie als Gemeinde den Menschen helfen, zum Glauben zu finden und so im Glauben zu wachsen, dass diese als Jünger Jesu zu ihrer persönlichen Lebensmission finden können. Um diesen Prozess für eine Gemeinde umsetzbar zu machen, wurde er in kleine Schritte unterteilt, die aussehen wie einzelne Plattformen auf einem Parcours. Wer sich von Plattform zu Plattform bewegt, sollte irgendwann in der Lage sein, seine persönliche Lebensmission nicht nur zu kennen, sondern auch zu leben (siehe Bild[53]).

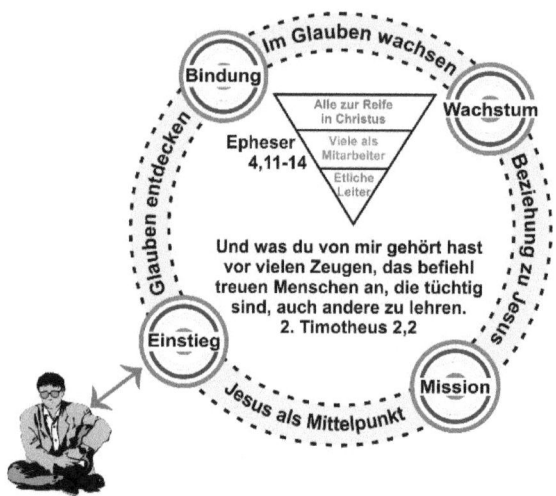

Plattform 1: EINSTIEG

„Wahre Jünger sind Nachfolger Jesu und Menschenfischer (Markus 1,17. Jesus will Jünger, die Gott lieben mit all ihrem Sein und ihre Nächsten wie sich selbst (Matthäus 22 37-40), während sie leidenschaftlich dafür brennen, den Missionsbefehl zu erfüllen."[54] Genau darum geht es im Rahmen dieser Plattform; Jünger Jesu geben ihren Mitmenschen Zeugnis von ihrer Erlösung und teilen ihnen das Evangelium von Jesus Christus mit.

In der Praxis kann dies auf unterschiedliche Weise geschehen, wie auch nachfolgende Grafik aufzeigt. Wobei das Ziel immer das gleiche

---

[53] Vgl. Warren: Kirche, S. 127.
[54] Smith: T4T, S. 91.

bleibt: Menschen sollen zum Glauben an Jesus Christus kommen und in einer Zellgruppe (die zur Gemeinde gehört) eine Heimat finden.

Dabei gibt es mindestens zwei Möglichkeiten, Zugang zur Gemeinde und damit zu einer Zellgruppe zu finden, durch den Haupt- oder den Nebeneingang.[55]

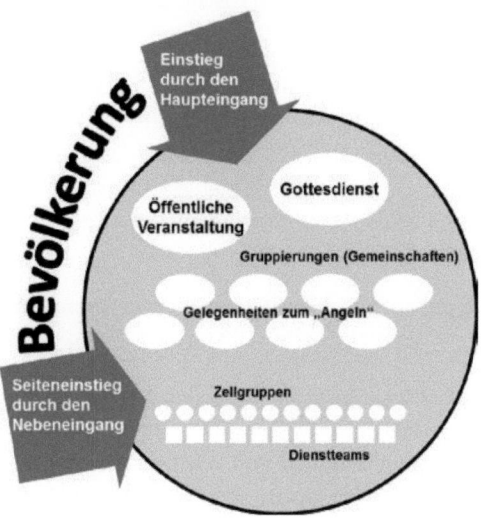

Ein Zugang durch den Haupteingang findet statt, wenn Gäste auf Anzeigen der Gemeinde oder ihre diakonischen Angebote reagieren, sich zu Veranstaltungen einladen lassen, an öffentlichen Grillfesten oder einem Gottesdienst im Grünen teilnehmen, oder sich bei Aktionen, z.B. in der Fußgängerzone, ansprechen und einladen lassen. Man spricht dabei auch von „Brückenveranstaltungen", die den Menschen helfen, einen Weg in die Gemeinde und damit auch in eine ihrer Zellgruppen zu finden.

Ein Zugang durch den Nebeneingang findet statt, wenn Menschen im Umfeld von Jüngern Jesu durch persönliches Zeugnis und das Evangelium von Jesus Christus in eine Zellgruppe finden, und dadurch auch in Kontakt mit der Gesamtgemeinde kommen. Bei diesem Umfeld von Jüngern Jesu spricht man auch von dem „oikos", ein Begriff aus der griechischen Sprache des Neuen Testaments, der ganz allgemein „Haushalt" oder „Familie" bedeutet. Damit sind nicht nur die Menschen im eigenen Haushalt oder der Familie gemeint, sondern alle Menschen, mit denen ein Jünger Jesu regelmäßig in Kontakt kommt: Nachbarn, Freunde, Bekannte, Verwandte, Kollegen, usw.

Am besten finden Sie diese Menschen, indem Sie sich einmal Zeit nehmen, um sich mit Gott darüber zu unterhalten, wer diese Menschen

---

[55] Vgl. George: Meta-Gemeinde, S. 84ff.

sind, die er durch sie erreichen möchte. Die Namen dieser Menschen schreiben Sie dann auf ein leeres Blatt Papier. Dabei spielt es absolut keine Rolle, wie viele Namen es werden. Einfach aufschreiben.

Danach beten Sie über Ihrer Liste und fragen Gott dabei, welche fünf Menschen aus Ihrer Liste er zuerst durch Sie erreichen möchte. Für diese Menschen können Sie in der kommenden Zeit beten und sich Wege zeigen lassen, wie Sie mit diesen Menschen in Kontakt treten können. Gott wird Ihnen ganz bestimmt Wege zeigen, denn er möchte dass alle Menschen gerettet werden und *„zur Erkenntnis der Wahrheit kommen"* (1. Timotheus 2,4).

Plattform 2: BINDUNG
Sie können zunächst einmal nicht davon ausgehen, dass jeder Mensch, der die Gemeinde besucht, vielleicht sogar regelmäßig, auch an Jesus Christus glaubt und mit ihm lebt. Deshalb geht es auf dem Weg zur zweiten Plattform auch darum, Menschen den Weg zu Jesus zu zeigen. Und es geht darum, sie in eine verbindliche Gemeinschaft hineinzuführen, in der es möglich ist, Jesus nicht nur als Retter und Erlöser, sondern auch als Hirten, Heiler, Täufer in Heiligem Geist und wiederkehrenden König kennen zu lernen.

Bei dem Stichwort „Bindung" geht es also primär um eine Bindung an Jesus Christus. Dann aber auch um eine Bindung an eine örtliche Gemeinde, was sich hauptsächlich in der Zugehörigkeit zu einer Zellgruppe und/oder einem Dienstteam zeigt. Dies ist wichtig, denn normalerweise spricht jede Zelle vier Dimensionen des Dienstes an: Lieben (pastorale Zuwendung), Lernen (Bibelkenntnis), Entscheiden (interne Administration) und Handeln (Pflichten auf sich nehmen, mit denen anderen, die nicht in der Zelle sind, gedient wird). Jeder Zelltypus setzt

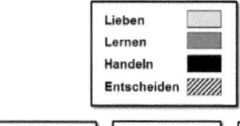

dabei unterschiedliche Akzente, passt aber mindestens in eine von zwei Ausrichtungen: Fürsorgliche Gruppen (= Zellen) oder Dienstgruppen.[56]

---

[56] Vgl. George: Meta-Gemeinde, S. 99.

Die beliebteste der Zellgruppen ist vermutlich der Bibelkreis, weil hier zentrale Themen des christlichen Glaubens in die Praxis des täglichen Lebens der Gruppe übersetzt werden. Persönliche Zuwendung und Austausch muss es allerdings auch geben, sonst können die Teilnehmer intellektuell und zwischenmenschlich steril werden. Die Komponente des Entscheidens spielt auch eine Rolle: Wann werden wir uns wieder treffen? Bei wem? Wer bringt Erfrischungen mit? etc. Nicht zu vergessen: Gerade Bibelkreise, die es schon seit längerem gibt, übernehmen manchmal Hilfsdienste und andere „tätige" Pflichten für die Gemeinde oder das Gemeinwesen.

Die Agenda einer Zellgruppe enthält oft folgende Punkte: Bibel studieren, Anbetungslieder singen, sich über Probleme unterhalten und von Gottes Handeln berichten, beten, das nächste Treffen planen, anderen helfen. Diesen Aktivitäten sind wiederum die vier Komponenten zu Eigen: lieben, lernen, handeln, entscheiden.

Gemeindeleitungsteams, Ausschüsse, Dienstteams und ähnliche Gruppen richten ihre Anstrengungen zum erheblichen Teil darauf, Grundsatzentscheidungen zu treffen, die der Gemeinde dienen. Bibel und Gebet sind auch Teil dieser Teams, will die Gemeinde ihrem Auftrag nachkommen, Menschen zu Jüngern zu machen. Es ist sicher klug, den ersten Teil jedes Treffens zum Austausch, Gebet und Bibelstudium (Andacht) zu verwenden. Das erhöht die Effektivität einer Gruppe sehr. Auf jeden Fall sollten alle vier Komponenten einer Zelle vorhanden sein, wenn die Gruppe davor bewahrt bleiben will, an Einseitigkeit zu Grunde zu gehen.

Jeder ehrenamtliche Zell-Leiter (egal welchen Geschlechts) einer jeden „Lebenshilfe-Zelle" (im Gegensatz zur Dienstgruppe) fungiert als „ehrenamtlicher Pastor" einer zehn Personen umfassenden „Herde". Dieser Hirte übernimmt die Verantwortung für die geistliche Lebenskraft der Zelle und bekommt vom leitenden Pastor oder vom Zellkoordinator sorgfältige Anleitung/Begleitung. Die dahinterstehenden Prinzipien werden deutlich, wenn Sie sich mit den folgenden Zielen bzw. Inhalten einer Zellgruppenstruktur befassen:[57]

---

[57] Vgl. George: Meta-Gemeinde, S. 108ff.

Weiden kommt vor Lehren
Hilfe zum Leben und bei Problemen hat oberste Priorität, auch wenn dabei die Bibellehre nicht zu kurz kommen darf. Deshalb braucht es neben dem Zell-Leiter und dem Co-Leiter noch einen Gastgeber. Die einen kümmern sich um Geist und Seele, der andere um den Leib.

Jeder Neue ist willkommen
Zellgruppen sollten ein Signal setzen, dass ihr Herz für Evangelisation schlägt, indem sie an jedem Abend des Treffens einen leeren Stuhl in ihre Mitte stellen. Überschreitet die Zahl der Teilnehmer die Marke von zehn Personen, wird dadurch die Geburt einer neuen Zelle ausgelöst (Multiplikation, nicht Teilung).

Zell-Leiter lassen sich nicht von Aussteigern aufhalten
Spannungen und Unzufriedenheit innerhalb der Zellgruppe können auch durch die Bildung einer Tochterzelle gelöst werden. Dort, wo Menschen sind, befinden sich auch Unreife, Sünde und Umstände, die man nicht kontrollieren kann. Menschen werden ausscheiden und neue dazu stoßen. All dies - und noch weiteres - sollte Sie nicht überraschen.

Periode für die Multiplikation
Das Zeitfenster, in der sich eine Zellgruppe normalerweise multipliziert (bzw. eine Tochterzelle gründet) besteht zwischen vier Monaten und zwei Jahren. Dauert es ca. ein Jahr, verringert sich die Wahrscheinlichkeit auf 50%. Bei zwei Jahren auf 5%, dass sie sich multiplizieren wird. Bei Geburt einer neuen Zellgruppe beginnt die Berechnung des Zeitfensters von vorn. Um dies alles im Blick zu behalten, wird von Anfang an ein Co-Leiter gewählt und dafür geschult, die neue Zellgruppe zu gründen, wenn es zur Geburt einer Tochterzelle kommt.

Standort der Zelle
Am besten treffen sich die Zellgruppen dort, wo die Menschen wohnen und/oder arbeiten. Dies können auch öffentliche Treffpunkte sein (dabei stellen sich jedoch Fragen nach: Anonymität der Einzelnen? Lobpreis? Fürbitte? Befreiungsdienst? etc.) oder es kann zu Hause bei einem Zellmitglied sein (wechselnde Orte?), was die Gabe der Gastfreundschaft anregt bzw. fördert.

Rhythmus für das Treffen
Um sich gegenseitig positiv beeinflussen zu können, sollten sich die

„Lebenshilfe-Zellen" mindestens zwei Mal im Monat treffen.

Kreislauf der Zugehörigkeit
Ist ein Mensch noch kein Christ, beginnt der Kreislauf der Zugehörigkeit beim leeren Stuhl, den er/sie füllt. Er/sie ist dann ein Suchender, wird ein Jünger Jesu, ein Mitarbeiter in der Zellgruppe und möglicherweise sogar ein Co-Leiter für eine mögliche neue Zellgruppe. Bei der „Rekrutierung" von Menschen für eine Tochterzelle helfen alle Mitglieder der aktuellen Zellgruppe mit. Somit steht der Co-Leiter nicht alleine da.

Plattform 3: WACHSTUM
Auf dem Weg von der Plattform „Bindung" zur Plattform „Wachstum" geht es z.B. um geistliche Disziplinen. Das heißt, es werden Fragen beantwortet wie z.B.: „Wie lese ich die Bibel?", „Wie wird Gottes Wort zu meinem täglichen Brot (auswendig lernen)?", „Wie gestalte ich eine Zeit mit Gott?", „Was versteht man unter Gebet?", „Wie kann ich die Stimme Gottes hören?", „Wie ist das mit Christsein und Finanzen (z.B. Zehnter: 1. Korinther 16,2; Maleachi 3,6-12)?", „Warum sollte ich mich einer Kleingruppe anschließen?", usw.

Und es geht darum, dass der Christ seine Neigungen erspürt, seine natürlichen Fähigkeiten zur Kenntnis nimmt und auf mögliche geistliche Gaben hingewiesen wird. Dies wären sehr gute Voraussetzungen dafür, dass ein Christ die Aufgabe finden kann, die Gott ihm in der jeweiligen Gemeinde zugedacht hat.

Mitarbeit ist primär keine fromme Beschäftigungstherapie, damit man sich nicht mehr so sehr auf die Welt konzentrieren muss. Ganz im Gegenteil. Mitarbeit in einer Gemeinde und/oder Zellgruppe ist der Anteil eines jeden Christen am Bau des Reiches Gottes inmitten dieser Welt.

Ein sehr wichtiger Baustein auf dieser Plattform ist auch die Gewinnung potenzieller und die Förderung bereits vorhandener Leiter. Der möglichen Gewinnung potenzieller Leiter habe ich das folgende Kapitel gewidmet. Für die Förderung bereits vorhandener Leiter empfehle ich das sogenannte VIP-Leiterschaftstreffen, wie es im Rahmen der Meta-Gemeinde empfohlen wird.[58]

---

[58] Vgl. George: Meta-Gemeinde, S. 152ff.

Dieses VIP-Leiterschaftstreffen hat drei wichtige Funktionen: Vision, Intime Runde und Persönliche Befähigung, und findet in einem Zeitrahmen von ca. zwei Stunden statt.

Vision: Dieser Teil beginnt mit einer Zeit des Lobpreises. Danach entfaltet der Pastor die Vision, die Gott dazu gebrauchen wird, um den Dienst zu fördern. Dabei muss er sich bewusst sein, dass jede der anwesenden Personen für mindestens zehn weitere Personen steht. Er hat also die „VIP's" der Gemeinde vor sich, auf die es ankommt. Sie sind der Schlüssel für Jüngerschaft und Wachstum. Die Entfaltung der Vision verlegt den Dienst wieder dorthin, wo er hingehört; in die Hände von ehrenamtlichen „Pastoren", die sich von Gott mächtig gebrauchen lassen dürfen, um die „Herde" (Zellgruppe) zu weiden, die ihnen anbefohlen ist.

Intime Runde: Nach ca. 40 Minuten werden kleinere Gruppen gebildet, in denen sich jeder Zellgruppenkoordinator mit „seinen" Zell-Leitern und deren Co-Leitern trifft, um sich auszutauschen. Themen dabei sind: Berichte über Aktivitäten, Erfolge feiern, über Probleme berichten, planen, Lösungen für Schwierigkeiten vorschlagen, einander ermahnen, füreinander beten. Alles unter dem Ziel der gegenseitigen Fürsorge (Liebe). Jeder Zell- und Co-Leiter hat sich im Rahmen seiner Verpflichtung als Zell-Leiter dazu verpflichtet, seiner Teilnahme am VIP-Treffen höchste Priorität einzuräumen. Falls irgendein Zell- oder Co-Leiter solche Verantwortlichkeit unwillig oder lasch handhabt, werden verantwortliche Leiter ihm bald raten, sich einen anderen Dienst in der Gemeinde zu suchen.

Dienende Leiterschaft in der Praxis der Zellgruppen: Der Zellgruppenkoordinator hält auch sonst Kontakte zu „seinen" Zellgruppen, indem er sie von Zeit zu Zeit besucht. Wenn ein neuer Zell-Leiter eingesetzt wird, muss der Koordinator häufiger dort sein. Das bedeutet auch, dass ein erfahrener Zell-Leiter nicht so oft von seinem Koordinator in der Zellgruppe aufgesucht wird. Darüber hinaus besucht der Koordinator, zusammen mit dem Zell- oder Co-Leiter jedes Zellmitglied zu Hause. Sie versuchen das einmal jährlich durchzuführen, wenn nicht sogar alle sechs Monate, im Einklang mit dem großen Programm der Hausbesuche, das unter der Leitung des Pastors durchgeführt wird. Solche persönlichen, fürsorglichen Kontakte mit jedem Haushalt vermitteln hervorragende Einsichten über Hintergründe, wenn es zu Situationen kommt, in denen Konflikte oder schwierige personelle oder persönliche Probleme gelöst werden müssen.

Persönliche Befähigung: Nach weiteren ca. 40 Minuten treffen sich am Ende der „Intimen Runde" alle wieder in der großen Runde. Vielleicht wird noch ein Zeugnis gegeben, das für alle interessant ist. Anschließend beginnt der dritte Teil des VIP-Treffens, bei dem es darauf ankommt, die Fähigkeiten der Zell- und Co-Leiter zu trainieren, die sie benötigen. Um genau das zu trainieren, was wirklich gebraucht wird, kann gemeinsam mit erfahrenen Zellkoordinatoren und -leitern eine Liste von Themen bzw. eine Art Schulungsprogramm aufgestellt werden. Das gemeinsame Ziel bei allen Bestrebungen muss sein, sicher zu stellen, dass die Zellen gesund sind. Dazu werden sowohl Zell- als auch deren Co-Leiter in die Verantwortung genommen, und ihnen anschließend eine fördernde Begleitung und ständige Fortbildung angeboten.

Die Treffen selbst finden aus einem wichtigen Grund alle 14 Tage statt: Die Moral der Truppe steht auf dem Spiel! Und falls sich Fragen ergeben, die existentieller Natur sind (z.B., weil der Pastor oder die Gemeindeleitung in Verruf gebracht wird oder spaltende Tendenzen vorhanden sind), kann durch diesen Rhythmus Seitens der Gemeindeleitung schnell reagiert werden. Die meisten Leiter können nicht länger auf Ermutigung durch die Leitergruppen warten. Leiter, die ein Treffen versäumen, weil sie z.B. krank sind, müssen ihre Lasten und Fragen für einen ganzen Monat mit sich herumschleppen, bevor sie in ihrer nächsten „intimen Runde" über sich beten lassen können.

Wichtig ist auch, dass die Zell- und deren Co-Leiter gemeinsam trainieren, da sie diese Erfahrung brauchen. Wenn es allerdings um Grundlagentraining geht, sollte die Gemeindeleitung die Leiter-Azubis ab und zu für eine gesonderte Schulung zusammenrufen. Denn gestandene Zell-Leiter sollten nicht mit Grundlagen gelangweilt werden, die sie schon lange kennen.

Plattform 4: MISSION
Auf dem Weg zur vierten Plattform hat die Gemeinde die Aufgabe, Menschen in dem Prozess zu begleiten, der ihnen hilft, ihre Fähigkeiten

und geistlichen Gaben auszubilden und einen Dienstbereich in der Gemeinde auszufüllen, der ihnen von Gott zugedacht ist. Dies kann sowohl im Rahmen der Zellgruppen als auch im Aufgabenbereich der Dienstteams sein. Das Ziel dabei ist, dass jeder Christ seine persönliche Lebensmission finden kann. Die muss nicht immer im Zusammenhang mit der Gemeinde stehen, in der er im Glauben gewachsen ist. Aber sie muss auf jeden Fall im Zusammenhang mit dem Willen Gottes stehen.

Wenn Sie sich die „Kreise der Hingabe" zu Hilfe nehmen, werden Sie feststellen, dass sich vermutlich die meisten Christen aus der „gebenden" Gemeinde und dem Gemeindekern zwischen diesen beiden letzten Plattformen bewegen. Der Prozess insgesamt würde immer weiter gehen, bis Jesus wieder kommt. Die Herausforderung für Ihre Gemeinde ist nun, diesen Prozess mit Leben zu füllen und so zu gestalten, dass Ihre Gemeinde im umfassenden Sinn darin wachsen kann.

Noch ein kurzer Hinweis, bevor wir uns mit möglichen Hindernissen auf dem Weg der Umsetzung einer Strategie befassen. Bei diesem Prozess der Entwicklung geistlichen Lebens handelt es sich bewusst nicht um ein Modell. Es ist ein prinzipienorientierter Ansatz. Dies hat den Vorteil, dass Sie diesen Prozess im Rahmen jeder Gemeindeform und -größe anwenden können.

Bei der Umsetzung in die Praxis der Gemeindearbeit ist es nicht entscheidend, mit welcher Plattform Sie beginnen. Wobei es sich schon empfiehlt, mit der ersten Plattform zu starten. Das Ziel ist, dass Menschen am Ende die Möglichkeit haben, in Ihrer Gemeinde den gesamten Prozess zu durchlaufen, um zu reifen Jüngern Jesu heranwachsen zu können. Beginnen Sie einfach an der Stelle mit Ihrer Strategie, an der schon Strukturen, Konzepte, Veranstaltungen, etc. vorhanden sind, das macht den Einstieg leichter. Und dann gehen Sie, mit den Stärken Ihrer Mitarbeiter und Leiter, die anderen Plattformen an, die vor oder nach der vorhandenen stehen. Auf diese Weise kommen Sie Plattform für Plattform zu dem Ziel, Menschen zu geistlichem Wachstum zu führen, ganz im Sinne Jesu.

Mögliche Hindernisse und Blockaden bei der Umsetzung

Jeder, der in einer Gemeinde ist, wünscht sich, dass die Gemeinde stark ist. Und meist ist dies in Gründungs- oder Veränderungszeiten einer Gemeinde auch so. Alle sind euphorisch und flexibel, alles wirkt sehr kreativ und engagiert. Aber irgendwann kann es geschehen, bzw. bei menschlichen Gruppen ist das meistens so, dass es Zeiten gibt, in denen Sand in das Gemeindegetriebe kommt. In diesen Zeiten spüren die meisten der Beteiligten, dass es nicht mehr rund läuft. Doch die wenigsten können sagen, woran das liegt. Und tatsächlich ist das auch gar nicht so einfach, denn die Möglichkeiten sind vielfältig.

Im Folgenden möchte ich insgesamt 11 mögliche Blockaden ausführen, die nicht nur das Wachstum einer Gemeinde, sondern auch die Umsetzung struktureller oder strategischer Vorhaben lähmen, behindern oder sogar gänzlich verhindern können. Wenn Sie diese Ausführungen wachsam mitverfolgen, findet sich vielleicht der eine oder andere Ansatz dafür, warum es bei Ihnen gerade nicht so rund läuft.

1. Blockade: Fehlende Kultur der Ehre

Für die Leiter der ersten Gemeinden war es völlig klar, dass Menschen einander ehren sollen, vor allem, wenn sie Jesus Christus nachfolgen. Dass dies nicht immer so umgesetzt wurde, wird an den Worten deutlich, die Paulus an die Christen in Philippi schrieb. Wenn alle es getan hätten, hätte er es nicht schreiben müssen:

> *„Tut nichts aus Eigennutz oder um eitler Ehre willen, sondern in Demut achte einer den andern höher als sich selbst, und ein jeder sehe nicht auf das Seine, sondern auch auf das, was dem andern dient".* (Philipper 2,3-4)

Was passieren kann, wenn wir einander nicht ehren, wird in dem Bericht deutlich, in dem Jesus in der Synagoge seiner Heimatstadt, Nazareth, war. Alle waren hin und weg von Jesus, bis einer auf die Idee kam und in die Runde fragte: „Ist das nicht Jesus, den wir als Zimmermann kennen?" Und schon war die staunende Ehre aus dem Raum verschwunden. In Markus 6,4-5 lesen wir dazu:

> *„Jesus aber sprach zu ihnen: Ein Prophet gilt nirgends weniger als in seinem Vaterland und bei seinen Verwandten und in seinem Hause. Und er konnte dort nicht eine einzige Tat tun, außer dass er wenigen Kranken die Hände auflegte und sie heilte".*

Das Ergebnis war, dass Jesus, der Sohn Gottes, in seinem Tun begrenzt wurde, weil Menschen anderen Menschen (in diesem Fall Jesus) die Ehre verweigert haben, sogar in seinem Haus. Und sein irdisches Haus ist in unserer heutigen Zeit die Gemeinde Jesu vor Ort. Jesus sagte dazu einmal:

> *„Wer euch aufnimmt, der nimmt mich auf; und wer mich aufnimmt, der nimmt den auf, der mich gesandt hat. Wer einen Propheten aufnimmt, weil es ein Prophet ist, der wird den Lohn eines Propheten empfangen. Wer einen Gerechten aufnimmt, weil es ein Gerechter ist, der wird den Lohn eines Gerechten empfangen. Und wer einem dieser Geringen auch nur einen Becher kalten Wassers zu trinken gibt, weil es ein Jünger ist, wahrlich, ich sage euch: Es wird ihm nicht unbelohnt bleiben."* (Matthäus 10,40-42)

Der Volksmund sagt dazu: Wie man in den Wald hineinruft, so hallt es wieder heraus. Oder mit anderen Worten, wir werden genau die Ehre ernten, die wir anderen entgegenbringen. Ich gehe sogar noch weiter und sage, dass ein anderer für Sie nur das werden kann, was Sie ihm zugestehen zu sein. Wenn Sie also die Persönlichkeit, die Fähigkeiten und Begabungen eines anderen ehren, werden sich diese Dinge auch für Sie - oder im Falle der Gemeinde - für Ihre Gemeinde entfalten können. Und der Mensch wird dann zu dem werden können, was Gott sich für ihn und mit ihm gedacht hat, wenn Sie ihn als solches ehren. Wenn nicht, wird es sich genau andersherum verhalten. Doch das ist nicht förderlich für das Wachstum der Gemeinde.

2. Blockade: Leiterschaft wird nicht als Vorbild wahrgenommen

Ich führe hier nur zwei Bibelstellen an. Dazu, dass eine Gemeinde nur so weit kommen kann, wie ihre Leiter bereits sind, habe ich weiter vorne im Buch schon ausführlich geschrieben. In Bezug auf das Vorbild sein, sagt Paulus zu Timotheus in 1. Timotheus 4,12:

> *„Du aber sei den Gläubigen ein Vorbild im Wort, im Wandel, in der Liebe, im Glauben, in der Reinheit."*

Und zu seinem Mitarbeiter Titus - Titus 2,7:

> *„Dich selbst aber mache zum Vorbild guter Werke mit un-*

verfälschter Lehre, mit Ehrbarkeit, mit heilsamem und untadeligem Wort, damit der Widersacher beschämt werde und nichts Böses habe, das er uns nachsagen kann."

Wenn es also innerhalb oder außerhalb der Gemeinde Probleme gibt, muss die Frage schon erlaubt sein, ob sich diese möglicherweise auch im Leitungsteam befinden könnten.

3. Blockade: Nachwuchs an Mitarbeitern und Leitern fehlt
Eine Gemeinde ohne Mitarbeiter und Leiter ist gar nicht vorstellbar. Es muss am Anfang Menschen geben, die bereit sind, sich einzusetzen, sonst wird Gemeinde nicht gegründet. Das bedeutet aber auch, dass wenn Gemeinde wachsen möchte, auch der Nachwuchs an Mitarbeitern und Leitern im Blick behalten werden muss. Dazu werden Sie im nächsten Kapitel des Buches, unter dem Thema „Auf den Nachwuchs kommt es an" einiges lesen können.

Doch so viel jetzt schon: Um zu verhindern, dass Gemeindearbeit blockiert wird, empfehle ich, keinen Arbeitsbereich und keine Zell- oder Dienstgruppe anzubieten bzw. zu organisieren, wenn dafür kein Leiter und ausreichend Mitarbeiter vorhanden sind. Das gilt für mich auch für bestehende Gruppen und Kreise.

Wenn keine Mitarbeiter vorhanden sind, muss ein Arbeitszweig in einer Gemeinde eben mal ruhen. Wenn Sie sich von vorhandenen Strukturen dazu zwingen lassen, Menschen in der Mitarbeit zu missbrauchen, könnte sich das möglicherweise sehr empfindlich auf das Wachstum Ihrer Gemeinde auswirken.

4. Blockade: Fehlende Qualität im Gottesdienst
Dazu zitiere ich zunächst aus dem Brief des Paulus an die Christen in der Gemeinde in Rom:

> „Ich ermahne euch nun, liebe Brüder, durch die Barmherzigkeit Gottes, dass ihr eure Leiber hingebt als ein Opfer, das lebendig, heilig und Gott wohlgefällig ist. Das sei euer vernünftiger Gottesdienst. Und stellt euch nicht dieser Welt gleich, sondern ändert euch durch Erneuerung eures Sinnes, damit ihr prüfen könnt, was Gottes Wille ist, nämlich das Gute und Wohlgefällige und Vollkommene." (Römer 12,1-2)

Solange eine Gemeinde noch jung ist oder alle in einer Art Euphorie sind, stecken die Mitglieder einer Gemeinde manches weg, was sie sonst stören würde. Z.B., wenn Kinder laut schreiend durch den Saal springen, Anspiele schlecht vorbereitet sind, im Lobpreis die Sänger den Ton nicht treffen, die Musik schlecht vorgetragen wird, oder die Predigt weder ansprechend ist, noch den Alltag der Leute trifft.

Wenn allerdings einige Zeit vergeht, und sich diese Dinge nicht verändern, fangen manche Leute an, sich das geistliche Brot in anderen Gemeinden oder im Internet zu holen. Damit rede ich nicht dem Perfektionismus das Wort, aber bei der Arbeit in der Gemeinde, sollte jeder bereit sein, SEIN Bestes zu geben. So verstehe ich in diesem Zusammenhang auch die Worte von Paulus in Römer 12,1-2.

Und dieses „SEIN Bestes" kann oftmals durch Schulungen, Weiterbildungen und eine ehrliche und offene Feedbackkultur ganz leicht gefördert werden. Wobei Sie für ein gutes Feedback nicht nur die Menschen fragen müssen, die Sie zukünftig gerne einladen möchten. Meist reicht es schon, die eigenen Leute um ein ehrliches Feedback zu bitten. Es könnte nämlich auch sein, dass deshalb keine neuen Menschen in die Gemeinde kommen, weil schon die regelmäßigen Besucher die Veranstaltungen, Strukturen und Strategie so wenig ansprechend finden, dass sie sich gar nicht trauen, ihren „oikos" einzuladen.

5. Blockade: Fehlende Vision

Es ist wie bei Reisenden, die auf einem Bahnhof warten. Kein Mensch wird in einen Zug einsteigen, von dem er nicht weiß, wohin er fährt. Die Vision bzw. der Auftrag einer Gemeinde bestimmt das Reiseziel. Ist dies nicht vorhanden wird es schwer, Menschen dazu zu bewegen, auf den Zug aufzuspringen. Und dabei hat uns Gott doch versprochen, dass er uns seinen Weg zeigen wird:

> „Ich will dich unterweisen und dir den Weg zeigen, den du gehen sollst; ich will dich mit meinen Augen leiten." (Psalm 32,8)

Das bedeutet, dass Sie praktisch „Auge in Auge" geführt werden, wenn Sie bereit sind, lange genug in die Augen Gottes zu schauen. Oder anders gesagt: Wenn es Ihnen so wichtig ist, Ihre Gemeinde im Sinne Gottes zu bauen, sind Sie auch bereit, viel Zeit mit Gott und seinem Wort zu verbringen. Wenn Gott Ihnen eine Vision für Ihre Gemeinde schenkt, und Sie dieser auch konsequent folgen, werden sich Ihre Mitmenschen auch gerne dafür begeistern lassen.

6. Blockade: Unausgewogener Auftrag der Gemeinde

Wenn der Auftrag einer Gemeinde nicht ausgewogen ist, verhält es sich so ähnlich, als ob ein Mensch sich einseitig ernährt. Eines Tages wird er krank werden. Wenn also eine Gemeinde nur von ihren Traditionen geleitet wird, oder nur von Persönlichkeiten, Programmen, Gebäuden, Veranstaltungen, Suchenden, usw., dann besteht zwar keine Gefahr, dass sich diese Gemeinde in ihrer Arbeit verzettelt ...

Aber diese Einseitigkeit kann zu einer mächtigen Blockade werden, wenn es darum geht, als Gemeinde in Qualität und Quantität zu wachsen. Ich möchte Ihnen deshalb für eine mögliche Lösung zu dieser Blockade die Worte von König Salomo aus Sprüche 3,5-6 ans Herz legen:

> *„Verlass dich auf den HERRN von ganzem Herzen, und verlass dich nicht auf deinen Verstand, sondern gedenke an ihn in allen deinen Wegen, so wird er dich recht führen."*

Sich an die Weisheit dieser Worte zu halten und diese konsequent für die Gemeindearbeit fruchtbar zu machen, ist sicher kein einfaches Unterfangen. Aber wer sagt denn, dass Gemeindearbeit in der praktischen Umsetzung einfach ist? Und deshalb möchte ich Ihnen Mut machen: Treffen Sie all ihre Entscheidungen mit dem Herzen bei Gott, und nicht nur nach logischen Gesichtspunkten, dann wird Ihre Arbeit nicht in Einseitigkeit versinken, sondern kreativ und vielfältig werden. Eben genauso, wie Gott selbst ist.

7. Blockade: Die erste Quelle des menschlichen Zuflusses ist versiegt

Wenn eine Gemeinde gegründet wird, trifft sich eine bestimmte Bevölkerungsgruppe und manchmal auch schwerpunktmäßig eine bestimmte soziale Schicht. Es kann viele Jahre so anhalten, dass aus dieser Quelle immer wieder neue Menschen zur Gemeinde kommen.

Wenn es allerdings nach Jahren dazu kommt, dass der Zufluss an neuen Menschen versiegt, muss das nicht immer an der Gemeindekultur, an Gottesdienstzeiten, Standort der Gemeinde oder ähnlichen Dingen liegen. Es könnte auch sein, dass sich das menschliche Umfeld der Gemeinde so verändert hat, dass die ursprüngliche Quelle versiegt ist.

Also die Bevölkerungsgruppe oder soziale Schicht möglicherweise nicht mehr vorhanden ist, die Sie mit der Arbeit Ihrer Gemeinde noch vor ein paar Jahren angesprochen haben. Hilfreich ist dabei, in bestimmten zeitlichen Abständen, eine sog. demographische Analyse durchzuführen. Dabei analysieren Sie, wie das aktuelle soziale, religiöse und kulturelle Umfeld der Gemeinde aussieht, um feststellen zu können, ob es noch zur Zusammensetzung der Gemeinde passt. Ein schöner Nebeneffekt davon ist, dass Sie damit auch bestimmte Zielgruppen und Bedürfnisse des Umfeldes herausarbeiten können. Doch auch hierzu eine Einordnung aus der Bibel:

> *„Und sie waren täglich einmütig beieinander im Tempel und brachen das Brot hier und dort in den Häusern, hielten die Mahlzeiten mit Freude und lauterem Herzen und lobten Gott und fanden Wohlwollen beim ganzen Volk. Der Herr aber fügte täglich zur Gemeinde hinzu, die gerettet wurden".* (Apostelgeschichte 2,46-47)

Ich glaube, dass es auch heute immer noch Gott selbst ist, der Menschen in die Gemeinde bringt. Es ist deshalb eine sehr gute Idee, sich zu fragen, woran es liegen könnte, dass Gott keine Menschen (mehr) in die Gemeinde schickt. Meines Wissens ist es Gott sehr wichtig, dass Menschen gerettet werden (vgl. 1. Timotheus 2,4) und sie sich geistlich entwickeln können (vgl. Epheser 4,11-14).

Es muss also nicht immer an den Rahmenbedingungen von Gemeindearbeit und Gottesdienst liegen, dass die Gemeinde quantitativ nicht mehr wächst. Vielleicht hat die Gemeinde einfach das Umfeld und damit die Rettung der Menschen aus dem Blick verloren.

8. Blockade: Theologie der kleinen Herde
Manche Christen finden die Abschnitte der Bibel über Armut, Begrenzung, Schwachheit und Minderheit so schön und empfinden sich selbst als so demütig, dass sie als Gemeinde gar nicht größer werden wollen. Solch eine Atmosphäre kann jedoch bewirken, dass Menschen davon abgehalten werden, in die Gemeinde zu kommen. Menschen spüren, ob sie wirklich willkommen sind oder nicht.

Wenn Sie allerdings auf die ersten Gemeinden schauen, können Sie in der Bibel Sätze lesen, wie z.B. in Apostelgeschichte 2,41 oder 4,4:

„Die nun sein Wort annahmen, ließen sich taufen; und an diesem Tage wurden hinzugefügt etwa dreitausend Menschen."

„Aber viele von denen, die das Wort gehört hatten, wurden gläubig; und die Zahl der Männer stieg auf etwa fünftausend."

Bei der zweiten Stelle ging es sogar nur um Männer. In Wirklichkeit war die Gemeinde also viel größer geworden. Ich sage damit nicht, dass groß gleich gut wäre. Aber es gilt auch das Gegenteil nicht, als ob nur die kleine Gemeinde gut wäre. Heißen Sie die Menschen einfach Willkommen und schauen, wohin Sie Gott damit führen wird.

9. Blockade: Die 100er-Barriere

Nicht wenige Gemeinden wachsen relativ schnell, bis sie eine bestimmte Größe erreicht haben. Plötzlich geht es nicht mehr weiter. Je nach Struktur der Gemeinde liegt in diesem Fall die Zahl der Gemeindeglieder bei ca. 90-120 Personen. Schafft die Gemeinde es über längere Zeit nicht, diese Barriere zu überwinden, sieht sie sich in vielen Fällen mit rückläufigen Zahlen konfrontiert.

Bei dieser Barriere haben Sie es mit der sog. „Dunbar-Zahl" zu tun, die der Anthropologe Robin Dunbar erforscht hat. Dabei handelt es sich um eine vom menschlichen Gehirn begrenzte Anzahl sozialer Beziehungen, die ein Mensch wirklich pflegen kann. Wenn diese über 100 Personen liegt, ist wirkliche Beziehung nicht mehr lebbar. Die Anzahl lebbarer Beziehungen liegt bei ca. 60-80 Kontakten.

Wenn demnach eine Gemeinde über die Besucherzahl von 100 Personen kommt, muss sie sich spätestens dann mit neuen Möglichkeiten einer Gemeindestruktur befassen, um den Menschen zu helfen, sich wieder in kleineren Einheiten wohl zu fühlen. Wollen Sie gar nicht an diese Barriere stoßen, empfiehlt es sich, der Gemeinde von Anfang an eine Struktur zu geben, die sich in viele kleine Einheiten (Zellgruppen) aufteilt und damit die Pflege tieferer Beziehungen ermöglicht.

Dazu empfehle ich Ihnen den Abschnitt „Gemeindearbeit mit Struktur" in diesem Buch, wenn Sie ihn nicht schon gelesen haben. Mich selbst motiviert in diesem Zusammenhang immer wieder das, was Jesus seinen Jüngern kurz vor seiner Himmelfahrt mit auf den Weg gegeben hat:

> *„Ihr werdet die Kraft des Heiligen Geistes empfangen, der auf euch kommen wird, und werdet meine Zeugen sein in Jerusalem und in ganz Judäa und Samarien und bis an das Ende der Erde".* (Apostelgeschichte 1,8)

Nach diesen Worten sollte sich die Gemeinde Jesu von keiner Barriere dieser Welt aufhalten lassen, Menschen zu Jüngern Jesu zu machen und sein Reich zu bauen, in der Welt und im Menschen.

10. Blockade: Konflikte in der Gemeinde und/oder der Leiterschaft

Konflikte wird es immer geben, wo Menschen beieinander sind. Dies als normal anzusehen ist der erste Schritt zur Harmonie. Wer dies verstanden hat, tut sich in den meisten Fällen viel leichter mit Sätzen wie z.B. denen von Paulus in Römer 12,18:

> *„Ist's möglich, soviel an euch liegt, so habt mit allen Menschen Frieden."*

Diese Vorgabe hat er allen Nachfolgern Jesu ans Herz gelegt, weil er wusste, dass dort wo Menschen sind, immer wieder Konflikte entstehen werden. Und damit diese nicht zur dauerhaften Blockade der Gemeindearbeit werden, bekommen wir von ihm in Epheser 4,26 noch folgenden Ratschlag:

> *„Zürnt ihr, so sündigt nicht; lasst die Sonne nicht über eurem Zorn untergehen."*

Damit sind schon ein paar grundsätzliche Dinge zu Konflikten gesagt. Im Abschnitt über Kommunikation werde ich in diesem Buch noch intensiver auf Konflikte und deren Bewältigung eingehen.

11. Blockade: Fehlende und/oder blockierende Gemeindestruktur

Wenn ich mir manche Veranstaltungs- oder Leitungsstrukturen in Gemeinden ansehe, kann ich mir gut vorstellen, dass diese ein Grund dafür sein können, dass manches ins Stocken gerät, bzw. manchen Menschen dabei die Leidenschaft abhandenkommt, sich freiwillig an Projekten der Gemeinde zu beteiligen.

Mancherorts fühlt sich das ähnlich an wie beim Volk Israel, als Mose eines Tages von seinem Schwiegervater Jitro Besuch bekam. Dieser weise Mann sagte damals zu Mose:

> *„Als aber sein (Moses) Schwiegervater alles sah, was er mit dem Volk tat, sprach er: Was tust du denn mit dem Volk?"*
> (2. Mose 18,14)

„Was tut ihr denn mit eurer Gemeinde?" müsste man daraufhin vielleicht manches Leitungsteam in unserem Land fragen. Um ihnen dann den Tipp zu geben, nachträglich das zu machen, was Jesus in Bezug auf unseren Glauben im Vorfeld empfiehlt:

> *„Denn wer ist unter euch, der einen Turm bauen will und setzt sich nicht zuvor hin und überschlägt die Kosten, ob er genug habe, um es auszuführen."* (Lukas 14,28)

Bezüglich unserer Problemstellung verstehe ich den Hinweis Jesu so, dass Sie die Kosten nicht nur in Bezug auf Ihren Glauben genau überschlagen sollen, sondern auch in Bezug auf die Arbeit Ihrer Gemeinde.

Zum Thema Strukturen lesen Sie bitte den Abschnitt „Gemeindearbeit mit Struktur" in diesem Buch. Das wird ihnen helfen zu überlegen, welche Strukturen hilfreich sein können, um eine gute und menschenfreundliche Gemeindearbeit machen zu können. Alles andere würde Sie auch einen viel zu hohen Preis kosten. Machen Sie es einfach besser als viele andere.

Auf den Nachwuchs kommt es an

„Eine Hauptverantwortung der etablierten Leiterschaft ist die Auswahl und Förderung potentieller Leiter."[59]

„Und was du von mir gehört hast vor vielen Zeugen, das befiehl treuen Menschen an, die tüchtig sind, auch andere zu lehren." (2. Timotheus 2,2)

Mitarbeiter gewinnen

Mitarbeiter gewinnen ist ein uraltes Thema. Schon zu meiner Kinder- und Jugendzeit war es der Dauerbrenner in der Gemeinde- und Jugendarbeit. Leider nicht immer ein positiver. Bis heute hält sich mancherorts die Praxis in fast allen Bereichen ehrenamtli- 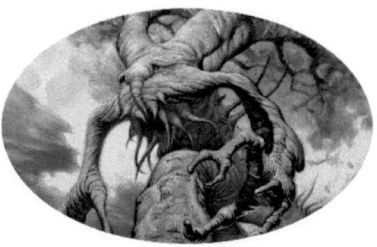 cher Arbeit, dass es sich bei Mitarbeit um ein Monster handelt, das dich nie wieder aus seinen Fängen lässt, wenn es dich erst einmal hat.

Wenn wir also heutzutage dieses Thema aktiv in einer Gemeinde angehen möchten, müssen wir uns nicht nur auf das ehrenamtliche Engagement an sich konzentrieren, sondern wir müssen auch ein Auge auf die Kultur des Umgangs mit Mitarbeitern werfen, die mancherorts himmelschreiend ist.

Ich habe einmal von einer äußerst kreativen Mitarbeiterin gehört, die in ihrer Gemeinde plötzlich keinen kreativen Beitrag mehr leisten wollte. Der Grund dafür war erschreckend: Immer, wenn sie einen Vorschlag machte, wurde sie auch dazu „auserwählt", diesen auch in die Praxis umzusetzen. Als sie aufgrund ihrer familiären, beruflichen und ehrenamtlichen Situation geradewegs auf einen Burnout zusteuerte, zog sie aus purem Selbstschutz die Reißleine und stand für eine Mitarbeit in der Gemeinde fortan nicht mehr zur Verfügung. Für die Gemeinde war dies ein schlimmer Verlust.

---

[59] Clinton: Werdegang eines Leiters, S. 77.

Wenn sich so etwas herumspricht, kann die Gewinnung von Mitarbeitern zu einer schwierigen Aufgabe werden. Menschen lassen sich nicht vor einen Karren spannen, der ihnen den Lebensatem nimmt. Doch wie können Sie das ändern? Hilfreich könnte sein, sich ein Bild vom Leben der Menschen zu machen, die Sie gewinnen möchten, damit Sie wissen, was zumutbar ist. Hier ein Beispiel zu jungen Menschen:

Laut einer Sinus-Studie „Wie ticken Jugendliche" aus dem Jahr 2012 realisieren immer mehr Jugendliche, dass die Menschen in unserer deutschen Gesellschaft mehr und mehr an ihrer Leistungsfähigkeit und Bildungsbiographie gemessen werden. Diese Erkenntnis ist für manche nicht einfach zu verarbeiten. Dennoch setzen Jugendliche heute immer mehr auf konservative (uncoole) Werte wie Sicherheit, Freundschaft und Familie, auch wenn das Leben, bei aller Arbeit, auch Spaß machen, und an der einen oder anderen Stelle mit etwas Abenteuer gespickt sein sollte. Auch wenn Jugendlichen immer wieder nachgesagt wird, sie seien desinteressiert und politverdrossen, so hat die Studie zutage gefördert, dass die Jugendlichen von heute sehr wohl eine Meinung haben, die sie auch gerne äußern, und dass auch zu politischen Themen. Dabei blicken sie generell zuversichtlich in die Zukunft.

Im Jahr 2016 ist die alle vier Jahre erforschte Studie zu dem Ergebnis gekommen, dass Deutschlands Jugendliche so angepasst und wenig rebellisch sind wie schon lange nicht mehr. Große Jugend-Subkulturen, die auf Abgrenzung und Provokation zielen, gebe es kaum noch. Vielmehr gelte für die meisten: am besten so sein „wie alle".

Die Sehnsucht nach Geborgenheit und Orientierung in einer zunehmend unübersichtlichen Welt lasse Teenager eine ungewöhnlich große Nähe zur Elterngeneration suchen, so die Studie. „Anders als noch vor einigen Jahren ist Mainstream kein Schimpfwort mehr", sagte einer der Autoren, Marc Calmbach. So sei sich eine Mehrheit einig, „dass ein gemeinsamer Wertekanon von Freiheit, Aufklärung, Toleranz und sozialen Werten gelten muss".

Ein Großteil der befragten Jugendlichen akzeptiere in zunehmendem Maße die „Vielfalt in der Gesellschaft" und befürworte die Aufnahme von Flüchtlingen. Es gebe aber auch „manifeste Vorbehalte gegenüber anderen Nationen". Außerdem stellten die Forscher fest, dass für die Jugendlichen „Werte wichtiger sind als Religionen". Jugendliche seien an

Sinnfragen interessiert, aber gegenüber Religionsgemeinschaften eher skeptisch veranlagt.[60]

Generell möchten sich nicht nur junge Leute in die Gesellschaft einbringen, jedoch nicht mehr so gerne in gesellschaftlich traditionelle Bereiche und Formen. Dies sollte allerdings nicht so verstanden werden, dass das Interesse am Gemeinwohl verschwunden sei, sondern es müsste die Gesellschaft anspornen, Jung und Alt für Projekte zu gewinnen, die lohnenswert sind.

Vom Diözesanrat München und Freising konnte man 2006 Folgendes hören: „Darin liegt der Kern des Ehrenamtes: Sich in Anspruch nehmen zu lassen, obwohl niemand einen Anspruch darauf anmelden könnte. Sich dort zuständig zu wissen, wo man gebraucht wird. Sich in Pflicht nehmen zu lassen, ohne verpflichtet zu sein. Diese freiwillige, aus dem Herzen kommende Bereitschaft bildet den sozialen Kitt für unsere Gesellschaft. Sie ist auch der Reichtum der Kirche."[61]

Ich persönlich fühle mich sowohl durch die Sinus-Studien als auch durch das eben zitierte Statement darin bestätigt, dass grundsätzlich alle Menschen gestalten und sich in das Gemeinwohl einbringen möchten. Zunächst einmal völlig egal, ob sie Christen sind oder nicht. Meiner Erfahrung nach möchten sich sogar Menschen in christlichen Gemeinden einbringen, die den Glauben an Jesus Christus noch gar nicht teilen, den Gemeindeglieder bereits haben. Diese Tatsache sollten Sie sich zunutze machen. Allerdings nicht nur als Mittel zum Zweck. Sonst landen wir wieder bei diesem diffusen Monster einer Kultur des Umgangs mit Mitarbeitern, auf das sich keiner einlassen möchte.

Im Jahr 2008 hat eine Studie unter fast 2.000 Führungskräften in der Schweiz gezeigt, welches die Schwachpunkte menschlicher Führungsarbeit sind und wo die generelle Ursache dafür ist. Spitzenreiter dieser Studie war, dass Führungskräfte Konflikten und Kritikgesprächen häufig aus dem Weg gehen. Auf den weiteren Plätzen folgen der Mangel an Feedback, das Aufschieben von Entscheidungen, häufige Fehler bei der Delegation von Aufgaben und dass viel zu wenig Verantwortung an andere übertragen wird.

---

[60] Quelle: www.tagesschau.de/inland/studie-jugend-101.html, 26.04.2016.
[61] Quelle: www.erzbistum-muenchen.de/media/pfarreien/media2101020.pdf, 22.10.2016.

Auf den Nachwuchs kommt es an

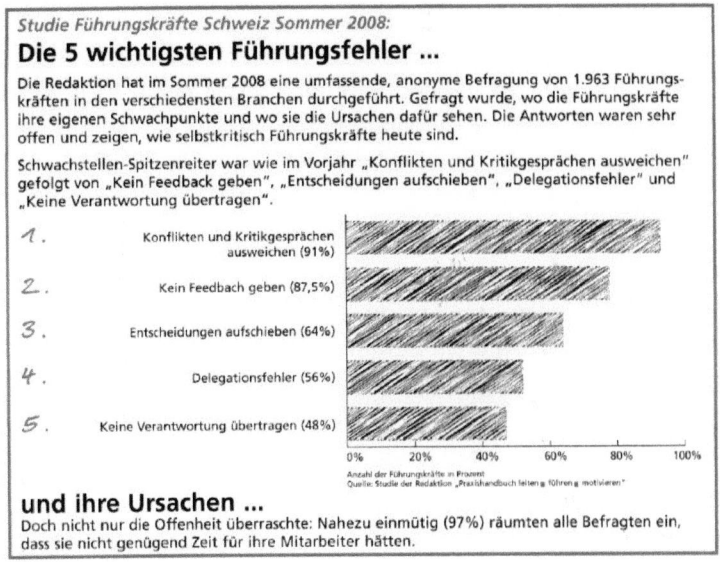

Wenn Sie danach auf die Ursache schauen, kommen Sie auf den Punkt, auf den ich mit meinen Ausführungen hinaus möchte: 97% aller Befragten räumten ein, dass sie sich nicht genügend Zeit für ihre Mitarbeiter nehmen. Und dies, obwohl es doch jeder aus eigener Erfahrung besser wissen müsste: Wer sich keine Zeit für Beziehungen nimmt, wird auf Dauer auch keine haben.

Das ist auch in Bezug auf ehrenamtliche Mitarbeiter nicht anders: Wer sich keine Zeit nimmt für Beziehungen zu seinen Mitarbeitern, nimmt in Kauf, dass sie sich früher oder später aus dem Ehrenamt verabschieden. Daraus folgere ich: Wenn Sie nicht bereit sind, sich zeitlich in Menschen zu investieren, sollten Sie dieses Thema „Mitarbeiter gewinnen" und „Leiter-Nachwuchs fördern" einfach sein lassen. Es bringt auf Dauer nichts, außer dass Sie sich dieses eben erwähnte Monster großziehen, das irgendwann einmal die Szenerie beherrscht.

Menschen spüren sehr schnell, ob sie wirklich gebraucht und wertgeschätzt werden, oder ob sie nur für die Zwecke eines Menschen oder einer Organisation missbraucht werden. Bei Letzterem werden sie sich auf jeden Fall zurückziehen. Das muss nicht immer gleich mit einem offiziellen Austritt aus der Gemeinde einhergehen, sondern kann sich auch in einer passiven Haltung äußern = Besuchermentalität.

Ich denke, Menschen sind es wert, dass man sich in sie investiert. Das hat uns Jesus par exellence vorgemacht. Deshalb müssen Sie nicht gleich für Ihre Mitarbeiter „sterben", aber diese sollten spüren, dass Sie sie als wertvoll empfinden. Das wollte ich vorausschicken, bevor wir uns jetzt etwas näher mit diesem Thema befassen.

Was ist erfüllende Mitarbeit?

Wir bleiben noch ein wenig beim Menschen, bevor ich Ihnen ein Konzept vorstellen möchte, dass einen Prozess zur Gewinnung von Mitarbeitern und/oder Leitern anstoßen kann. Kennen Sie das Gefühl, wenn Sie am Abend total müde aber dennoch zufrieden ins Bett sinken? Der ganze Tag war voll, es wurde eine Menge abgearbeitet. Dennoch hat Sie das erfüllt, was Sie getan haben.

Doch es gibt auch die anderen Tage, wo Sie nach einem arbeitsreichen Tag am Abend ins Bett fallen und mit dem Tag unzufrieden sind. Was unterscheidet nun die erfüllende Arbeit von einer Aufgabe, die Sie nicht erfüllt hat? Normalerweise bestehen erfüllende Aufgaben aus drei Komponenten: sollen, wollen und können. Wir Menschen empfinden in der Regel eine Aufgabe dann als erfüllend, wenn das, was wir tun sollen, auch das ist, was wir gut können und gerne machen. Ein glücklicher Mensch ist jemand, der kann, was er soll und das auch will.

Und darum merken Sie auch sofort, wenn eine der drei Komponenten fehlt: Wenn Sie zwar etwas machen sollen und es auch wollen, es aber nicht können, meldet sich oftmals der Frust. Wenn Sie etwas machen sollen und es auch können, aber nicht wollen, stellt sich in Ihnen meist etwas quer. Und schließlich: Wenn Sie etwas wollen und es auch können, es aber nicht sollen, kommt es meist zu Konflikten.

Um jedoch diese drei Komponenten leben und erleben zu können, auch in der ehrenamtlichen Mitarbeit, braucht es immer zwei Seiten. Bei einer christlichen Gemeinde sind das sowohl die Mitarbeiter als auch die Gemeinde selbst. Ich habe in meiner Beratungsarbeit immer wieder gehört, dass Menschen sagen: „Lasst uns einfach einen Gabentest machen, dann wissen die Menschen, was sie können, und man kann sie in der Gemeinde auch einsetzen". Und dann absolvieren die Mitarbeiter einen Gabentest, sind danach hoch motiviert, doch der Kreis der ehrenamtlichen Mitarbeiter erweitert sich dennoch nicht merklich.

Woran kann es gelegen haben? Die Verantwortlichen haben sich vermutlich nur mit einer Seite der Medaille befasst. Denn wenn es um die Gewinnung von Mitarbeitern geht, muss man sich sowohl um den Organismus Gemeinde bemühen, als auch um die Mitarbeiter, die darin mitarbeiten sollen, ganz egal in welchen Bereichen.

Der Apostel Paulus schreibt dazu an die Christen der Gemeinde in Korinth:

> *„Denn wie der Leib ‚einer' ist und doch viele Glieder hat, alle Glieder des Leibes aber, obwohl sie viele sind, doch ‚ein' Leib sind: so auch Christus. Denn wir sind durch ‚einen' Geist alle zu ‚einem' Leib getauft, wir seien Juden oder Griechen, Sklaven oder Freie, und sind alle mit ‚einem' Geist getränkt. Denn auch der Leib ist nicht ‚ein' Glied, sondern viele."* (1. Korinther 12,12-14)

Dieses Bild ist genial. Überlegen Sie einmal, wie Sie mit Ihrem Körper umgehen. Natürlich schauen Sie nach einzelnen Gliedern: Sie putzen Ihre Zähne, schneiden die Fingernägel, essen, etc. Und dennoch schauen Sie auch nach dem ganzen Leib. Sie gehen zu Vorsorgeuntersuchungen, reinigen sich, treiben Sport, usw.

Es geht also um beides: Es geht um die Glieder des Leibes und es geht um den ganzen Leib. Das gefällt mir z.B. am D.I.E.N.S.T.-Programm der Willow-Creek-Gemeinde in Chicago, dass mittlerweile auch in Deutschland etabliert ist: **D**ienen **I**n **E**inklang von **N**eigungen, **S**tärken und **T**alenten. Bei diesem Programm geht es zunächst um den Organismus Gemeinde, sodass die Struktur der Gemeinde vorbereitet wird. Das heißt, es muss Felder geben, in denen Menschen ihre Begabungen ausprobieren können, sie müssen geschult und beraten werden können, und es muss Coaching und Jüngerschaft möglich sein. Also Förderung und Forderung zugleich, in einem guten Einklang.

Und dann geht es aber auch um den Menschen als Teil des Ganzen, der an sich auch wieder etwas Ganzes ist, das einzelne Teilbereiche aufweist, wie z.B. seine Neigungen, seine geistliche Begabung und seine Persönlichkeit.

Neigungen befassen sich mit den Dingen, für die Ihr Herz schlägt. Das können Menschengruppen sein, wie z.B. Alleinstehende, Senioren,

Jugendliche, etc. Oder es können Bereiche in der Gemeinde sein, wie z.B. Technik, Organisation, Dienste im administrativen Bereich, Putzdienst usw. Neigungen befassen sich mit der Frage nach dem WO => Wo möchte bzw. wo kann ich mich in der Gemeinde einsetzen?

Geistliche Gaben zeigen Ihnen, was Sie gut können. Wenn Sie die Frage nach dem WO Ihrer Aufgabe beantwortet haben, stellt sich sofort die Frage, WAS Sie dort genau machen sollen? Es ist die Frage nach dem, wozu Sie Gott begabt hat und was Sie deshalb gut können. Bei mir sind es im Schwerpunkt die Gaben der Leitung und der Lehre, bei denen es darum geht, Menschen zu helfen, ihren von Gott gegebenen Platz zu finden und sie zu einer Gemeinschaft zu formen, die Gott ehrt. Geistliche Gaben beantworten die Frage nach dem WAS => Was soll ich in meiner Gemeinde zur Ehre Gottes tun?

Das dritte Element ist der Persönlichkeitsstil. Ganz grob ist es die Frage, ob Ihnen mehr daran liegt, mit Menschen umzugehen oder mit Dingen. Und ob Sie eher spontan sind, oder sich in geordneten Strukturen sicher fühlen. Ihr Persönlichkeitsstil gibt Ihnen die Antwort auf die Frage, wie und woraus Sie Ihre Energie schöpfen können. Es ist die Frage nach dem WIE => Wie packe ich Aufgaben an?

Wenn wir an das Bild von eben denken, geht es bei diesen Fragen letzten Endes um erfüllende Mitarbeit, bei der Wollen, Können und Sollen zusammenkommen muss. Oder mit den Worten des Apostels Petrus, der dies in 1. Petrus 4,11 gut zusammenfasst:

> *„Wenn jemand predigt, dass er's rede als Gottes Wort; wenn jemand dient, dass er's tue aus der Kraft, die Gott gewährt, damit in allen Dingen Gott gepriesen werde durch Jesus Christus. Sein ist die Ehre und Gewalt von Ewigkeit zu Ewigkeit! Amen."*

Dem ist nichts mehr hinzuzufügen. Doch damit haben Sie noch keinen einzigen Mitarbeiter gewonnen. Und Sie haben auch noch überhaupt kein Konzept in der Hand, wie das alles umsetzbar wäre. Dennoch können Sie mit diesen Prinzipien alle Voraussetzungen dafür schaffen, gute Beziehungen zu Mitarbeitern aufzubauen. Weil Sie damit nicht nur Ziele, Visionen, Strukturen usw. vor Augen haben, sondern in erster Linie die Menschen und wie Sie ihnen helfen können, ihren von

Gott vorgesehenen Platz in der Gemeinde einzunehmen, damit sie Frucht bringen können, zur Ehre des Gottes, an den sie glauben. Unter diesen Vorgaben sehen wir uns jetzt gemeinsam ein Konzept an, das eine Hilfe dabei sein kann, Leiter-Nachwuchs zu finden bzw. ganz allgemein Mitarbeiter zu gewinnen.

Nachwuchs-Förderung

Die Grundlage dazu bildet eine Bibelstelle aus dem Neuen Testament, in der es ganz konkret darum geht, Menschen in den Dienst einer christlichen Gemeinde zu nehmen. Paulus schreibt dazu Folgendes, in seinem Brief an seinen Mitarbeiter Timotheus:

Paulus Timotheus zuverlässige andere Menschen

„Und was du von mir gehört hast vor vielen Zeugen, das befiehl treuen Menschen an, die tüchtig sind, auch andere zu lehren." (2. Timotheus 2,2)

Daraus ergibt sich zunächst einmal eine grobe Strategie für die Gewinnung von Mitarbeitern in der Gemeinde. Im Handbuch für Gemeindeleitung ist dazu zu lesen: „Eine Gemeinde oder eine Organisation kann nur in dem Maß wachsen, wie sie ihre Leiterschaft vergrößert. Darum müssen wir Ausschau halten nach Timotheussen und Titussen, die wir für Leitungs- und Verantwortungsaufgaben nachziehen und anleiten können mit dem Ziel, dass sie von uns als Leiter unabhängig, aber von Gott ganz abhängig werden."[62]

Das heißt, wir sprechen hier von einem Prozess, den Sie zur Gewinnung und Förderung von Mitarbeitern beschreiten können. Das nebenstehende Akrostichon habe ich beim Wiedenester Jugendforum (www.diejumis.de) gefunden. Es hat mir sehr gut gefallen, weil es ein Konzept zur Entwicklung von Leitern unterstützt, das ich in dem Buch von Forman Rowland, mit dem Titel „Den Leiterschaftsstab wei-

P ray (bete)
R ealize (realisiere)
O bserve (beobachte)
C all (berufe)
E xplain (erkläre)
S ave (sichere)
S ponsor (fördere)

---

[62] Bosch: Leitungsaufgaben, S. 43.

tergeben", entdeckt habe. Seien Sie so frei, mit mir gemeinsam durch diese beiden Konzepte zu gehen, um zu sehen, wo sie sich ergänzen und damit hilfreich für Ihre Gemeindearbeit werden könnten.

Wir beginnen mit „P", wie pray = bete. Beten ist immer gut, könnte man sagen. Aber was wird deutlich, wenn Sie beten? Sie sehen einen Bedarf und Sie wissen, dass Sie ihn von sich aus nicht decken können. Das ist eine sehr gute Grundeinstellung, wenn Sie im Gebet zu Gott kommen möchten. Und in Bezug auf die Gewinnung von Mitarbeitern können Sie dabei dem Hinweis von Jesus aus Matthäus 9,36-38 folgen:

> „Und als er das Volk sah, jammerte es ihn; denn sie waren verschmachtet und zerstreut wie die Schafe, die keinen Hirten haben. Da sprach er zu seinen Jüngern: Die Ernte ist groß, aber wenige sind der Arbeiter. Darum bittet den Herrn der Ernte, dass er Arbeiter in seine Ernte sende."

Gebet scheint also ein Schlüssel zu sein. Deshalb wäre es sicher hilfreich, wenn Sie dieses Bewusstsein in Ihrer Gemeinde wecken könnten, statt nur Mitarbeitermangel zu beklagen. Um es umzusetzen können Sie z.B. bei Sitzungen einen festen Tagesordnungspunkt einrichten, mit dem Titel: „Gebet für Mitarbeiterinnen und Mitarbeiter".

In Bezug auf bestimmte Personen kann dies möglicherweise ein längerer Prozess sein, der ausgedehnte Gebetszeiten erfordert, so wie bei Jesus, als er seine Jünger auswählte (vgl. Lukas 6,12). Oder es kann auch eine eher spontane Erkenntnis sein, so wie bei Barnabas, der sich für den neu bekehrten Saulus einsetzte (vgl. Apostelgeschichte 9,27).

Als Nächstes geht es um „R", wie „realize". Also darum, dass Sie anerkennen, dass Menschen um Sie herum göttliches Potential haben, und dass Sie dies auch wahrnehmen.

Wer für die Gewinnung von Mitarbeitern bzw. den Nachwuchs von Leitern in der Gemeinde verantwortlich ist, muss ein regelrechter Detektiv sein. Ähnlich wie es in Sportvereinen der Fall ist, muss er ständig auf Talentsuche sein. Wichtig ist, dass bei dieser Talentsuche alle beteiligt sind, die eine Kleingruppe oder einen Dienstbereich leiten oder Älteste oder in der Gemeindeleitung sind.

Alle müssen immer nach Menschen Ausschau halten, die dienstbereit sind. Daraus könnte im Leitungskreis z.B. eine Liste von den Menschen erstellt werden, die das Potential in Sachen Leiterschaft haben. Vorteil solch einer Liste ist, dass ganz konkret geplant werden kann, wer von wem in welcher Weise „umbetet" und begleitet werden kann, damit jeder in seinem Potential gefördert wird, das Gott in ihn hineingelegt hat.

Fred Smith hat in seinem Buch „Spotting a New Leader" zehn Kennzeichen aufgeschrieben, an denen man das Potential künftiger Leiter erkennen kann:[63]

1. Leiterschaft in der Vergangenheit (die Person hat bereits in anderen Bereichen gezeigt, dass sie leiten kann)

2. Die Fähigkeit, eine Vision zu entwickeln oder sich von ihr anstecken zu lassen (die Augen leuchten, wenn über die Zukunft gesprochen wird)

3. Ein konstruktiver Geist der Unzufriedenheit (er findet konstruktive Lösungen, um Situationen besser zu gestalten)

4. Praktische Ideen (er erkennt, ob etwas funktionieren wird)

5. Die Bereitschaft, Verantwortung zu übernehmen (er geht voran, wenn sich die Gelegenheit dazu bietet)

6. Der Erledigungsfaktor (wenn Arbeit ansteht, wird sie sofort angepackt, bzw. erledigt)

7. Mentale Belastbarkeit (niemand kann führen, der keine Kritik einstecken kann)

8. Respekt vor Gleichgestellten (das zeigt nicht unbedingt die Fähigkeit, aber es kann den Charakter zeigen)

9. Respekt in der Familie (respektiert ihn die eigene Familie?)

10. Eine Eigenschaft, die die Leute dazu bringt, zuzuhören (wenn er spricht, hört jeder zu)

---

[63] Siehe Rowland: Leiterschaftsstab, S. 104.

Wir sind immer noch im Bereich der Talentsuche, zu der auch „O", wie „observe" = beobachten gehört. Das heißt, wir gehen beim Potential noch einen Schritt tiefer und schauen auch auf die fachliche, geistliche und menschliche Einstellung einer Person. Dabei geht es nie darum, den Menschen auszuspionieren, um etwas gegen ihn in der Hand zu haben, sondern es geht immer um Förderung des vorhandenen Potentials. Und es geht um geistliche Einstellungen, die eine wichtige Voraussetzung sind, wenn es um mögliche zukünftige Leitungstätigkeiten geht.

Der Charakter ist sehr wichtig, wenn es um die Zusammenarbeit im Team geht oder wenn ein Mitarbeiter mit einzelnen Menschen zusammenarbeiten muss. Nach guter Beobachtung wird unter den Verantwortlichen beraten und im besten Fall der Entschluss gefasst, diese Person für eine bestimmte Aufgabe zu berufen, die den Leib Christi stärken soll.

Und dazu möchte ich Sie jetzt ein wenig ins Nachdenken bringen, indem Sie an dieser Stelle einen Fragebogen ausfüllen können (siehe Anlage 4), der normalerweise dazu verwendet wird, andere zu beurteilen. Dazu sollten Sie sich die notwendige Zeit nehmen, um die Fragen zu lesen und möglichst zu beantworten. Fragen, die nicht auf Ihre Situation zutreffen, überspringen Sie einfach. Es geht darum, sich diese Fragen persönlich zu stellen, um später einmal daran weiter denken und arbeiten zu können.

Ich halte diesen Fragebogen für ein gutes Werkzeug, nicht um Menschen festzulegen, sondern als Hilfe, um Menschen besser einschätzen zu können. Sie können es sich an dieser Stelle nicht leisten, nachlässig zu sein. Sehr viel Schaden wurde in der Gemeinde Jesu schon dadurch angerichtet, dass unreife Menschen in Leitungspositionen gehoben wurden. Nehmen Sie sich deshalb diese Zeit (vgl. 1. Timotheus 3,1-13).

Als nächsten Buchstaben geht es um C, wie „call" = berufen, nach dem Prinzip von Vorbild und nachahmen. Jesus selbst hatte seine Jünger berufen und zog mit ihnen durch die Lande. Sie sahen, wie er es machte, und lernten durch sein Vorbild und Nachahmen. Dass das so gewesen sein muss, können Sie z.B. aus Matthäus 10,1 schließen:

> *„Und er rief seine zwölf Jünger zu sich und gab ihnen Macht über die unreinen Geister, dass sie die austrieben und heilten alle Krankheiten und alle Gebrechen."*

Oder denken Sie z.B. an den Apostel Paulus, der Folgendes zu den Christen in Korinth sagte - 1. Korinther 11,1:

"Folgt meinem Beispiel wie ich dem Beispiel Christi!"

Seinem Mitarbeiter Timotheus schrieb er:

"Niemand verachte dich wegen deiner Jugend; du aber sei den Gläubigen ein Vorbild im Wort, im Wandel, in der Liebe, im Glauben, in der Reinheit." (1. Timotheus 4,12)

Oder in seinem zweiten Brief an Timotheus:

"Du aber bist mir gefolgt in der Lehre, im Leben, im Streben, im Glauben, in der Langmut, in der Liebe, in der Geduld, in den Verfolgungen, in den Leiden, die mir widerfahren sind in Antiochia, in Ikonion, in Lystra. Welche Verfolgungen ertrug ich da! Und aus allen hat mich der Herr erlöst." (2. Timotheus 3,10-11)

Ein Leben in der Nachahmung war das Herzstück der Ausbildungsmethode von Paulus. Die Autorin und Rednerin Ruth Barton sagt, dass „das Leiterschafts-Ausbildungsprogramm von Paulus überhaupt kein Programm war; es bestand aus einer Beziehung, in der er sein Leben für diejenigen öffnete, denen er gerade half"[64].

Und dennoch war es sehr konkret, denn es erfolgte immer eine konkrete Berufung in den Dienst, wo auch immer es war und um was es auch immer ging. Das heißt für uns heute, dass auch wir unsere Mitarbeiter nicht zwischen „Tür und Angel" berufen sollten. Man könnte den zukünftigen Mitarbeiter z.B. zu einer Tasse Kaffee einladen und es dabei besprechen. Nach meiner Erfahrung ist es gut, wenn die Berufung und Einsetzung von Mitarbeitern einen offiziellen Charakter hat, auch wenn man es sicher auch nicht zu hoch hängen darf.

Ein Mitarbeiter fühlt sich jedoch wertgeschätzt, wenn Sie sich für ihn Zeit nehmen. Das sollten Sie für die Atmosphäre zukünftiger Zusammenarbeit nicht unterschätzen. Und es geht ja auch nicht um irgendetwas, sondern darum, einem Mitarbeiter zu zeigen, womit er seine Zeit ewigkeitsnachhaltig verbringen könnte.

---

[64] Barton, Ruth in: Rowland: Leiterschaftsstab, S. 106.

Bei der Gewinnung bzw. Berufung von Mitarbeitern können Sie in aller Regel von mindestens drei verschiedenen Typen ausgehen, was ihren Grad an Bereitschaft zur Mitarbeit angeht. Wobei der dritte Typ eigentlich nicht aktivierbar ist:

Typ 1: Die Aktiv-Ansprechbaren (AA-Typen):
Diese Menschen suchen sich aktiv Aufgaben in der Gemeinde. Sie sehen selbst die Arbeit und packen an. Oder sie werden auf eine Mitarbeit angesprochen und sagen zu. Diese „AA-Typen" sind Menschen, die gerne zugreifen und auf Aufrufe reagieren. Solche Menschen neigen aber auch dazu, sich ständig angesprochen zu fühlen. D.h. sie müssen aufpassen, dass sie nicht zu viel machen. Im Ganzen könnten etwa 25% der potenziellen Mitarbeiter solche „AA-Typen sein". Durch eine offizielle Berufung bekommen diese Mitarbeiter Grenzen und Sicherheit.

Typ 2: Die Reaktiv-Ansprechbaren (RA-Typen):
Diese Menschen wollen konkret angesprochen werden. Sie setzen sich mit einer Anfrage auseinander, aber erst dann, wenn sie wirklich an sie gerichtet ist. Allgemeine Aufrufe zur Mitarbeit beziehen sie nicht auf sich. Sie sehen nicht unbedingt immer die Notwendigkeit zur Mitarbeit, oder bringen sie nicht mit ihrer Person in Verbindung. Solche Personen müssen also konkret angefragt werden, weil sie reaktiv handeln. Sie wollen wissen, was von ihnen konkret erwartet wird. Vermutlich sind ca. 60%-70% der potenziellen Mitarbeiter solche „RA-Typen".

Typ 3: Die Nichtaktivierbaren (NA-Typen):
In jeder Gemeinde gibt es Menschen, die sind krank, alt oder einfach von ihrer momentanen Lebenssituation nicht in der Lage mitzuarbeiten. Vielleicht gibt es hier und da auch ein paar „Unwillige". Aber das ist eher selten der Fall.

Da es in der Gemeinde nach meiner Wahrnehmung viele Leute gibt, die reaktiv sind, müssen die Verantwortlichen diese Leute durch konkrete Berufungen aktivieren. Wie weiter oben angedeutet hilft es nicht viel, diese „RA-Typen" durch allgemeine „Altarrufe" im Rahmen der Informationen bei der Gottesdienst-Moderation zu gewinnen. Wenn Sie ein

Projekt oder den Ausbau eines Bereichs der Gemeinde vor Augen haben, werden Sie konkret und sprechen direkt Menschen an. Sie werden viel mehr Reaktionen und aktive Mitarbeiter haben, als wenn Sie nur sehr allgemein zu etwas aufrufen. Diese Berufung sollte dann aber auch einen konkreten Rahmen haben, damit ein potenzieller Mitarbeiter auch weiß, worauf er sich zukünftig einlassen wird.

Ein konkreter Rahmen bedeutet auch, dass Sie der Person, die Sie berufen möchten, ein klares Bild davon vermitteln, welche Aufgabe auf sie zukommen wird. Das gehört in unserem Prozess zu „E", wie „explain" = erkläre. Nach dem Vorbild des D.I.E.N.S.T.-Programmes habe ich in dieses Buch eine Aufgabenbeschreibung integriert, die Ihnen als Vorlage dienen könnte (siehe Anlage 5).

Auf dieser Vorlage sind auf jeden Fall alle notwendigen Informationen enthalten, damit sich potenzielle Mitarbeiter wirklich realistisch mit einer möglichen, zukünftigen Aufgabe auseinandersetzen können. Sie können auf diese Weise auch eine von Herzen kommende Entscheidung treffen, was in unserem Prozess zum Bereich „S", wie „save" gehört.

Für die letzten beiden Ringe aus dem Buch „Den Leiterschaftsstab weitergeben" (Mitwirken/Coach und Loslassen/Teamplayer) gibt es im Akrostichon PROCESS den Überbegriff „S", wie „sponsor" = fördern - unterstützen.

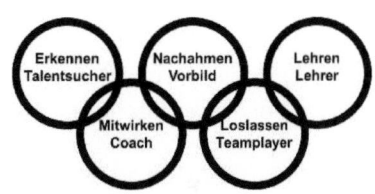

Ich erlebe es immer wieder, dass es in Gemeinden zwar Menschen gibt, die bereit sind Leitungsaufgaben zu übernehmen, dass ihnen aber das nötige Rüstzeug dazu fehlt. Manchen sogar in allen Bereichen: Bei Charakter, geistlicher Reife und fachlicher Kompetenz. Es ist für mich immer wieder erstaunlich, dass Mitarbeiter und Leiter so tun, als bräuchten sie für die Mitarbeit in einer Gemeinde, auch in Bezug auf die Leitung, keine Ausbildung bzw. keine Kompetenzen. Dass dies jedoch ein Trugschluss ist merkt man spätestens dann, wenn Konflikte und Chaos in der Gemeinde herrschen und diesem keiner adäquat begegnen kann.

Dann ist es aber meist schon kurz vor 12! Um dem vorzubeugen, können Sie mittelfristig eine Förderungs-Kultur aufbauen, die hilft das

Kind zu retten, bevor es in den Brunnen gefallen ist. Das ist zwar harte Arbeit, denn eine Kultur gezielt zu etablieren, ist in einer Gemeinde nicht so einfach. Aber auf Dauer lohnt es sich.

Ich nenne Ihnen ein paar Beispiele: Sie könnten z.B. eine Feedback- und Rechenschafts-Kultur aufbauen. Dadurch würde es mit der Zeit normal werden, dass sich Mitarbeiter im Anschluss an Aktionen und Events konkretes und konstruktives Feedback geben. Oder dass es erlaubt ist, andere Mitarbeiter oder auch die Leiter der Gemeinde zu hinterfragen, ohne dass es gleich einen „Sturm im Wasserglas" gibt.

Sie könnten auch eine Schulungs-Kultur aufbauen, bei der es normal ist, dass in der Gemeinde Schulungen angeboten werden und die Mitarbeiter daran teilnehmen. Oder dass Sie als Gemeinde generell einen Teil der Kosten für externe Schulungen übernehmen oder gemeinsam auf eine inspirierende Konferenz gehen, usw.

Sie könnten auch versuchen, eine Lese-Kultur aufzubauen, zu der es gehört, dass Mitarbeiter bestimmte Bücher lesen, oder sich von Zeitschriften inspirieren lassen, die z.B. von der Gemeinde speziell zu diesem Zweck abonniert werden.

Auf Dauer sollte es normal werden, dass sich auch die Glieder christlicher Gemeinden dem lebenslangen Lernen nicht verschließen. Abgesehen davon steht es einer Gemeinde immer gut zu Gesicht, wenn sie nicht nur viele Mitarbeiter hat, sondern wenn diese auch kompetent sind in dem, was sie tun.

Dass allein reicht allerdings noch nicht aus. Es ist ähnlich wie bei der Ausbildung von Piloten für eine Linienmaschine: Da gibt es Zeiten effektiven Lernens und danach werden viele Stunden im Flugsimulator verbracht. Aber es geht nichts über die Flugstunden, die sie in einem echten Flugzeug verbringen.

In manchen Gemeinden wird es so gehandhabt, dass gute Mitarbeiter auf irgendwelche Schulungen geschickt werden, um sie dann in der Gemeinde ohne führende Begleitung arbeiten zu lassen. Solange es läuft, wird dem Mitarbeiter dabei auch nichts in den Weg gelegt. Das wäre allerdings so, als ob Sie einen jungen Piloten direkt nach dem Flugsimulator allein fliegen lassen würden. Hoffentlich sagt das dann keiner den Passagieren...

Gerade in der Apostelgeschichte können Sie an Barnabas, Paulus und Timotheus gut erkennen, wie das Miteinander von Lehren, Lernen und der Praxis gehen kann. Sie können nach diesem Vorbild z.B. damit anfangen, dass sich Nachwuchsmitarbeiter oder -leiter zunächst in einer Kleingruppe einbringen. Mit der Zeit können sie umfangreichere und verantwortungsvollere Aufgaben übernehmen und sie schließlich irgendwann sogar leiten. Dabei geht es frei nach Carl George, dem Berater für Leiterschaftsentwicklung, der den Prozess für Leiterschaftsentwicklung folgendermaßen definiert:[65]

- Ich tue - du siehst zu - wir reden
- Ich tue - du hilfst - wir reden
- Du tust - ich helfe - wir reden
- Du tust - ich sehe zu - wir reden
- Wir fangen beide damit an, jemand anderen auszubilden.

Dabei kann sehr hilfreich sein, mindestens einmal pro Jahr ein Mitarbeiter-Förder-Gespräch zu führen. Dies ist sicher nicht mit einem Personalgespräch in einem Betrieb zu vergleichen, und das soll es auch nicht sein. Sondern es ist einfach die Fürsorge eines Verantwortlichen für seine Mitarbeiter. Und dabei können folgende Fragen eine Hilfe sein:

1. Was ist dir in letzter Zeit gut gelungen?
   Worüber freust du dich, wenn du an die vergangenen Monate denkst?
2. Welche Gaben hast du? Was gelingt dir gut, macht dir Spaß?
3. Was bereitet dir Mühe?
   In welchen Bereichen brauchst du unheimlich viel Kraft?
   Wo bist du in letzter Zeit an Grenzen gestoßen?
4. Bist du bereit in deiner jetzigen Aufgabe weiterzuarbeiten?
   Welche Veränderung macht Sinn?
   Was möchtest du gerne mal ausprobieren?
5. Meine Konsequenzen aus dem Gespräch sind?

---

[65] George, Carl in: Rowland: Leiterschaftsstab, S. 112.

Und damit sind wir beim fünften und letzten Kernpunkt der Nachwuchs-Förderung, dem Loslassen. Das hört sich einfach an, aber in der Praxis ist es das meist gar nicht. Es kann so schön sein, wenn man Menschen um sich hat, die einem zuhören und die Dinge umsetzen, die man ihnen sagt. Ehe man sich versieht, entsteht eine Situation, die von Kontrolle geprägt ist und bei der es darum geht, den anderen in einer bestimmten Stellung zu halten, damit man seine eigene Position nicht verliert.

In diesen Fällen ist es sicher von Vorteil, wenn Sie diesen Prozess der Gewinnung von neuen Mitarbeitern und Leitern immer auf die Basis eines Teams stellen, in dem sich die Teamplayer gegenseitig Rechenschaft geben müssen. Damit kann solch eine Tendenz zur Kontrolle rechtzeitig erkannt und angesprochen werden. Dadurch wird auch verhindert, dass man an potentiellen oder Nachwuchsleitern Schaden anrichtet, der auf lange Sicht weder für den Nachwuchs noch für die Gemeinde hilfreich wäre.

Zum Schluss dieses Abschnitts möchte ich Ihnen wieder eine kleine Denkaufgabe mit auf den Weg geben. Es ist ein kleiner Workshop für Sie selbst. Sie haben bis jetzt so viele Themen mitbekommen und es kommen noch einige dazu. Manches davon wurde nur angerissen, was bedeutet, dass das eine oder andere noch vertieft werden müsste.

Wie wäre es, wenn Sie sich dazu ein eigenes Weiterbildungsprogramm mit den folgenden Fragen aufstellen:

- Welche Bücher muss ich zu welchen Themen zu Mitarbeit und Leiterschaft noch lesen?

- Welche Kurse, Tagungen oder Konferenzen sollte ich zu welchen Teilbereichen der Leiterschaft noch besuchen?

- Zu welchen Rollen effektiver Führung sollte ich noch Supervision und/oder Coaching in Anspruch nehmen?

Alles, was Sie nicht konsequent angehen, verläuft wieder im Sand. Ich möchte Ihnen deshalb Mut machen, sich immer wieder neue Ziele zu setzen, auch im Bereich Fortbildung!

Im Team geht's gleich viel besser

„Der entscheidende Punkt ist, dass man versucht, die Menschen an die Stelle zu setzen, an der sie aus ihren Stärken heraus handeln können statt aus ihren Schwächen. So besteht der erste Schritt darin, sich die Stärken der Leute in seinem Team klarzumachen oder eben der Leute, die sich ihm anschließen wollen."[66]

„Einer mag überwältigt werden, aber zwei können widerstehen, und eine dreifache Schnur reißt nicht leicht entzwei." (Prediger 4,12)

Zum Thema „Team" schauen wir zunächst einmal auf die ganz Großen in der Geschichte des Volkes Gottes. Dazu zählt für mich z.B. Mose, der ein Team um sich scharte, nachdem ihm sein Schwiegervater Jitro den Tipp gab, in Sachen Führung anderen Menschen auch etwas zuzutrauen (vgl. 2. Mose 18). Beispiellos unter den biblischen Teamworkern war unser Herr Jesus und seine Teamarbeit mit den zwölf Jüngern. Einmalig, auf welch' individuelle Weise er sie berufen hat, sie zu einem Team formte, um sie erst dann als kleine Teams mit speziellem Auftrag auszusenden (vgl. Lukas 10).

Unter den Teamworkern der jüngeren Geschichte sind Männer zu nennen, wie z.B. John Wesley, Dwight L. Moody oder John Mott. Alles Männer, die von Gott gebraucht wurden, um Tausende von Menschen mit dem Evangelium zu erreichen. Keiner von diesen Männern und deren Nachfolgern hat versucht, das Evangelium allein zu verbreiten. Das führte schließlich dazu, dass diese Männer viel mehr Einfluss darauf hatten, wie Menschen für Jesus gewonnen wurden, als irgendwelche andere Evangelisten ihrer Zeit. Über ihre Erfolge schreibt Dr. Paulus Scharpff in seinem Buch „Geschichte der Evangelisation" Folgendes:

Die Bedeutung von Wesley liegt nur teilweise in seiner Predigt, sie beruht sogar mehr auf seiner Gabe als Organisator [...] Jede christliche Gemeinschaft war in Gruppen von 12 Leuten aufgeteilt, die einmal pro

---

[66] Leman: Hirtenprinzip, S. 41.

Woche mit einem Leiter zusammenkamen. Wesley benützte manchmal die Hilfe von mehr als 12 verschiedenen Kategorien von Mitarbeitern, um diese Gemeinschaft vorzubereiten, zuzurüsten und zu versorgen [...] Was war das Geheimnis von Moodys großem Erfolg? Neben seiner vom Geist Gottes bevollmächtigten Verkündigung war Moody ein begabter Organisator. Moody setzte Arbeitsgruppen ein, um einschlägige Fragen zu diskutieren, wie: Leitung von Gebetsgemeinschaften, Nacharbeit, Wachstumshilfe für Neubekehrte, Ausbildung der Laien, Erreichen von Kirchenfremden. Er war überzeugt, dass es besser sei, zehn für die Arbeit zu gewinnen, als die Arbeit von zehn zu verrichten [...] Von Moody lernte John Mott, bei der Organisation seiner Treffen alles bis zum letzten Detail vorzubereiten. Mott hatte die einzigartige Gabe, besondere Leute für besondere Aufgaben zu entdecken.

Der Gedanke des Teamworks ist also keine Modeerscheinung der Moderne oder Postmoderne, sondern eine alte Praxis, in der viel Weisheit verborgen ist. Wir werden nun versuchen, dieser Weisheit etwas auf die Spur zu kommen.

Bedeutung des Teams

Die tiefere Bedeutung eines Teams ist in der Wesensart Gottes selbst zu finden. Gott selbst ist ein Team: Gott Vater, Gott Sohn und Gott Heiliger Geist. Bereits die ersten beiden Sätze der Bibel weisen auf dieses Geheimnis hin:

> *„Am Anfang schuf Gott Himmel und Erde. Und die Erde war wüst und leer, und es war finster auf der Tiefe; und der Geist Gottes schwebte auf dem Wasser."* (1. Mose 1,1-2)

Im hebräischen Urtext steht für „Gott" nicht der Singular „El", sondern der Plural „Elohim" was im ersten Satz der Bibel schon auf Gott als Team hinweist. Gleich im nächsten Vers wird auf den Geist Gottes hingewiesen, der bei der Schöpfung über dem Wasser schwebte.

Und im Neuen Testament wird Jesus Christus als der geoffenbart, durch den alles geschaffen wurde:

> *„Er ist das Ebenbild des unsichtbaren Gottes, der Erstgeborene vor aller Schöpfung. Denn in ihm ist alles geschaffen, was im Himmel und auf Erden ist, das Sichtbare und*

das Unsichtbare, es seien Throne oder Herrschaften oder Mächte oder Gewalten; es ist alles durch ihn und zu ihm geschaffen." (Kolosser 1,15-16)

Vater, Sohn und Heiliger Geist haben als perfektes Team die Welt erschaffen. In gleicher Weise vollzog sich auch das göttliche Erlösungswerk: Nach dem Ratschluss des Vaters, der Hingabe des Sohnes und dem Wirken des Heiligen Geistes (vgl. Epheser 1,9ff). Sowohl das kreative Schöpfungswerk als auch die großartige Erlösung einer verlorenen Menschheit geschahen durch Gott, im Team der Trinität.

Als Geschöpfe sind wir seine Ebenbilder (vgl. 1. Mose 1,27). Dies hat zur Folge, dass wir ähnlich „funktionieren" wie er. Das heißt, wenn wir etwas Großes in Bewegung setzen wollen, wird uns dies nur durch das Miteinander gelingen, sprich als Team. Es ist eine von Gott geschaffene Grundstruktur im Menschsein, dass wir die wesentlichen Dinge des Lebens nur im Team bewegen können.

Bestes Beispiel dafür ist die Fortpflanzung des Menschen. Leben entsteht und entwickelt sich durch das Team, bestehend aus einer Frau und einem Mann. Gesundes Leben entwickelt sich aus dem Miteinander einer Familie. Die Schaffung und Bewahrung von Leben sind nur im Team möglich. Nicht von ungefähr kommt das Wort „Team" aus dem Englischen und bedeutete ursprünglich: Nachkommenschaft - Familie.

Der Widersacher Gottes weiß um die positiv göttliche Kraft des Teams. Wenn er Ehen und Familien zerstören kann, ist die enorme Kraft des Teams gebrochen, auf die sich ein gesundes und stabiles Miteinander der Menschen und damit auch einer Gesellschaft gründet. Daher gibt es im Leben nichts Kraftvolleres als unsere Beziehungen.

Definition
Das Duden-Wörterbuch definiert Team als eine „Gruppe von Personen, die mit der Bewältigung einer gemeinsamen Aufgabe beschäftigt ist". Wenn man auf Wilfried Schley hört, den Autor des Buches „Teamentwicklung und Teamkooperation in der Schule", geht das Team in zwei Dimensionen über die Gruppe hinaus:

Das Team ist eine stärker verbundene und damit auch abgegrenzte Einheit mit stabiler Zugehörigkeit und es ist mit einer „Gruppenhaut" versehen, die die Mitglieder einschließt und innerhalb derer es ein „WIR" gibt.[67] Ein anderer Ansatz[68] versteht das Team als eine Sonderform interagierender Gruppen und kann auch definiert werden als eine kleine Gruppe von Personen, deren Fähigkeiten einander ergänzen, um sich für eine gemeinsame Sache, gemeinsame Leistungsziele und einen gemeinsamen Arbeitseinsatz zu engagieren und gegenseitig in die Verantwortung zu nehmen.

Es spielt keine Rolle, wie man den Begriff Team definiert, es ist auf jeden Fall mehr als nur eine kleine Gruppe von Menschen, die irgendetwas gemeinsam machen wollen. Nach Wilfried Schley haben gute Teams in der Regel folgende Merkmale:

- Ein Team besteht im besten Fall aus fünf bis sieben Mitgliedern.
- Ein Team strebt normalerweise eine gemeinsame Leistung an.
- Ein Team muss ein gemeinsames Ziel haben.
- Während der Arbeit entwickelt sich in einem Team eine Dynamik der Zusammenarbeit.
- Ein Team gibt sich selbst eine Struktur.
- In einem Team entwickelt sich im Laufe der Zeit ein Klima des konstruktiven Miteinanders.

Dazu gehört auch, dass in einer Gemeinde ein Organisationsbewusstsein besteht. Darunter versteht man das Verständnis dafür, welche Organisationsform für welche Situation die Richtige ist. Wobei die Gemeinde Jesu nicht in erster Linie eine von Menschen gebildete Organisation, sondern ein von Jesus ins Leben gerufener Organismus ist.

Viele Konflikte, Verletzungen und Irritationen haben ihren Ursprung in einem mangelnden Organisationsbewusstsein. Es ist z.B. nicht egal, wie Sie mit Menschen unter vier Augen, in einer Gruppe von 10 oder 100 Personen ins Gespräch kommen. Daher sollten Sie immer auseinanderhalten, was Sie in bestimmten gemeindlichen Situationen als Einzelner tun können und müssen, was als Gruppe (mehrere Individuen) und was als Organisation (mehrere Gruppen). Dies wird auch im Abschnitt über Kommunikation in diesem Buch an der einen oder ande-

---

[67] Vgl. Schley, Wilfried: Teamentwicklung und Teamkooperation in der Schule, Kaiserslautern 2001.
[68] Vgl. Katzenbach/Smith 1993, in Rolff H.-G. et al.: Manual Schulentwicklung, Weinheim 1998.

ren Stelle zur Sprache kommen. Es ist so wichtig und wird doch viel zu sehr vernachlässigt.

	In der Gemeinde	Bei Jesus	Bei Ihnen?
Individuum	Gemeinschaft mit Gott	3 Jünger	
Gruppe	Zellgruppe	12 Jünger	
Gemeinde	Gottesdienst	Bergpredigt	
Netzwerk	Konferenzen	Jesus und Johannes der Täufer	

Jesus selbst nahm aus dem Kreis der zwölf Jünger Petrus, Jakobus und Johannes heraus, um sie gesondert zu schulen (z.B. Matthäus 17). Bei der Speisung der 5000 hatte er keinen direkten Kontakt zu den Einzelnen mehr, stellte aber dennoch durch eine Struktur sicher, dass niemand übersehen wurde: *„Lasst sie sich setzen in Gruppen zu je fünfzig"* (Lukas 9,14).

Motive für Teamarbeit
Bevor Sie jedoch ein Team gründen, sollten Sie sich fragen, warum Sie eigentlich Mitarbeiter suchen. Dafür gibt es eher schlechte Motive, wie z.B. Stolz, der sich einfach über andere stellen möchte. Es könnte Selbstherrlichkeit sein, bei der es nur darauf ankommt, Macht über andere auszuüben. Oder es könnte sogar Faulheit sein, bei der es im Grunde nur darum geht, ein paar „Dumme" zu finden, die die Arbeit erledigen, auf die man selbst keine Lust hat.

Menschen merken dies allerdings sehr schnell. Sie machen zwar meistens dennoch mit, aber vermutlich nicht für lange Zeit und auch kein zweites Mal. Ich persönlich halte folgende Motive für die bessere Wahl, die in drei Dimensionen dargestellt werden können:

1) Die Dimension nach oben:
Es ist allgemein bekannt, dass unser Gott ein sehr starkes Verlangen nach inniger Gemeinschaft mit seinen Kindern hat. Wenn Sie hier auf der Erde Gemeinschaft haben, vor allem in einem Team, sollte deshalb Ihr Motiv sein, diesen Gott zu ehren, der uns Gemeinschaft und gemeinsames Arbeiten überhaupt erst ermöglicht.

2) Die Dimension nach innen:
Wie weiter oben schon festgestellt, arbeitet Gott selbst auch im Team der Dreieinigkeit: Gott Vater, Sohn und Heiliger Geist. Und er hat den Menschen nach seinem Bild geschaffen. Vermutlich steckt in uns deshalb auch die Sehnsucht, gemeinsam etwas zu bewegen. Und Jesus hat uns dazu aufgefordert, einander mit den Gaben zu dienen, die er uns gegeben hat (vgl. 1. Petrus 4,10). Dienen klingt immer negativ, aber in der Ausführung ist es sehr positiv. Wenn Sie also Teamwork positiv angehen möchten, sollte Ihr Motiv sein, anderen damit zu dienen.

3) Die Dimension nach außen:
Es ist kein Geheimnis, dass wir Menschen von Gott den Auftrag bekommen haben, die Erde zu bebauen, zu gestalten und zu bewahren. Wenn Sie in einem Team arbeiten, sollte dies deshalb die oberste Priorität haben: Dass Sie den von Gott gegebenen Auftrag für die Welt umsetzen möchten (vgl. Matthäus 28,18-20).

Wenn Sie diese drei Dimensionen als Grundlage für die Bildung von Teams nehmen, werden Sie zwar vielleicht nicht immer erfolgreich sein, aber Sie werden auf jeden Fall nicht mit den falschen Motiven starten, sondern gute Voraussetzungen dafür schaffen, dass Menschen einmütig zusammenarbeiten können.

Bin ich teamfähig?
„Bin ich teamfähig?" Auf diese Frage neigen Menschen eher zu schnell mit einem JA zu antworten. Doch wer schon einmal in einem Team mitgearbeitet hat weiß, dass sich dies in der Praxis erst erweisen muss. Sie können es sich nicht selbst bescheinigen, das müssen andere tun. Aber Sie können sich Fragen stellen, wie z.B.: Passe ich in diese Gruppe - diese Gemeinde - dieses Team? Komme ich gut mit anderen Menschen aus? Kann ich mich einer Meinung anschließen?

Die Frage nach Ihrer Teamfähigkeit als Christ ist auch die Frage danach, ob Sie fähig sind, sich im Reich Gottes so einzubringen, dass Sie dort ein Gewinn sein können. Ich bin immer mehr der Auffassung, dass Menschen, die innerhalb ihrer Familie, Gemeinde oder Firma teamfähig sind, ein Segen (d.h. Aufbau) für andere sind, während teamunfähige Einzelkämpfer unterm Strich gesehen letztlich eine Art Fluch (d.h. Abbau) für andere bewirken.

Die Frage Ihrer Teamfähigkeit ist also immer auch die Frage danach, ob Sie sich für andere als Segen oder Fluch herausstellen werden. Ist Ihre Zugehörigkeit für das Team Auf- oder Abbau?

Voraussetzungen von Teamfähigkeit
In der Bibel ragen zwei Kriterien für Teamfähigkeit besonders hervor. Zum einen ist es Demut, und zum anderen Ein- und Unterordnung. Zum Punkt Demut schreibt Paulus in Epheser 4,1-3:

> *„So ermahne ich euch nun [...] dass ihr der Berufung würdig lebt, mit der ihr berufen seid, in aller Demut und Sanftmut, in Geduld. Ertragt einer den andern in Liebe und seid darauf bedacht, zu wahren die Einigkeit im Geist durch das Band des Friedens."*

Wobei biblische Demut nicht, wie oft gemeint, eine Art Selbstverachtung meint, sondern jene Fähigkeit beschreibt, die sich selbst im guten Sinne zurücknimmt, um tun zu können, was Gott wichtig ist. Demut ist Mut zum Dienen. Paulus schreibt dazu in Philipper 2,3-4 Folgendes:

> *„Tut nichts aus Eigennutz oder um eitler Ehre willen, sondern in Demut achte einer den andern höher als sich selbst, und ein jeder sehe nicht auf das Seine, sondern auch auf das, was dem andern dient."*

Und dies geht dann schon in Richtung Ein- und Unterordnung, zu dem Paulus in Epheser 5,21 Folgendes schreibt:

> *„Ordnet euch einander unter in der Furcht Christi."*

Ohne die Herzenshaltung der Bereitschaft, sich bei anderen Menschen ein- und unterzuordnen, ist echtes Teamwork nicht möglich. Wo haben Sie sich z.B. das letzte Mal in einem Team selbst zurückgenommen und auf Ihr vermeintliches Recht verzichtet (Demut), um Gottes Ziele zu verfolgen? Oder wo haben Sie sich das letzte Mal in einem Team ein- oder sogar unterordnen müssen?

Wenn Sie in einem Team mitarbeiten und Ihnen zu diesen beiden Fragen innerhalb der letzten Wochen keine konkreten Beispiele einfallen, dann denken Sie doch bitte einmal darüber nach, ob Sie möglicherweise im Team zu schnell nachgeben oder zum Einzelkämpfer neigen. Gerade Leiter, die viel aufgebaut haben, stehen in der Gefahr, sich den Teamprozessen zu entziehen und so zu einsamen Solisten zu werden. Andere Einzelkämpfer bilden ein „Team" um sich herum, in dem niemand auf Augenhöhe sein darf und die anderen im Team letztlich nur Zuarbeiter sind.

Das Wichtigste, was jeder Einzelne in ein Team einzubringen hat, ist zuallererst sich selbst. Sein Wesen, seine Art, sein Verhalten und Charakter werden in einem Team bedeutender sein als seine Intelligenz oder fachliche Kompetenz. Bei einer gesunden Firmenkultur wird daher neben der beruflichen Qualifikation im Sinne der Kompetenz viel Wert auf den Charakter gelegt. Die Bibel stellt die Bedeutung des Charakters, zu der eben die Teamfähigkeit gehört, über die fachliche Kompetenz (vgl. 1. Timotheus 3). Wer fachlich inkompetent ist, bewirkt wenig oder nichts, wer hingegen teamunfähig ist, kann viel kaputt machen.

Und deshalb sollten Sie danach streben, ein Segen und kein Fluch zu sein; Beziehungen und Teamwork auf- und nicht abzubauen. Sie sind dazu berufen, Teil im göttlichen Team zu sein. Sie sind berufen, als Töchter und Söhne Gottes im göttlichen Team mitzuwirken. Sie sind berufen, ein Segen zu sein (vgl. 1. Petrus 3,9). Und deshalb fragen Sie sich bitte hin und wieder einmal: Was geht von mir, meinem Reden und meinem Tun aus: Aufbau oder Abbau? (Nennen Sie jeweils drei Beispiele aus Ihrer persönlichen Erfahrung)

Aufbau

1. _____

2. _____

3. _____

Abbau

1. _____

2. _____

3. _____

Einschätzung der eigenen Teamfähigkeit
Wie schätzen Sie ihre Teamfähigkeit ein? Sie werden mit diesem Fragebogen, in der Auswertung Ihrer Antworten, sicher keine valide Auskunft über Ihre Teamfähigkeit erhalten, aber vielleicht tritt eine Tendenz zu Tage, die für Sie entweder überraschend oder bestätigend ist.

Kreuzen Sie an (zwischen 1 und 4), was am Ehesten auf Sie zutrifft:

	4	3	2	1	2	3	4	
Bin Einzelgänger								Bin Gruppenmensch
Bin kontaktscheu								Bin kontaktfreudig
Bin gewohnt, allein zu arbeiten								Bin gewohnt, mit anderen zu arbeiten
Liebe Einzelarbeit								Liebe Gruppenarbeit
Habe kaum Erfahrung mit Teamarbeit								Habe viel Erfahrung mit Teamarbeit
Bin sachorientiert								Bin beziehungsorientiert
Bin kaum im Büro								Bin viel im Büro
Habe kaum Kontakt mit Mitarbeitern								Habe viel Kontakt mit Mitarbeitern
Ich und meine Bücher								Ich und meine Freunde
Teamarbeit lohnt sich nicht								Teamarbeit ist ein Gewinn für alle

Ihre Bilanz:

Rollen in einem Team

Welche Rolle d.h. welche Aufgabe und Funktion kommt Ihnen in einem Team zu? Kennen Sie Ihre Neigungen, geistlichen Gaben und Ihren Persönlichkeitsstil? Sind Sie mit Ihren Stärken und Schwächen vertraut, die ein Team stärken oder begrenzen können? Wer weiß was er ist und was er kann, wird sich in einem Team sinnvoll einbringen können. Im Folgenden werden wir fünf klassische Teamrollen betrachten.

Der Koordinator/Moderator
Er koordiniert den Teamprozess, indem er die Tagesordnung und die Themen maßgeblich bestimmt. Er ist meist ein guter Zuhörer, eher bescheiden und aufgrund seiner moderaten Art nicht der Durchsetzungsstärkste. Der Koordinator ist meist nüchtern, beobachtet viel und versucht unter Berücksichtigung vieler Argumente zu einer eigenen Meinung zu kommen. Aufgrund mangelnder Begeisterungsfähigkeit ist er oft wenig in der Lage, andere zu motivieren.

Der Querdenker
Er denkt oft quer und legt seinen Finger auf schmerzhafte Stellen. Seine Ideen sind oft unangenehm, wirken wenig strukturiert und oftmals störend. Dennoch können sich darin wichtige Hinweise für alternative Lösungen befinden. Oftmals ist er wenig kritikfähig und selbstverliebt in seine eigenen Ideen. Im Rahmen des fünffältigen Dienstes verkörpert er meist das Wesen des Propheten oder Evangelisten.

Der Macher
Er hat Mut, Hindernisse zu überwinden. Er ist energiegeladen und steht oft unter Druck. Er fordert das Team heraus und übernimmt schnell Verantwortung. Er neigt zu einer provokativen Art, ist oft unsensibel, gerät leicht in Streit und wird schnell als arrogant wahrgenommen. Er will die Pläne in die Tat umsetzen und die Zielerreichung sicherstellen. Im Rahmen des fünffältigen Dienstes verkörpert er meist das Wesen des Apostels.

Der Klimapfleger
Ihm ist Harmonie im Team und ein gutes Arbeitsklima wichtig. Er ist meist an den privaten Hintergründen der einzelnen Teammitglieder interessiert. Er vermeidet Rivalitäten und Auseinandersetzungen und ist oft

im Hintergrund tätig. Er neigt zur Unentschlossenheit und tendiert dazu, Entscheidungen anderen zu überlassen. Im Rahmen des fünffältigen Dienstes verkörpert er meist das Wesen des Hirten.

Der Stabilisator

Der Stabilisator ist gewissenhaft mit einer perfektionistischen Tendenz. Er hilft Oberflächliches zu vermeiden und auf wichtige Details zu achten. Aus Angst etwas zu übersehen, steht er in der Gefahr, alles kontrollieren zu wollen und anderen nicht zuzutrauen, ausreichend gut arbeiten zu können. Im Rahmen des fünffältigen Dienstes verkörpert er meist das Wesen des Lehrers.

Welche dieser fünf Rollen ist nun die Wichtigste im Team? Diese Frage ist wichtig und darf nicht unter den Teppich gekehrt werden, auch wenn sie sich nicht generell beantworten lässt. Wer aber meint, dass die Leitungsfrage in einem Team nicht geklärt werden müsste und zu einem oberflächlichen „Wir sind alle gleich!" übergeht, hat die Dynamik eines funktionierenden Teams noch nicht verstanden. Ein Team ohne klare Verantwortlichkeiten und ohne Leiter ist in der Praxis auf Dauer nicht zufriedenstellend zu organisieren und zu führen.

Das englische Sprichwort: „There is no I in Team" unterstreicht hierbei etwas sehr Wichtiges. Ein echtes Team ist ein Miteinander von sich ergänzenden Begabungen, in der das Ego des Einzelnen keinen Platz haben kann. Dennoch ist die Frage nach klaren Verantwortlichkeiten und der Leitung des Teams ein wichtiger Punkt, der oft fahrlässig übergangen wird.

Ein oberflächliches „Wir sind alle gleich im Team" ist zu undifferenziert und führt meist zu einer Lähmung des Teams, wie es in christlichen Kreisen mancherorts anzutreffen ist. Wenn Sie die unterschiedlichen Neigungen, geistlichen Gaben und Persönlichkeiten der Mitglieder im Team wirklich ernst nehmen, ist eben nicht jeder im Team gleich stark, schwach, begabt und führungsfähig wie der andere.

Lassen Sie mich dies unter anderem an einem Thema deutlich machen, das in den letzten Jahren immer mehr Bedeutung gewonnen hat:

Exkurs: Der fünffältige Dienst

Es muss etwa zwischen 60 und 70 nach Christus gewesen sein. Damals präsentierte Lukas, der Arzt, die Fortsetzung seines Evangeliums: Er nannte es die „Taten der Apostel". Niemand ahnte damals, dass dieses Buch einmal um die Welt gehen würde. Auch heute, fast 2000 Jahre später, hat das Interesse daran nicht nachgelassen. Dieses Buch löst auf der einen Seite immer wieder Ernüchterung und Traurigkeit aus, weil in unserer Zeit alles so ganz anders scheint, und auch diese mitreißende Dynamik der ersten Gemeinde in weiten Teilen der heutigen Gemeinde nicht mehr zu finden ist.

Auf der anderen Seite löst es auch Sehnsucht und Pioniergeist aus, weil man sich von ganzem Herzen nach dieser wunderbaren Dynamik sehnt und dabei die Frage nicht loswird: Wie kommen wir dahin? So ist die Apostelgeschichte fast so etwas wie ein Stachel im Gesäß der Gemeinde, der sie schmerzt, reizt und vorwärtstreibt. Und das ist gut so!

Wenn im Alten Testament die wunderbare Dynamik und Kraft Gottes beschrieben wird, taucht wiederholt das Symbol der Hand auf, oder auch das der Finger oder des Armes. In Psalm 89,14 können Sie z.B. Folgendes lesen:

> „Du hast einen gewaltigen Arm, **stark ist deine Hand**, und hoch - oder erhoben - ist deine Rechte."

Dieses Bild setzt sich auch im Neuen Testament der Bibel, in der Apostelgeschichte fort - Apostelgeschichte 4,29-30 und 11,21:

> „Und nun, Herr, sieh an ihr Drohen und gib deinen Knechten, mit allem Freimut zu reden dein Wort; **strecke deine Hand aus**, dass Heilungen und Zeichen und Wunder geschehen durch den Namen deines heiligen Knechtes Jesus."

> „Und **die Hand des Herrn** war mit ihnen und eine große Zahl wurde gläubig und bekehrte sich zum Herrn."

Überall sind die Kraft und Wirkungen dieser unsichtbaren Hand Gottes spürbar. Doch: Was verbirgt sich hinter dieser Hand[69]? Zunächst

---

[69] Die Idee zu den Ausführungen über die „Hand Gottes" entstammt dem Buch von Jens Kaldewey.

einmal ist eine Hand ein komplexes und harmonisches Miteinander von fünf Gliedern, die mittels eines Handtellers und eines Arms mit dem Körper verbunden sind. Es ist ein wahres Wunderwerk aus Daumen, Zeigefinger, Mittelfinger, Ringfinger und kleinem Finger. Die Finger arbeiten einträchtig zusammen und können die schwierigsten, gröbsten, aber auch feinsten Arbeiten verrichten.

Dabei ist jeder Finger anders und wird für verschiedene Aufgaben eingesetzt. Gleichzeitig sind sich die Finger sehr ähnlich und sie arbeiten meist am selben Gegenstand. Wenn ein Finger fehlt, weil man ihn durch einen Unfall oder eine Verletzung nicht zur Verfügung hat, macht sich das sehr schnell bemerkbar. Die anderen Finger können diesen Verlust nur sehr bedingt wieder wettmachen. Die Hand braucht einfach alle Finger, damit sie ihr volles Potential ausschöpfen kann:

> *„Und er hat einige als Apostel eingesetzt, einige als Propheten, einige als Evangelisten, einige als Hirten und Lehrer, damit die Heiligen zugerüstet werden zum Werk des Dienstes. Dadurch soll der Leib Christi erbaut werden, bis wir alle hingelangen zur Einheit des Glaubens und der Erkenntnis des Sohnes Gottes, zum vollendeten Mann, zum vollen Maß der Fülle Christi, damit wir nicht mehr unmündig seien und uns von jedem Wind einer Lehre bewegen und umhertreiben lassen durch trügerisches Spiel der Menschen, mit dem sie uns arglistig verführen."* (Epheser 4,11-14)

Was Paulus hier beschreibt könnte man als die starke Hand Gottes bezeichnen. Die Hand Gottes, mit ihren fünf Fingern: Apostel, Prophet, Lehrer, Evangelist und Hirte. Der Autor Jens Kaldewey schreibt dazu in seinem Buch: „Diese Hand hat Zeichen und Wunder getan, den Menschen das Brot des Wortes ausgeteilt, Wohnstätten Gottes gebaut aus lebendigen Menschen, Heere der Finsternis besiegt, Städte auf den Kopf gestellt, Menschen von Grund auf verwandelt.

Diese Hand war es, welche die junge Christenheit in ihr volles Potential hineinbrachte und sie zur Reife führte. Diese »Hand« muss neu erkannt, verstanden und geschätzt werden. »... gib deinen Knechten, mit allem Freimut zu reden dein Wort; **strecke deine Hand aus**, dass Heilungen und Zeichen und Wunder geschehen durch den Namen deines heiligen Knechtes Jesus.« Wenn wir uns mit dem Wirken Gottes eins machen, kann seine »Hand« langsam wieder ihre volle Funktion gewinnen."[70]

Bevor ich jedoch noch tiefer in die Thematik einsteige, möchte ich noch etwas vorausschicken, das mir persönlich sehr wichtig ist. Es gibt jede Menge Literatur zu diesem Thema, mit sehr unterschiedlichen Standpunkten und Meinungen dazu, wie dieser sogenannte „fünffältige Dienst", diese Hand Gottes gesehen werden könnte. Dabei ist mir sehr deutlich geworden, was Paulus im Hohelied der Liebe (1. Korinther 13) zum Ausdruck bringt: Wir können machen, was wir wollen, unser Wissen bleibt Stückwerk.

Was ich hier beschreibe, ist eine Momentaufnahme, wie ich diese Hand Gottes momentan sehe. Im Großen und Ganzen wird sich daran auch in Zukunft nichts verändern. Wir werden die Bibel nicht noch einmal neu schreiben! Aber in den feinen Nuancen der Umsetzung in der Gemeinde, kann sich immer wieder einmal etwas tun, weil unser Wissen immer eine Momentaufnahme bleiben wird und wir Menschen immer nur nach unserem momentanen Stand der Erkenntnis lehren und handeln können; was übrigens für die Ausführungen des gesamten Buches gilt. Das wird einmal anders werden, aber nicht solange wir hier auf dieser Erde sind.

Und noch ein Punkt ist mir sehr wichtig, der auch mit unserem Wissen zusammenhängt: Dass wir uns nicht auf unser Wissen und unsere Weisheit verlassen. Gott hat jedem von uns einen Verstand gegeben, und wir sollen ihn auch gebrauchen. Aber wir sollen ihn nicht so in den Vordergrund stellen, dass wir darüber Gott vergessen. Jakobus warnt uns davor in seinem neutestamentlichen Brief, indem er schreibt:

> *„Wer ist weise und klug unter euch? Der zeige mit seinem guten Wandel seine Werke in Sanftmut und Weisheit. Habt ihr aber bitteren Neid und Streit in eurem Herzen, so rühmt euch nicht und lügt nicht der Wahrheit zuwider. Das ist nicht die Weisheit, die von oben herabkommt, sondern sie ist irdisch, niedrig und teuflisch. Denn wo Neid und Streit ist, da sind Unordnung und lauter böse Dinge. Die Weisheit*

---

[70] Kaldewey: Hand Gottes, S. 8.

aber von oben her ist zuerst lauter, dann friedfertig, gütig, lässt sich etwas sagen, ist reich an Barmherzigkeit und guten Früchten, unparteiisch, ohne Heuchelei. Die Frucht der Gerechtigkeit aber wird gesät in Frieden für die, die Frieden stiften." (Jakobus 3,13-18)

Der Maßstab für unser Denken und Handeln, der Maßstab für alle geistlichen Dinge, wie z.b. Eindrücke, prophetische Worte, Lehre, Bilder, etc., der Maßstab für unser Tun und Lassen muss die Heilige Schrift sein, und die Weisheit Gottes, durch seinen Heiligen Geist. Wir müssen immer belehrbar bleiben, sonst ist die Gefahr groß, dass wir unserer „irdischen, niedrigen und teuflischen" Weisheit nachgeben und eines Tages das ernten, was wir damit aussäen würden: Neid, Streit, Unfrieden, Lieblosigkeit, Ungerechtigkeit, usw.

Damit lassen wir die einleitenden Worte hinter uns, wenden uns dem Hauptteil des Themas zu und schauen uns diese wunderbare Gabe Gottes, den fünffältigen Dienst aus Epheser 4,11-14 etwas genauer an:

*„Und er hat einige als **Apostel** eingesetzt, einige als **Propheten**, einige als **Evangelisten**, einige als **Hirten** und **Lehrer**, damit die Heiligen zugerüstet werden zum Werk des Dienstes. Dadurch soll der Leib Christi erbaut werden, bis wir alle hingelangen zur Einheit des Glaubens und der Erkenntnis des Sohnes Gottes, zum vollendeten Mann, zum vollen Maß der Fülle Christi, damit wir nicht mehr unmündig seien und uns von jedem Wind einer Lehre bewegen und umhertreiben lassen durch trügerisches Spiel der Menschen, mit dem sie uns arglistig verführen."*

Interessant ist zunächst einmal, dass die gängige Literatur selbstverständlich davon ausgeht, dass es sich bei dieser Bibelstelle um eine Stelle mit zentraler Bedeutung handelt. Sucht man aber im ganzen Neuen Testament, wird man feststellen, dass die Begriffe Apostel, Prophet, Evangelist, Hirte und Lehrer nur in dieser Bibelstelle gemeinsam aufgelistet werden. Die Autoren Michael Frost und Allan Hirsch[71] versuchen in ihrem Buch die zentrale Bedeutung von Epheser 4 zu begrün-

---

[71] Frost, Michael; Hirsch, Alan: Die Zukunft gestalten - Innovation und Evangelisation in der Kirche des 21. Jahrhunderts, Glashütten 2008, S. 269 ff.

den, indem sie den Epheserbrief als eine grundlegende Darstellung der Gemeindetheologie von Paulus sehen:

„Wir gehen davon aus, dass der Epheserbrief (wie die meisten Briefe) damals bald in den Hausgemeinden der Region zirkulierte. Das ist wichtig, weil dieser Brief eben nicht nur die Erfahrungen einer Gemeinde, sondern vieler Gemeinden widerspiegelt. Und das wiederum hat Folgen für alle Gemeinden an allen Orten und, wie wir hinzufügen möchten, zu allen Zeiten."[72]

Als Rundschreiben an alle Gemeinden in der Region von Ephesus kommt also diesem Brief, nach Ansicht der beiden Autoren, eine größere Bedeutung zu als den Briefen, die „nur" in Spezialsituationen von Einzelgemeinden geschrieben wurden, wie z.B. der Brief an die Gemeinde in Korinth. Wenn wir also den Herren Frost und Hirsch folgen, wäre damit ein Zusammenwirken der fünf Aufgaben/Dienste ein zentrales Thema für den Gemeindebau nach biblischem Vorbild. Dazu kommt, dass wir im Zusammenwirken des fünffältigen Dienstes auch die Dienste Jesu erkennen können, die der Gemeinde gegeben wurden:[73]

- Jesus als der Apostel und Hohe Priester (vgl. Hebräer 3,1)
- Jesus als Prophet (vgl. Lukas 24,19)
- Jesus als Lehrer (vgl. Johannes 3,2)
- Jesus als der erste Evangelist (vgl. Matthäus 4,23)
- Jesus als der große Hirte (vgl. Hebräer 13,20; Johannes 10)

Es gibt im Neuen Testament auch einige Anhaltspunkte dafür, dass diese Bezeichnungen „Apostel", „Propheten", etc. für Gabenträger durchaus üblich waren und dass diese einzelnen Gaben auch zusammengewirkt haben. Es ist also nicht alles nur aus der Luft gegriffen. In Apostelgeschichte 13,1 wird z.B. berichtet, dass in der Gemeinde von Antiochia Propheten und Lehrer gemeinsam gedient haben, wobei Barnabas und Paulus nach ihrer Aussendung hauptsächlich als Apostel gesehen wurden (vgl. Apostelgeschichte 14,4). In 1. Korinther 12,28 beginnt eine Gabenliste mit Aposteln, Propheten und Lehrern und auch Epheser 2,20 nennt Apostel und Propheten zusammen. Ansonsten

---

[72] Frost, Michael; Hirsch, Alan: Die Zukunft gestalten, S. 271.
[73] Vgl. Brodeur: Erweckungs Kultur, S. 381.

kommen diese Begriffe nicht in Kombinationen vor, sondern nur alleinstehend. Das ermöglicht uns aber, Beschreibungen für diese Gaben zu finden: Der Begriff des Apostels ist am besten beschrieben, gefolgt von dem des Propheten, des Hirten und des Lehrers. Der Evangelist kommt im Neuen Testament nur drei Mal vor (vgl. Apostelgeschichte 21,8; Epheser 4,11; 2. Timotheus 4,5).

Zusammenfassend lässt sich also Folgendes sagen: Wenn Sie sich den biblischen Befund anschauen, werden Sie auf ein Zusammenwirken verschiedener Aufgaben oder Dienste stoßen, die Sie als Grundlage für ein Leitungs- bzw. Gemeindebaumodell verwenden können, das auch in der heutigen Gemeinde nicht unterschätzt werden darf. Für mich stützt sich meine These aber vor allem auf die Worte des Paulus in seinem Brief an die Gemeinde in Korinth:

> *„Und Gott hat in der Gemeinde eingesetzt*
> *erstens Apostel,*
> *zweitens Propheten,*
> *drittens Lehrer,*
> *dann Wundertäter, dann Gaben gesund zu machen (Evangelisten),*
> *zu helfen, zu leiten (Hirten) und mancherlei Zungenrede."*
> (1. Korinther 12,28)

Das ist eine starke Aussage! Wenn Gott selbst diese Aufgaben und Dienste in der Gemeinde eingesetzt, und sie dann auch noch in eine Art Hierarchie gekleidet hat, kann ich darüber nicht einfach hinweggehen und sagen: „Ach das ist ja nur eine einzige Schriftstelle. Daraus kann man doch kein Modell für Gemeindebau entwerfen."

Doch, das kann man! Denn Gott selbst hat es so vorgegeben. Auch wenn das sicher nicht so gemeint ist, dass der Apostel, ähnlich eines Diktators, an der Spitze der Hierarchie steht, sondern eher als „primus inter pares"[74]. Die Tatsache, dass wir dies hunderte von Jahren ignoriert haben, sagt mehr über uns aus als über Gottes Willen für den Gemeindebau. Und dort, wo der fünffältige Dienst umgesetzt wird, stößt man auf durchweg positive Erfahrungen, die durch den Einsatz und das Zu-

---

[74] Lateinisch für „Erster unter Gleichen".

sammenwirken dieser Gaben gemacht wurden: Gott segnet es also ganz offensichtlich, was man als einen nicht unerheblichen Grund für dieses Modell anführen kann.

Wobei ich mit der Bezeichnung „Dienste" für die einzelnen Begriffe APOSTEL, PROPHET, LEHRER, EVANGELIST und HIRTE etwas vorsichtig bin. Denn der Begriff „Dienst" macht aus der Gabe leicht ein Amt oder sogar eine Institution. Das würde der Sache nicht gerecht werden.

Das gesamte Modell ist sicher ein wichtiger Dienst, der für die Gemeindearbeit eine ganz fruchtbare Auswirkung haben kann, sofern man ihn zur Ausprägung kommen lässt. Aber die einzelnen - ich nenne sie mal - „Bausteine" des Modells sind Gnadengaben Gottes, mit denen er Menschen beschenkt, damit sie anderen Menschen dienen können, ohne gleich zur Institution für sie werden zu müssen.

Die Gaben/Bausteine im Einzelnen
Diese Bausteine bzw. Gaben schauen wir uns jetzt im Einzelnen an. Hierbei gehe ich zunächst einmal in der Reihenfolge vor, wie die Gaben in Epheser 4 genannt werden. Dadurch entsteht keine Hierarchie, wobei ich auch noch etwas zur Stellung des Apostels und Propheten schreiben werde.

<u>Der Apostel pflanzt</u>
Den Begriff des Apostels hat Jesus vermutlich aus der römischen Kultur entliehen: Apostel waren zur Zeit Jesu römische Generäle, die speziell damit beauftragt waren, neues Land zu finden und zu erobern und die Kultur einer eroberten Nation zu reformieren. Sie lehrten die untergebenen Völker die römischen Gebräuche, Regeln und Sitten. Die Römer hatten verstanden, dass sie ihre dominierende Stellung nur halten konnten, wenn sie die römische Kultur an diesen Orten einführten.

Das gilt in ähnlicher Weise auch für den Bau des Reiches Gottes auf dieser Welt. Jesus sandte die Apostel aus, ganz wie die römischen Generäle seiner Tage, um nicht nur die Kranken zu heilen, Menschen zu retten und das Evangelium zu verkündigen, sondern auch um eine Kultur des Königreichs Gottes aufzubauen.

Wenn Jesus von Apostel gesprochen hat, wies er damit auch auf die Macht von Kultur hin, eine Bewegung entweder aufrecht zu erhalten oder zu verändern.[75]

Im Neuen Testament bedeutet das Wort Apostel zunächst nur Gesandter oder Bote. Es kommt im Neuen Testament ca. 80 Mal vor, und hat im Laufe der Zeit einen Bedeutungswandel durchgemacht: Anfangs wurden nur die zwölf Jünger Jesu Apostel genannt; ihre Namen sind in Matthäus 10,2-4 aufgelistet. Unter ihnen war auch Judas, der Jesus schließlich verraten hat.

Nachdem Jesus gestorben und wieder auferstanden war, wurde ein Ersatz für Judas gewählt (vgl. Apostelgeschichte 1,20ff). Um zur Wahl aufgestellt zu werden, musste man Jesus in seiner menschlichen Gestalt gekannt haben und, zusammen mit den anderen Aposteln, den Dienst Jesu, von der Taufe bis zur Auferstehung, mitbekommen haben. Das sind strenge Bedingungen für das Apostelamt, die ganz sicher zum Aussterben der Apostel geführt hätten. Irgendwann wäre einfach niemand mehr am Leben gewesen, der Jesus persönlich als Mensch gekannt hätte und Zeuge der Auferstehung gewesen wäre.

Als Paulus das Apostelamt empfing, wandelten sich die Voraussetzungen für das Apostelamt: Paulus war erst einige Zeit nach der Auferstehung Jesu zum Glauben gekommen und war demnach auch nicht mit Jesus durchs Land gezogen; aber er hatte eine Offenbarung von Jesus gehabt. Seine Legitimation für das Apostelamt war, dass er den Herrn gesehen hatte (vgl. 1. Korinther 9,1), zwar nicht wie die anderen Apostel, aber auch er kannte Jesus persönlich durch den Heiligen Geist.

Das ist ein sehr wichtiges Kennzeichen, das die Apostel von Paulus an bis zum heutigen Tag verbindet: Es ist die Beziehung zu Jesus. Niemand kann Gemeinde bauen, ohne Jesus zu kennen und Zeuge seiner Auferstehung zu sein, ob nun im Sinne der ersten Apostel oder wie bei Paulus, dem Geiste nach. Apostel sind immer Menschen, die von Gottes Geist gesandt sind. Und das begann schon zur Zeit des Neuen Testaments: Außer Paulus gab es noch Barnabas, der ein Apostel war (vgl. Apostelgeschichte 14,4+17), Jakobus, der Bruder Jesu (vgl.

---

[75] Vgl. Vallotton, Kris: Der übernatürliche Lebensstil. Ein praktischer Leitfaden hin zu einem Leben von Zeichen und Wundern, Vaihingen/Enz 2009, S. 63f.

1. Korinther 15,7; Galater 1,19), Silvanus (vgl. 1. Thessalonicher 2,7) und Andronikus und Junia (vgl. Römer 16,7).

Der Apostel ist ein Gemeindebauer und meist auch Gemeindegründer, der Strukturen und Fundamente legt. Es kommt oft vor, dass ein Apostel mehrere Gemeinden berät bzw. evtl. auch an einem Ort schwerpunktmäßig arbeitet und dabei andere Gemeinden berät. Als ein weiser Baumeister (vgl. 1. Korinther 3,9-10) legt er zusammen mit den Propheten den Grund (vgl. Epheser 2,19-21). Damit erhalten der Apostel und der Prophet eine etwas herausragende Stellung, die heute weitgehend verblasst ist. In der heutigen Gemeindelandschaft sind die Evangelisten, Hirten und Lehrer stark vertreten. Doch wo sind die Apostel und Propheten vertreten?

Dabei sagen diese Worte im Epheserbrief sicher nicht aus, dass Apostel und Propheten selbst als Grund der Gemeinde anzusehen sind. Das wäre zu weit gedacht, denn der Eckstein und Herr der Gemeinde ist und bleibt unser Herr und Heiland, Jesus Christus. Aber die Apostel und Propheten geben der Gemeinde vor Ort grundlegende Strukturen und vermitteln die grundlegenden Lehren, auf denen sich die jeweilige Gemeinde weiter entwickeln kann. Im Neuen Testament zeigte sich diese Autorität auch darin, dass Apostel die Leitung (Älteste) der Gemeinde eingesetzt haben (vgl. Apostelgeschichte 14,23) bzw. indem sie diesen wichtigen Dienst an andere delegierten (vgl. Titus 1,5).

Die Autorität der Apostel, in Gemeindeprozesse einzugreifen, zeigt sich in den Briefen des Neuen Testaments, die an Gemeinden gerichtet sind. Oft wurden diese Briefe in mehreren Gemeinden vorgelesen, wenn ihr Inhalt allgemein gültig war. Ein schönes Beispiel sind die Sendschreiben des Johannes an die sieben Gemeinden in Kleinasien, die den Anfang des Buches der Offenbarung bilden.

Da der Apostel zur Ausübung seines Amtes unbedingt Autorität benötigt, ist er normalerweise in Leitungsfunktionen zu finden. Das ist zugleich auch einer der Unterschiede zu den anderen Bausteinen des fünffältigen Dienstes, die ihren Auftrag auch ausführen können, wenn sie sich nicht in direkten Leitungspositionen befinden. Gerade weil der apostolische Dienst einen so hohen Einfluss in Gottes Reich hat, ist es für Apostel von entscheidender Bedeutung, sich immer wieder vor Augen zu führen, dass Leitung und Autorität in Gottes Reich mit Demut und Dienst zu tun haben. Jesus selbst sagte einmal dazu:

> *„Ihr wisst, dass die Herrscher ihre Völker niederhalten und die Mächtigen ihnen Gewalt antun. So soll es nicht sein unter euch; sondern wer unter euch groß sein will, der sei euer Diener; und wer unter euch der Erste sein will, der sei euer Knecht, so wie der Menschensohn nicht gekommen ist, dass er sich dienen lasse, sondern dass er diene und gebe sein Leben zu einer Erlösung für viele."*
>
> (Matthäus 20,25-28)

In Gottes Reich ist der Größte der Diener aller anderen. Paulus dachte diesen Gedanken konsequent zu Ende, als er zu folgender Schlussfolgerung kam:

> *„Denn ich denke, Gott hat uns Apostel als die Allergeringsten hingestellt, wie zum Tode Verurteilte. Denn wir sind ein Schauspiel geworden der Welt und den Engeln und den Menschen. Wir sind Narren um Christi willen, ihr aber seid klug in Christus; wir schwach, ihr aber stark; ihr herrlich, wir aber verachtet. Bis auf diese Stunde leiden wir Hunger und Durst und Blöße und werden geschlagen und haben keine feste Bleibe und mühen uns ab mit unsrer Hände Arbeit. Man schmäht uns, so segnen wir; man verfolgt uns, so dulden wir's; man verlästert uns, so reden wir freundlich. Wir sind geworden wie der Abschaum der Menschheit, jedermanns Kehricht, bis heute."* (1. Korinther 4,9-13)

Da Apostel eher Menschen mit Überblick sind, haben sie manchmal keinen guten Blick für die Detailfragen des Gemeindebaus. Apostel sind häufig sehr mobile Menschen, wie das Beispiel des Apostels Paulus zeigt. Als Gründertypen sind sie dauernd auf dem Sprung, etwas Neues anzufangen. Deshalb ist es gerade für Apostel wichtig, sich ihrer Ergänzungsbedürftigkeit bewusst zu werden, denn andere müssen ja auf dem Grund weiterbauen, den sie gelegt haben. Wenn das nicht geschieht, ist die Arbeit des Apostels umsonst und es kommt zu Frustrationen. Dass dies in der Zeit des Neuen Testaments nicht so war, zeigen die Beispiele, in denen Apostel mit den anderen Bereichen des fünffältigen Dienstes zusammengearbeitet haben:

- Apostel und Lehrer (vgl. 1. Korinther 3,6)
- Apostel und Evangelist (vgl. Apostelgeschichte 5,5-17)
- Apostel und Prophet (vgl. Apostelgeschichte 11,27-30)
- Apostel und Hirte (vgl. Apostelgeschichte 20,17-28)

Auf der anderen Seite müssen Apostel nicht immer in Gemeinden aktiv sein, die sie selbst gegründet haben, oder ständig neue Gemeinden gründen. Paulus hatte z.B. die Gemeinde in Rom nicht gegründet (vgl. Römer 1,8-13), trotzdem hat er den Römerbrief an sie gerichtet. Es hat ganze Phasen im Leben des Paulus gegeben, in denen er keine Gemeinden gegründet, sondern nur einige unterstützt hat (vgl. Apostelgeschichte 14,21-23; 15,35; 15,41-16,4; 18,22-23).

Aufgaben, in denen man Apostel oft antrifft:
- Gemeindeleiter einer großen, wachsenden und sendenden Gemeinde
- Gemeindegründer, Pioniermissionar
- Gründer christlicher Werke, die über einen Ort hinausgehen
- Gemeindeberater (Gemeinde-Coach)
- Gründer aller möglichen Dienste (nicht notwendigerweise Gemeinden)

Wer sich mit der Frage auseinandersetzen möchte, ob die Gabe des Apostels auch Frauen zugänglich ist, dem möchte ich das Buch von Stefan Vatter: „Finden, fördern, freisetzen", empfehlen. Auf den Seiten 43 bis 45 wird diese Frage sehr positiv bearbeitet und beantwortet.

Der Prophet begießt

Das Wort Prophet bedeutet, dass jemand für einen anderen spricht. Ein Prophet ist von der griechischen Wortbedeutung her ein Sprecher oder Verkündiger. Das griechische Wort gibt auch sehr genau wieder, was mit dem hebräischen „nabu" des Alten Testaments gemeint ist. Das griechische Wort wurde in der Antike nur im religiösen Sinne benutzt. Der Prophet ist demnach ein Sprecher Gottes. Und dieses Sprechen für Gott geschieht aufgrund von Inspiration, göttlicher Eingabe. Das bedeutet, der Geist des Propheten wird göttlich inspiriert: Gott spricht ihn an.

Paulus schreibt in 1. Korinther 14,32 ausdrücklich, dass die Geister der Propheten den Propheten selbst untertan sind.

Gott schaltet also den Propheten nicht ab und spricht durch ihn wie durch ein Medium. Ganz so, wie es aus esoterischen oder okkulten Praktiken bekannt ist. Nein, Gott spricht auf ganz verschiedene Weise zu seinen Propheten, und diese geben das Wort Gottes an einzelne Menschen oder die Gemeinde weiter. Daraus leitet sich auch die Verantwortung des Propheten für seine Botschaft ab, denn er gibt mit seinen eigenen Worten das wieder, was Gott ihm gegeben hat.

Weil Propheten auch nur Menschen sind, was übrigens für alle prophetisch begabten Menschen gilt, kann sich manches zwischen die Worte einschleichen, die Gott seinem Propheten gegeben hat, und dem, was dieser anschließend an die Menschen weitergibt, an die die Worte Gottes gerichtet sind. Das ist der schlichte Hintergrund dessen, warum prophetische Worte nach 1. Korinther 14,29 geprüft werden sollen. Wir müssen einfach sicher gehen, dass die prophetischen Worte eines Menschen wirklich von Gott sind und nicht nur die persönliche Meinung des Propheten oder prophetisch Begabten wiedergeben.

Dieser prophetische Dienst kann unabhängig von einem Leitungsamt ausgeübt werden. Es kann sein, dass auch Propheten von Gott das Charisma der Leitung anvertraut wurde, aber das ist nicht notwendig, um diesen Dienst auszuüben. Gerade bei Propheten ist die Gefahr groß, sie als direkte Stimme Gottes anzusehen und dann alles ungeprüft zu übernehmen, was sie sagen. Diese Gefahr ist umso mehr da gegeben, wo Propheten in der Leitung der Gemeinde sind. Im Neuen Testament sind einige Propheten erwähnt, die eindeutig nicht in der Leiterschaft standen, z.B.:

- Agabus (vgl. Apostelgeschichte 11,28; 21,10)
- Judas und Silas (vgl. Apostelgeschichte 15,31)

Propheten treten im Neuen Testament selten allein auf, sondern normalerweise zu mehreren (vgl. Apostelgeschichte 11,27; 13,1-2; 15,32) oder in Verbindung mit anderen Diensten (vgl. 1. Korinther 12,28; Epheser 4,11). Propheten reden nicht nur über die Zukunft, obwohl die Offenbarung des Johannes eindeutig zeigt, dass dies auch vorkommen kann. Sondern nach meiner Erkenntnis hat Gott das prophetische Wort hauptsächlich für folgende Zwecke gegeben. Es dient ...

- ... der Erbauung (vgl. 1. Korinther 14,3), also Stärkung des Glaubens: Nathanael fing an zu glauben, weil Jesus eine Prophetie über ihn hatte (vgl. Lukas 1,48);
- ... der Ermahnung (vgl. 1. Korinther 14,3): Prophetie kann geheime Sünde und falsche Motivationen aufzeigen;
- ... dem Trost (vgl. 1. Korinther 14,3): in der Seelsorge ist Prophetie ein wichtiges Instrument, wenn es darum geht, einem Menschen den Trost Gottes zu vermitteln;
- ... der göttlichen Wegweisung.

<u>Aufgaben, in denen man Propheten oft antrifft:</u>
- Prediger
- Fürbitter
- Seelsorger
- Gemeinde-/Hauskreisleiter

<u>Der Evangelist sät</u>

Evangelisten werden im Neuen Testament nur selten namentlich erwähnt. Das Wort leitet sich her von Evangelium, der guten Nachricht. Vom Wort her ist ein Evangelist also jemand, der die gute Nachricht verkündigt, oder dem sie auf jeden Fall besonders wichtig ist.

Apostelgeschichte 21,8 stellt uns einen Mann namens Philippus vor, der ein Evangelist war. Die Apostelgeschichte identifiziert ihn als „einen der sieben", also als einen der Männer „von gutem Zeugnis, voll Heiligem Geist und Weisheit" (vgl. Apostelgeschichte 6,3), die von den Aposteln als Diakone der Urgemeinde zur Versorgung der griechischen Witwen eingesetzt wurden.

Das zeigt uns, dass Evangelisten nicht unbedingt in der Gemeindeleitung sein müssen, um ihren Dienst auszuüben. Paulus spricht nicht ausschließlich von Leitern, wenn es um den fünffältigen Dienst geht. Natürlich gibt es Evangelisten, die gute Leiter sind, aber allein die Berufung zum Evangelisten macht jemanden noch lange nicht zum Leiter. Das muss gesagt werden, weil Evangelisten wegen der Bekehrungen und der Zeichen und Wunder, die in ihrem Umfeld geschehen, oft in Leitungspositionen hineingedrängt werden, die sie gar nicht unbedingt ausfüllen sollten. Evangelisten sind oft eher Diakone, denen in manchen Fällen der Überblick eines Ältesten über die Gemeinde fehlt.

Der Evangelist führt Menschen zum Glauben, das ist seine Grundaufgabe. Auf der anderen Seite hat Gott aber gerade die Evangelisten dazu berufen, die Gemeinde zur tätigen Evangelisation zu führen und nicht, „den ganzen Spaß allein zu haben". Und das umso mehr, weil Gemeinden gerne dazu neigen, sich auf ihre Evangelisten zu verlassen, die sich ja fürsorglich um die Heiden kümmern.

Aber nicht allein der Evangelist soll den Menschen die frohe Botschaft überbringen, sondern das soll jeder Christ tun. Der Missionsbefehl richtet sich nicht an die paar Evangelisten, die hoffentlich jede Gemeinde hat, sondern an jeden Christen. Darum ist es auch eine der Aufgaben eines Evangelisten, durch sein Zeugnis und auf jedem anderen Weg die Leidenschaft Jesu für die Verlorenen in der Gemeinde wach zu halten (vgl. Epheser 4,11-14).

Weil es für den Evangelisten nichts Wichtigeres gibt, als die gute Nachricht, ist sein Dienst nicht unbedingt auf geistliche Vertiefung ausgerichtet. Er bringt die Menschen zum Kreuz, aber selten weiter. Hier zeigt sich besonders, wie ergänzungsbedürftig Evangelisten sind, gerade durch den Dienst des Hirten und des Lehrers. Gemeinden, die stark von Evangelisten geprägt werden, sind oft Gemeinden mit vielen Bekehrungen, aber hoher Fluktuation. Dadurch, dass die Neubekehrten nicht richtig in die Jüngerschaft geführt werden, verlassen manche Menschen die Gemeinde auch schnell wieder.

<u>Aufgaben, in denen man Evangelisten oft antrifft:</u>
- Pastor einer jungen, vermutlich auch wachsenden Gemeinde
- Missionar
- Leiter von Straßeneinsätzen
- Jugendgruppenleiter

Der Hirte pflegt

Der Hirtendienst wurde später unter der Berufsbezeichnung Pastor bekannt. Das Wort Pastor leitet sich von dem lateinischen Wort für Hirte ab, allerdings sind die Pastoren heute normalerweise Menschen mit der Gabenkombination Hirte-Lehrer-Leitung. Der Hirte nimmt im fünffältigen Dienst die Rolle des integrativen Leiters wahr: Schafhirten sorgen bei ihren Schafen dafür, dass die Herde zusammenbleibt, und dass sie gesund da ankommt, wo sie hin soll.

So hat der Hirte/Pastor im geistlichen Bereich die Aufgabe, die Gemeinde zusammen zu halten, zu schützen und zu leiten. Keine einfache Aufgabe, wenn man sich vor Augen hält, dass jeder Mensch einen anderen Hintergrund, einen anderen geistlichen Stand und unterschiedliche Neigungen hat. Ohne einen integrativen Leiter in der Mitte der Herde wird es nicht funktionieren, als Gesamtgemeinde dort anzukommen, wo Gott sie haben will.

Bereits sehr früh in der Antike kam eine Diskussion über das Amt des Hirten auf. In Platons Abhandlung über den „Staat" gibt es einen Dialog zwischen dem Philosophen Sokrates und dem Sophisten Trasymachos, in dem dieser die Ansicht vertritt, dass der Hirte nur aus kommerziellen Gründen an seiner Herde hängt. Gegen eine solche Auffassung des Hirtendienstes wendet sich der Apostel Petrus in seinem ersten Brief:

> „Weidet die Herde Gottes, die euch anbefohlen ist; achtet auf sie, nicht gezwungen, sondern freiwillig, wie es Gott gefällt; nicht um schändlichen Gewinns willen, sondern von Herzensgrund; nicht als Herren über die Gemeinde, sondern als Vorbilder der Herde." (1. Petrus 5,2-3)

Auch wenn es nur beim Hirten so ausdrücklich erwähnt wird, gilt es natürlich für jeden Teil des fünffältigen Dienstes: Es geht nicht um Geld oder Ansehen, sondern um einen Auftrag und eine Berufung Gottes. Natürlich kann der fünffältige Dienst mit einer Menge Prestige einhergehen, aber es ist absolut falsch, der Gemeinde nur mit diesem Ziel zu dienen.

Zwischen dem Amt des Hirten und dem des Lehrers scheint im fünffältigen Dienst eine besonders enge Beziehung zu bestehen, was darauf schließen lässt, dass Lehre ein wichtiges Mittel des Hirtendienstes ist. Über das Amt des Hirten an sich ist kein Material im Neuen Testament zu finden. Aber es gibt eine Fülle an Bibelstellen, die sich mit der Aufgabe von Hirten allgemein oder mit Jesus als Hirten speziell beschäftigen; z.B.: Johannes 10; Apostelgeschichte 20, 28-31; 1. Petrus 5,1-5; usw.

Man kann deshalb auch davon ausgehen, dass sich das Hirtenamt direkt von Jesus ableitet. Jesus selbst ist der „Oberhirte" (Schlachter-Bibel) oder der „Erzhirte" (Luther-Bibel). Nicht nur die Apostel haben Jesus als Hirten bezeichnet; er hat sich selbst auch so genannt (vgl. Johannes 10). Im Alten Testament (vgl. Hesekiel 34,1-10) wird auch Gott mit einem Hirten verglichen. Ein Vorbild, dem es nachzueifern gilt!

Der Hirte ...

- ... führt und leitet die Herde dahin, wo Gott sie haben will. Viele Ausleger sind der Ansicht, dass der Hirte somit gleichzusetzen ist mit den Ältesten;
- ... schützt die Herde. In Psalm 23 hat der Hirte einen Stab, mit dem er die Schafe leitet, aber er hat auch einen Stecken, einen Knüppel, mit dem er wilde Tiere von der Herde fernhält (vgl. 1. Samuel 17,34-36);
- ... tröstet die Herde und dient ihr damit seelsorgerlich;
- ... hält die Schafe zusammen und sucht diejenigen auf, die sich von der Herde (der Gemeinde) entfernen (vgl. Lukas 15,1-7);
- ... liebt die Schafe so sehr, dass er bereit ist, sein Leben für sie zu geben (vgl. Johannes 10,11). Anders als Apostel und Propheten sind Pastoren oft sehr ortsgebunden, sie verbringen ihr Leben bei einer Herde;
- ... versorgt die Herde eines anderen. So wie David die Herde seines Vaters versorgte (vgl. 1. Samuel), versorgen die heutigen Hirten die Gemeinde Jesu.

<u>Aufgaben, in denen man Hirten oft antrifft:</u>
- Geistliche Mütter und Väter
- Leiter von Lebens-Gemeinschaften (möglicherweise auch therapeutischer Art)
- Seelsorger

- Väterliche Leiter kleiner Gemeinden
- Kindergärtnerinnen
- Pastoren, Pfarrer

<u>Der Lehrer formt</u>

Der Lehrer bringt anderen etwas bei. Das Wort wird im Neuen Testament nicht weiter erklärt, was daran liegt, dass es ein altes Wort ist, das man einfach aus dem jüdischen Hintergrund heraus übernommen hatte. Als seine Eltern den zwölfjährigen Jesus in Jerusalem verloren hatten, saß er im Tempel „mitten unter den Lehrern, hörte zu und stellte Fragen" (vgl. Lukas 2,46). Diese Lehrer waren die jüdischen Rabbis, die das Gesetz Gottes kannten, befolgten und andere darin unterwiesen. In den Rabbis klingt auch schon die häufig auftauchende Gabenkombination von Hirte und Lehrer an, denn sie waren beides, Seelsorger und Prediger.

Zu Zeiten des Apostel Paulus hatten Lehrer in erster Linie zwei wichtige Funktionen: das Wort zu kennen und es zu lehren. Wir dürfen nicht vergessen, dass der Buchdruck erst anderthalb Jahrtausende später erfunden wurde. Bücher wurden von Hand abgeschrieben und waren daher außerordentlich teuer. Der Bibelausleger William Barclay schätzt den Wert eines solchen Buches im Umfang des Neuen Testaments auf umgerechnet ca. 250 Euro.

Dem Lehrer im Neuen Testament kam die wichtige Aufgabe zu, Wissen über Jesus zu speichern. Er war selbst ein wandelndes Buch. Seine zweite wichtige Aufgabe war es, das Wissen, das er gespeichert hatte, den Menschen in der Gemeinde lebendig zu machen. Das verstehen wir unter Lehren. Die Menschen, die im ersten Jahrhundert zum Glauben kamen, wussten rein gar nichts über den christlichen Glauben. Möglicherweise hatten sie zwar eine Begegnung mit Jesus gehabt und hatten ihn im Herzen, aber sie waren noch ganz in ihrem alten Denken verstrickt.

Die Gemeinden entstanden in einer völligen Pioniersituation, und die Menschen brauchten Lehre über das Leben mit Jesus. Der Lehrer ist also für den Teil des Missionsbefehls zuständig, in dem es heißt: *„...lehrt sie alles zu halten, was ich euch befohlen habe"* (Matthäus 28,20).

Der Lehrer war und ist ein Mensch, in dem das Wort lebendig ist und der es in anderen lebendig macht. Ein Beispiel für einen Lehrer im Neuen Testament ist Apollos. In Apostelgeschichte 18,23-28 begegnen wir ihm zum ersten Mal, und zwar in Ephesus. Apollos war ein *„beredter Mann"* und zudem *„mächtig in den Schriften"*. Das heißt, er hatte eine natürliche Begabung zu reden. Er gehörte zu diesen Menschen, denen man einfach zuhören muss. Zudem kannte er sich im Alten Testament gut aus. Er wusste nicht nur, wie man etwas sagen muss, sondern auch, was er sagen sollte.

Aber er hatte ein Problem: Vom jüdischen Hintergrund kommend, *„kannte er nur die Taufe des Johannes"*. Er hatte zwar das Evangelium der Buße verstanden, aber ihm fehlte noch die Taufe in Heiligem Geist. Bei einer seiner Predigten hörte ihn ein frommes Ehepaar, Prisca und Aquila. Ihnen fiel der Mangel sofort auf, und sie nahmen Apollos bei sich zu Hause auf, um ihm den *„Weg Gottes noch genauer auszulegen"*. Erst nach dieser Unterweisung wurde der Dienst des Apollos richtig effektiv, und er „widerlegte die Juden kräftig und erwies öffentlich durch die Schrift, dass Jesus der Christus ist" (vgl. Apostelgeschichte 18,28).

Der Dienst des heutigen Lehrers unterscheidet sich wenig vom Dienst des Lehrers zur Zeit der Apostel. Zwar gibt es mittlerweile sehr gute Bibeln zu einem günstigen Preis, aber der Lehrer ist noch immer ein Speicher von Bibelwissen. Mehr als die meisten Christen werden Lehrer von einer Liebe zu Gottes Wort angetrieben und sehnen sich danach, Gott in der Bibel zu erkennen. Ihre eine Leidenschaft gilt der Bibel und ihrem Studium und ihre andere der Gemeinde und den Christen. Sie wollen lehren, weil es ihnen ein Anliegen ist, dass Christen das Richtige glauben. Lehrer möchten anderen etwas über Jesus, die Gemeinde und das Leben als Christ beibringen. Ihr Dienst macht anderen die Bibel lebendig.

<u>Aufgaben, in denen man Lehrer oft antrifft:</u>
- Prediger
- Mentoren
- Schriftsteller
- Bibelschullehrer
- Hauskreisleiter mit Schwerpunkt Lehre

Zusammenfassung

	Apostel	Prophet	Evangelist	Hirte	Lehrer
Sie mögen	Länder Völker Städte Gebiete	Die Stimme und die Nähe Gottes	Nicht-Christen	Einzelne Menschen Gruppen Gemeinden	Das geschriebene Wort Gottes
Sie sollen	Gehen, Sendung erfüllen pflanzen	Das Gehörte weitersagen	Nicht-Christen erreichen	Treu sein im „Weiden"/ Betreuen	Das Wort hegen, pflegen und vermitteln
Sie schauen	Auf den Befehl und die Strategie Gottes	In das Herz Gottes und der Menschen	In die verlorene Welt	Auf Gesichter und in Herzen	In das Wort Gottes
Sie wirken	Bewegung Ausbreitung Multiplikation	Betroffene Herzen Umkehr Motivation	Neue Menschen Neue Frische zahlenmäßiges Wachstum	Heilung Geborgenheit Offenheit Schutz	Stabilität Reife Ausrüstung

Richtig gut illustriert werden die besonderen Merkmale und Unterschiede in dem Buch „Kultur der Ehre" von Danny Silk. Er verwendet dazu eine Szenerie, die man jeden Tag in den Nachrichten verfolgen kann. Vielleicht war der eine oder andere von Ihnen auch schon einmal in der Situation, dass er zu einem Autounfall dazugekommen ist.

Ich zitiere aus seinem Buch[76]:

„**Der Pastor** springt als erster aus dem Auto. Er klettert herum, peilt die Lage, und beginnt gezielt mit Erste-Hilfe-Maßnahmen an Verletzten. Er sammelt Decken, Jacken, Wasser und alles Mögliche andere ein, um zu helfen und zu versorgen. Er behält den Überblick, kümmert sich um die allgemeine Sicherheit aller Anwesenden, der Verletzten, sowie der Zuschauer, die durch den Unfall angelockt werden. Er spricht mit jedem Einzelnen, fragt nach Namen und Familienstand, und ob es Kinder gibt. Er sammelt alle nützlichen Informationen, um das Notfallteam so schnell und effektiv wie möglich einzuweisen. Seine Anwesenheit bringt Ruhe in die Situation, die Leute fühlen sich gut aufgehoben und besonders mit

---

[76] Silk: Ehre, S. 56-58.

ihm verbunden. Er fragt sich ernsthaft, ob er hätte Arzt werden sollen.

Der Lehrer taucht als nächster auf. Er analysiert die Lage, um die Ursache für den Unfall zu ergründen. Er stellt sich ein wenig abseits, untersucht die Bremsspuren, schätzt die Abstände der Fahrzeuge und ihre Geschwindigkeit vor dem Aufprall ab. Aus seinem reichen Wissensschatz der Straßenverkehrsregeln und des Autofahrer-Handbuchs kann er eine fundierte Theorie über den Verursacher des Unfalls herleiten. Sein Fazit ist, dass Autofahrer im ganzen Land mehr Schulung benötigen und von Pflichtunterricht sowie kontinuierlicher Weiterbildung sehr profitieren würden.

Nun erscheint **_der Evangelist_** am Ort des Geschehens. Er fragt jeden, der dank des Pastors schon in Sicherheit gebracht wurde: »Wenn du heute an deinen Verletzungen sterben müsstest, wüsstest du, wohin du gehst? In den Himmel oder die Hölle?« Danach bemerkt er die große Menge an Zuschauern und Schaulustigen in ihren Autos. Er stellt ihnen die gleiche Frage: »Es gibt keine Garantie dafür, dass ihr heute sicher nach Hause kommt. Wisst ihr, wohin ihr dann geht?«

Die Menschen geben ihr Herz dem Herrn, sofort an Ort und Stelle, dort am Straßenrand. Dann erklärt er all den frischen Gläubigen, dass das größte Geschenk, was man jemandem machen kann, das Geschenk der Errettung ist. Er bringt ihnen bei, wie man andere zu Jesus führt, betet mit allen gemeinsam um die Erfüllung mit dem Heiligen Geist. Später sagt er: »Das war super!« und beschließt, sich auf dem Rückweg in die Stadt einen Polizeifunk-Empfänger zuzulegen.

Der Prophet wusste schon Bescheid, denn er hatte die Nacht davor von dem Unfall geträumt. Da in seinem Traum alle den Unfall überlebt hatten, widersteht er dem Geist des Todes und spricht voller Glauben und Salbung aus, dass alle leben und niemand sterben wird. Er verkündet, dass Engel um die Unfallstelle herum aufgestellt sind, und betet für geöffnete Augen der Herzen, damit alle diese geistliche Realität wahrnehmen können.

Dann geht er einfach herum, und spricht über den einzelnen Leuten die Bestimmung für ihr Leben aus. Weiterhin setzt er einen Geist der Offenbarung über der ganzen Gruppe frei. Schließlich findet er durch Herumfragen heraus, wer der Leiter der Gruppe ist. Wenn er ihn gefunden hat, stellt er fest, ob derjenige wirklich von Gott dazu berufen ist. Oder falls sich keine solche Person finden lässt, bestimmt er einen Leiter.

Der Apostel betet für die Verletzten. Er lädt das übernatürliche Wirken der Heilung Gottes an den Unfallort ein. Er berichtet, wie er selbst Gottes Kraft und Sein Eingreifen bei anderen Autounfällen schon erlebt hat. Der Glaubenspegel bei den Menschen beginnt zu steigen. Er fragt herum, ob jemand Wärme in den Händen verspürt. Diejenigen, die dann die Hände heben, lässt er für andere um Heilung beten. Er demonstriert allen Anwesenden, dass das Reich Gottes ganz nahe ist. Später eröffnet er eine Schule für Menschen, die Zeugen von Autounfällen werden und sendet sie in alle Welt, um Zeichen und Wunder zu tun."

Dieses Szenario zeigt nicht nur, wie die Gaben in einer Situation wirken können, sondern dass es bei jeder dieser Gaben auch um eine innere Haltung geht. Die jeweilige Gabe entscheidet darüber, wie jemand die Umstände wahrnimmt, und daraus resultiert ein unterschiedlicher Lösungsansatz für ein und dieselbe Situation. Dabei zeigt sich auch, dass keine Gabe wichtiger oder richtiger ist, sondern dass sie sich gegenseitig ergänzen, weil sie ergänzungsbedürftig sind. Das macht uns auch demütig! Vielleicht hat Gott es ja deshalb so eingerichtet.

Der fünffältige Dienst in der Praxis

In der Praxis und der Literatur wird der fünffältige Dienst sehr unterschiedlich gesehen, vor allem was die geographische bzw. strukturelle Zuordnung betrifft. Mir ist an dieser Stelle sehr wichtig, dass wir dem Geist Gottes die völlige Freiheit lassen, ob die einzelnen GABEN oder BAUSTEINE nun international, national, regional oder lokal angesiedelt sind. Eine interessante Sicht dazu fand ich in einem Buch von Gerti Strauch, wo sie darauf eingeht, dass Reich Gottes mehr ist, als nur die Gemeinde:

„Auf Gott hören, beiseitetreten und den Heiligen Geist machen lassen. Und wach und bereit sein zu gehorchen. Dasselbe Prinzip gilt für alles, was die Gemeinde betrifft. Es geht ums Loslassen und darum, dem Heiligen Geist in anderen und in der Gemeinde alles zuzutrauen [...] Wir werden die Leute in der Gemeinde ermutigen, ihre Lebensaufgabe selbst zu finden. Wir geben ihnen die Erlaubnis, ihre Berufung auch außerhalb des Gemeindeprogramms in ihrem privaten oder beruflichen Umfeld zu leben und ihre eigenen Ideen zu verwirklichen [...] Es geht im Reich Gottes eben nicht allein um Gemeinden, nicht nur um uns Fromme, sondern um die ganze Welt, die Gott liebt.

Nicht nur den Gemeinden will Gott einen Pastor geben, sondern auch der Polizei, dem Gesundheitswesen und der Stadt. Ein Abteilungsleiter zum Beispiel ist der Pastor, der Hirte seiner Leute, auch wenn sie keine Christen sind. Prophetisch Begabte sollen nicht nur in der Gemeinde reden, sondern ebenso in allen gesellschaftlichen Bereichen wie etwa in der Finanzwelt. Dort sollen sie Gottes Willen erkennen und aussprechen. Gott sendet seine Leute in die Aufsichtsräte und als Abgeordnete in die Parlamente, zu den Firmenchefs und Belegschaftsvertretern, damit sein Wille geschieht.

Evangelisten sollen nicht nur in Gemeinde- und Groß-Veranstaltungen Menschen zu Jesus führen, sondern auch in den Stadtwerken und Büros, den Einkaufszentren und dem Theater. Es soll nicht nur Apostel geben, die unsere christlichen Gemeinde-Bünde und Denominationen leiten, sondern zum Beispiel auch Apostel für unsere Städte, für Geschäftsleute und Unis. Sie haben den Auftrag, Fundamente für das Reich Gottes in der Stadt, in die Geschäftswelt und bei der zukünftigen gesellschaftlichen Elite zu legen.

Gott beauftragt nicht nur Lehrer für unsere Bibelstunden, sondern auch Menschen mit einer Lehrbegabung, um jeden Bereich in der Gesellschaft mit Gottes Wort zu durchtränken. Sie sollen die Prinzipien des Gottesreichs erklären. Sie sollen die grundlegenden Wahrheiten der Bibel in ihrem Alltag, in den Fortbildungen für Manager und in wissenschaftlichen Diskursen lehren. Gott hat so viel mehr für seine Leute. Es geht ihm um sein Reich! Weil wir das verstehen in unserer Nachfolge, treten wir zurück mit unseren eigenen Ideen und lassen den Heiligen Geist seine Pläne ausführen."[77]

Wenn Sie dies auf die Gemeinde anwenden, kann es schon sein, dass ein Hirte eher vor Ort angesiedelt ist als ein Apostel. Dennoch könnte ich mir auch den Hirten überregional und den Apostel vor Ort

---

[77] Strauch: Gemeindekarussell, S. 171f.

vorstellen. Es gibt unzählig viele Möglichkeiten, diese Gaben einzusetzen. Gerade deshalb scheint es mir sehr wichtig, dass die Person, die von Gott zu einem Dienst berufen ist, sich genau dort einsetzen lässt, wo Gott es will. Dann wird es richtig und die Gemeinde (regional oder auch überregional) wird davon profitieren.

Ebenso verhält es sich mit der Frage, ob die Bausteine des fünffältigen Dienstes grundsätzlich in der Gemeindeleitung positioniert sind oder nicht. Ich denke, dass die Gemeindeleitung (Älteste) vor allem aus Menschen zusammengesetzt sein muss, die von Gott in die Leitung einer Gemeinde gerufen sind, ganz egal, ob sie eine der Gaben des fünffältigen Dienstes haben oder nicht, wobei der Apostel dabei eine Sonderstellung einnimmt. Ihn sehe ich auf jeden Fall in der Gemeindeleitung bzw. zumindest in der engen Zusammenarbeit mit der Gemeindeleitung, wenn er überregional tätig ist.

Ansonsten gilt das eben Gesagte. Wenn die Leiter der Gemeinde dann noch z.B. prophetisch, evangelistisch oder lehrhaft begabt sind, ist das sicher ein großer Gewinn für das Leitungsteam und die Gemeinde. Ich finde es in Sachen Gemeindeleitung bemerkenswert, dass Paulus den Leitern (Ältesten) der Gemeinde, im Gegensatz zu den Diakonen, als Voraussetzung zum Dienst dieses „geschickt zum Lehren" ins Stammbuch geschrieben hat (vgl. 1. Timotheus 3,1ff.; Titus 1,5ff.). Allerdings kann dieses „geschickt zum Lehren" auch im Sinne von „anleiten" verstanden werden, z.B. zur Jüngerschaft anleiten (Mentor/geistl. Vater/Mutter), oder auch im Sinne von „belehrbar sein".

Generell könnte ich mir auch vorstellen, dass der fünffältige Dienst eher „flankierend" zur Gemeindeleitung arbeitet. Das würde allerdings voraussetzen, dass die Gemeindeleitung demütig genug ist anzuerkennen, dass diese Menschen von Gott für bestimmte Situationen Informationen erhalten oder zu etwas aufgefordert werden, was die Ältesten selbst von Gott nicht zu hören bekamen (vgl. 1. Korinther 14,26).

Für eine Gemeinde vor Ort wäre auch Folgendes denkbar: Man könnte die Bereiche einer Gemeinde anhand der fünf großen Aufträge des Neuen Testaments für die Gemeinde strukturieren (siehe Bild auf der nächsten Seite). Das heißt, man hätte die großen Bereiche Gemeinschaft, Nachfolge, Anbetung, Dienst und Evangelisation, in die man die einzelnen Gruppen, Zell- und Dienstgruppen, Dienste und Kreise einordnen würde. Nebenbei bemerkt habe ich dies in Gemeinden schon mit eingeführt, für die ich z.B. als Pastor oder ehrenamtlicher Gemeindeleiter verantwortlich war. Das war sehr hilfreich, sowohl für die Leitung einer Gemeinde, als auch für deren Mitglieder.

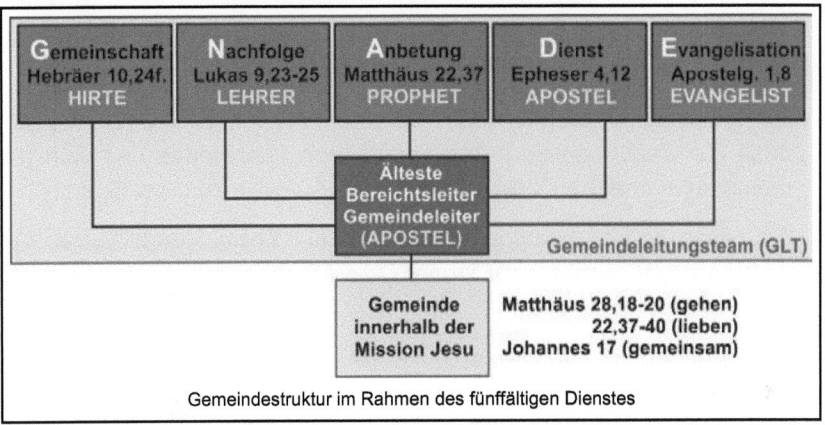

Gemeindestruktur im Rahmen des fünffältigen Dienstes

In solch einer Struktur können z.B. die Träger der Gaben des fünffältigen Dienstes Verantwortung für diese einzelnen Bereiche übernehmen und damit eine solide Grundlage für die Gemeinde bilden. In der Praxis kann dies bedeuten, dass sie z.B. als Bereichsleiter für die fünf Bereiche fungieren, in die man wieder einzelne Bereiche eingliedern könnte, usw. Auf diese Weise kann eine Gemeinde, gestützt auf den fünffältigen Dienst, nahezu unbegrenzt wachsen, qualitativ und quantitativ.

Und wenn es um Prozesse geistlichen Wachstums und um die Jüngerschaft von Christen geht, die von Seiten einer Gemeinde unterstützt werden müssen, kann sich eine weitere Möglichkeit für den Einsatz der fünf Bausteine des fünffältigen Dienstes ergeben. Dies führe ich jetzt hier nicht aus, da ich bereits im Abschnitt „Gemeindearbeit mit Struktur" darauf eingegangen bin.

Ich denke, dass dieser Exkurs auf jeden Fall gezeigt hat, wie wichtig Apostel, Propheten, Lehrer, Evangelisten und Hirten nicht nur zu Zeiten des Neuen Testaments waren, sondern dass uns Gott diese Gaben nicht umsonst gegeben hat. Sie dürfen deshalb nicht einfach über sie hinweg gehen, sondern sollten immer dafür offen sein, sie in die Gemeindearbeit einzubinden, damit Sie, gelenkt von Gott, Ihre Gemeinde- und Veränderungsprozesse zum Ziel bringen können.

Leitung im Team

Ein Team leiten bedeutet das Team in Richtung Ziel zu inspirieren, zu fördern und zu begleiten. Dabei erfordern unterschiedliche Teamzusammenstellungen eine unterschiedliche Art von Leitung:

1. Ein leistungsstarkes Team muss durch sinnvolle Herausforderungen und anspruchsvolle Tätigkeiten motiviert und geführt werden.
2. Ein leistungsschwaches Team ist vom Teamleiter so anzuspornen, dass die Teammitglieder ihre Schwächen überwinden und sich gemeinsam aufmachen, ihre vorgegebene Aufgabe zu bewältigen.
3. Ein Team mit Leistungsreserven muss Entwicklungsräume bekommen, um angespornt zu sein, die eigenen Potenziale auch einsetzen zu wollen.
4. Ein unruhiges Team muss durch Regeln strukturiert und nach vorne entwickelt werden.
5. Ein problembeladenes Team soll ermutigt werden seine Schwierigkeiten zu überwinden, indem es in seiner Not gehört, aber auch durch neue Perspektiven herausgeführt wird.

Diese unterschiedlichen Situationen und Herausforderungen benötigen eine unterschiedliche Art und Weise der Teamführung. In Krisensituationen werden z.B. Leiter mit Überblick und der Fähigkeit benötigt, klar und deutlich zu kommunizieren. Befindet sich das Team in ruhigem Fahrwasser, sind inspirative Gedanken und die Fähigkeit, diese umsetzen zu können, umso wichtiger.

In einem Team mit vielen Personen, die einen Führungsanspruch erheben, kann ein moderater Leiter von zentraler Bedeutung sein. In Zeiten großer gesellschaftlicher und ethischer Herausforderungen ist ein lehrbegabter Leiter nötig. Sie sehen, dass verschiedene Teamzusammenstellungen und Herausforderungen unterschiedliche Führungsstile erfordern. Das gilt besonders dann, wenn Sie sich die Phasen einer Team-Entwicklung näher anschauen.

Ganz gleich, ob diese Phasen von den Team-Mitgliedern bewusst wahrgenommen werden oder nur unbewusst ablaufen, sie sind vorhanden. Im Großen und Ganzen werden dabei vier Phasen unterschieden:

1. Phase: Das Forming
Formierung des Teams (Orientierungsphase)

Jedes Team beginnt mit der Abklärung der Aufgaben, Rahmenbedingungen und einer Orientierung an formalen Standards. Es geht um Kennenlernen der Aufgaben und der anderen in der Gruppe. Natürlich stellt man zu Beginn schon Unterschiede unter den Teammitgliedern fest, aber die werden nur selten gleich zu Beginn ausgetragen.

2. Phase: Das Storming
Sturm- und Drang-Phase der Teamentwicklung (Konfliktphase)

In dieser Phase treten die ersten Schwierigkeiten innerhalb des Teams auf. Es entstehen erste Konflikte, auch aufgrund der meist noch nicht festgelegten Rollen (Wer ist für was zuständig? Wer hat welche Verantwortung? etc.). Gegensätzliche Interessen und Meinungen kommen zu Tage, und es kommt nicht selten auch zu Widerständen gegen die Aufgabenbeschreibung des Teams.

In dieser Phase ist noch nichts festgelegt und vieles im Team noch nicht klar. Die Leistung des Teams sinkt in dieser Zeit meist unter die Summe der möglichen Einzelbeiträge. Wenn es schlecht läuft, treten starke Positionskämpfe auf und es bilden sich Untergruppen im Team. Alles in allem eine heikle Phase.

3. Phase: Das Norming
Phase der Verständigung und Festlegung von gültigen Normen für das Team (Organisationsphase)

Es leuchtet ein, dass die Storming-Phase ein Bedürfnis nach Klärung und Regeln weckt, dem das Team nun begegnen muss:

- ➢ Grundfragen werden geklärt, damit es nicht immer wieder Grundsatzdiskussionen gibt.
- ➢ Die Rollen im Team werden geklärt und festgelegt.
- ➢ Die Vorgehensweise im Blick auf die Aufgabe wird geklärt und für alle normiert.
- ➢ Der Umgang und die Kommunikation miteinander werden festgelegt (Spielregeln!).

Alles in allem werden kooperative Maßnahmen gesucht, durch die das Team die gemeinsame Aufgabe und die gemeinsamen Ziele erreichen kann.

4. Phase: Das Performing
Phase des effektiven Arbeitens (Integrationsphase)

Weil sich mit der Zeit das Team bzw. dessen Mitglieder immer besser verstehen, entsteht Kreativität und Produktivität. Jetzt kommt der Ideenreichtum zum Tragen und die Synergieeffekte lassen das Team zu Leistungen fähig werden, die mehr sind, als die Summe der Teammitglieder leisten könnte. Was sie anpacken geschieht flexibel, selbstorganisiert, in Verantwortung füreinander und für das Ergebnis. Der Gruppenprozess entwickelt sich selbstverständlich weiter, bis sich etwas innerhalb des Teams wieder verändert.

Sobald sich die Aufgabe oder die Ziele wesentlich verändern, oder wenn z.B. ein neues Teammitglied dazu kommt; einfach immer dann, wenn sich entscheidende Faktoren verändern, beginnt der Prozess praktisch von vorne. Deshalb sind diese Teamphasen auch nicht linear zu sehen, sondern eher als Kreislauf. Alles in allem kann man sagen: Teamarbeit kann gewünscht werden, aber man kann sie nicht erzwingen.

Darum sollten Sie auch bei der Zusammensetzung von Teams darauf achten, dass Sie diese nicht unbedingt dominieren, sondern dass Sie - so weit möglich - den Leitern eines Teams die Zusammenstellung selbst überlassen. Das trägt dazu bei, dass die Phasen der Teamentwicklung nicht so heftig verlaufen. Henry Ford sagte einmal über Teamwork: „Zusammenkommen ist der Beginn. Zusammenbleiben ist Fortschritt. Zusammenarbeiten ist Erfolg".

Kriterien der Reife eines Teams

Wenn Sie wissen möchten, wo das eigene Team in der Zusammenarbeit steht, oder falls nötig, ein anderes Team einschätzen müssen, können Ihnen folgende Kriterien dabei eine Hilfe sein:

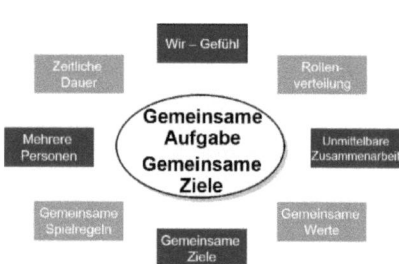

Zum Beispiel das Kriterium der Rollenverteilung: Sind die Rollen geklärt und auch eingenommen? Da diese von Team zu Team verschieden sind, kann hierzu nur Allgemeines gesagt werden. Sie werden aber feststellen können, dass ein Team besser zusammenarbeitet, wenn es sich auf gemeinsame Werte und Normen festgelegt hat.

Die Ziele des Teams können Sie entweder abfragen oder sie sind in der Aufgabenbeschreibung des Teams schriftlich niedergelegt. Wichtig für die Reife eines Teams ist auch die Frage, ob es gemeinsame Spielregeln zum Miteinander und zur Kommunikation gibt und ob und wie diese eingehalten werden.

Die Frage der zeitlichen Dauer, die ein Team schon zusammenarbeitet, kann auch ein Kriterium für die Reife eines Teams sein. Das ist wie bei Eheleuten: Wer sich auch bei der goldenen Hochzeit noch immer liebt und versteht, dem kann eine reife Beziehung bescheinigt werden. Am Tag der Hochzeit ist meist noch alles im grünen Bereich, obwohl es auch da schon richtig hoch hergehen kann. Hält die Beziehung aber sehr lange, müssen sich gute Dinge auf der Ebene von Kommunikation und Konfliktbewältigung abgespielt haben. Das ist ein untrügliches Zeichen für eine reife Beziehung, was Sie auch auf die Beziehungen in einem Team übertragen können.

Und schließlich ist auch das WIR-Gefühl ein Zeichen für die Reife eines Teams: Wenn Menschen nicht mehr rivalisieren, sondern wirklich gemeinsam hinter einer Sache stehen, ist das ein weiteres, untrügliches Zeichen für große Reife, nicht nur des Teams, sondern vor allem der einzelnen Glieder.

Delegieren
Umgeben wird dies alles von einem Instrument, das vielerorts unterschätzt oder sogar völlig missachtet wird, dem Delegieren. Cyril Northcote Parkinson (1909-93), britischer Historiker und Publizist, sagte einmal: „Das grundlegende Geheimnis der Kunst des Managens besteht im Delegieren".

Richtiges Delegieren heißt: richtig informieren, kommunizieren und kontrollieren. Und das hat für mich auch sehr stark mit Reife zu tun. Und auch mit den Motiven, die ich weiter oben in Bezug auf die Gründung von Teams erwähnt habe.

Es kann und darf nicht nur darum gehen - auch und vor allem innerhalb eines Teams - dass Aufgaben nur deshalb delegiert werden, weil man sie selbst nicht erledigen möchte, oder weil es einfach zu viel Arbeit ist. Sondern, wenn Sie an die Motive nach oben, innen und außen denken, kann es auch bei Delegation nur darum gehen, einander zu dienen, um eine gemeinsame Aufgabe, zu Gottes Ehre, zum vorgegebenen Ziel zu bringen.

Um dies in guter Weise umsetzen zu können müssen ein paar Voraussetzungen erfüllt sein, bevor Aufgaben in einem Team oder überhaupt delegiert werden:

1.) Ausreichende Informationen
Jeder Mitarbeiter, dem eine Aufgabe oder Teilaufgabe delegiert wird, braucht alle Informationen, die zur Erledigung der Aufgabe notwendig sind. Und es muss sichergestellt werden, dass auch alle Informationen so verstanden werden, wie sie gemeint sind.

2.) Klare Zielsetzungen
Delegation verlangt klare Zielvorgaben. Dazu eine kleine Geschichte, die man sich in Wien erzählt. Der Autor ist leider unbekannt:

Nach einer bewegten Feier nimmt der Wiener Feuilletonist Peter Altenberg in einem Taxi Platz. Während der Fahrer den Motor anlässt, fragt er: „Und wo darf i eahna hinfohrn?" Darauf Peter Altenberg: „Fohren's noch der Hausnummer zweiundzwanzig. Die Stroßn sog i eahna späda!"

Das Ziel der Aufgabe muss klar sein, damit sich der Mitarbeiter nicht verzettelt oder manches nur oberflächlich erledigt. Wer gute Ziele formuliert hat, verbessert dadurch auch seine Kontrollmöglichkeiten.

3.) Aufgabe, Verantwortung und Kompetenzen delegieren
Wer nur Aufgaben delegiert und keine Verantwortung und Kompetenzen, braucht im Grunde nur einen Handlanger, der für ihn einen Job erledigt. Das ist unseriös und riecht förmlich danach, dass da einer ist, der die Kontrolle nicht aus der Hand geben möchte.

Wer delegiert, muss ja nicht gleich die Verantwortung für das gesamte Projekt aus der Hand geben. Aber es motiviert Menschen ungemein, wenn sie Verantwortung für das tragen dürfen, was sie erledigen müssen, und wenn sie auch die dazu notwendigen Entscheidungen treffen können und dürfen.

4.) Die Aufgabe im Gesamtzusammenhang
Um zu vermeiden, dass sich der Mitarbeiter nur auf seine delegierte Aufgabe konzentriert, hilft es, die Aufgabe in den Gesamtzusammenhang des Projektes zu stellen. So bleibt der Blick auf das Ganze erhalten und es werden nicht nur einsame Entscheidungen ohne Kontakt zum Rest der Welt getroffen.

Beim Delegieren sollten Sie auch darauf achten, welche Konstellationen sich dadurch im Team ergeben können. Es kann sein, dass einer durch Delegation plötzlich anderen übergeordnet ist. Das kann zu Kompetenzgerangel und Machtspielen führen und Sie wären unvermittelt wieder mitten in der Storming-Phase. Das muss berücksichtig werden.

Das Delegationsformular
Um diese Dinge alle im Blick zu behalten, habe ich auf der nächsten Seite für Sie ein sogenanntes Delegationsformular integriert. Darin werden ein paar hilfreiche Fragen gestellt, die fast alle Bereiche der Delegation einer Aufgabe abdecken.

Dabei geht es auch um Kontrolle. Aber diese Kontrolle soll nicht so verstanden sein, als würde dem Mitarbeiter dauernd auf die Finger geschaut werden. Sondern so, dass es immer möglich sein muss, den Erfolg einer Aufgabe zu messen bzw. feststellen zu können, wann eine Aufgabe erfolgreich erledigt ist. Das Formular wurde in Anlehnung an die Delegationsregeln von Prof. Dr. Lothar Seiwert entwickelt.

Delegationsformular

Frage	Erklärung
Was soll delegiert werden?	Um welche Aufgabe handelt es sich? (kurze Inhalts- bzw. Zielbeschreibung)
Wer soll es tun?	Welche Person ist geeignet, wer arbeitet mit? (Fachliche und menschliche Qualifikation)
Warum soll die Person es tun?	Was ist der Zweck der Aufgabe oder Tätigkeit? (Motivation, Lerneffekt)
Wie soll die Person es tun?	Welche Details und Vorschriften sind zu beachten und wie sind die Befugnisse geregelt?
Womit soll die Person es machen?	Welche Arbeitsmittel und Unterlagen benötigt der Mitarbeiter?
Wann soll es erledigt sein?	Welche Zwischen- und Endtermine sind einzuhalten und wann muss kontrolliert werden?
Welche Risiken gibt es?	Welche Folgen hat es wenn die Arbeit nicht oder unvollständig ausgeführt wird?

Coaching muss nicht stressig sein

„Wenn du deine Mitarbeiter wirklich fördern willst, musst du sie coachen, ihre Stärken auszubauen. Wo Menschen große Stärken haben, kannst du große Leistungen fordern."[78]

„Lasst uns aufeinander Acht haben und uns anreizen zur Liebe und zu guten Werken und nicht verlassen unsre Versammlungen, wie einige zu tun pflegen, sondern einander ermahnen, und das umso mehr, als ihr seht, dass sich der Tag naht." (Hebräer 10,24-25)

Seit Mitte der 80er Jahre gewinnt das Coaching als Instrument der Personalentwicklung immer mehr an Boden, vor allem auf der Ebene der Führungskräfte. Aber auch bei anderen Menschen, die den Wunsch haben, sich persönlich weiter zu entwickeln. Dabei soll der Akteur, Klient oder auch Coachee genannt, durch seinen Coach darin unterstützt werden, selbstbewusst, zielorientiert und selbstkritisch zu handeln. Auch der konstruktive und zielorientierte Umgang mit Vorgesetzten, Kollegen und Mitarbeitern kann durch Coaching verbessert bzw. überhaupt erreicht werden.

Unter Coaching versteht man einen individuellen, unterstützenden Beratungsprozess, bei dem sowohl Coach als auch Klient gemeinsam an beruflichen oder privaten Problemen des Klienten arbeiten. Dies geschieht im Sinne von Hilfe zur Selbsthilfe und Selbstverantwortung. Wenn wir ein paar Jahrzehnte zurückgehen, z.B. zur Nachkriegsgeneration der 50er Jahre, werden wir von Coaching nicht viel hören. Zu der Zeit hieß es: „Hilf dir selbst, dann hilft dir Gott!". Und dann hat man einfach die Ärmel hochgekrempelt und sich an die Arbeit gemacht.

Heute ist eine andere Zeit. Nicht besser, nicht schlechter, nur anders. Deshalb benötigen wir in dieser Zeit andere Methoden, um das Leben anzupacken. Eine davon ist Coaching, in dem Menschen andere Menschen begleiten, um deren Leben zu bereichern.

---

[78] Grundl: Leading Simple, S. 171.

Lassen Sie mich etwas Persönliches fragen: Wären Sie zurzeit lieber nicht in dem Unternehmen, in dem Sie beschäftigt sind? Hätten Sie viel lieber andere Freunde als Ihre Derzeitigen? Wenn Sie auf diese Fragen, oder so ähnliche mit Ja antworten können, sind Sie ein potenzieller Kandidat für einen Coaching-Prozess. Warum? Weil dieser Wunsch, an einer anderen Stelle zu sein, ein Symptom dafür sein könnte, dass für Ihren Beruf oder sogar für Ihr ganzes Leben keine Ziele bzw. Zielvorstellungen vorhanden sind.

Und das wiederum könnte bedeuten, dass nach vielleicht anfänglicher Euphorie im Unternehmen oder in Ihren Freundschaften nun eine Art Ernüchterung eingetreten sein könnte, bei der Sie die Dinge halt machen, weil es keine ordentlichen Alternativen zu geben scheint. Das ist nur eine Annahme von mir, bezüglich Ihres Lebens. Aber vielleicht trifft es ja zu und wäre es wert, weiter bedacht zu werden.

Ich finde es wichtig, immer wieder über das eigene Leben und die eigenen Motive nachzudenken, bevor man sich an eine Aufgabe macht, bei der man z.B. für andere Menschen da sein möchte. Gerade in Bezug auf Lebensziele kommt es nicht wirklich gut, wenn Sie Menschen helfen möchten, ihre Ziele im Leben zu erreichen, aber selbst keine mittel- bis langfristigen Ziele haben.

Dazu passt auch folgende Frage, die ich gerne an Sie richten möchte: Welche Einstellung haben Sie ganz allgemein gegenüber Menschen? Das ist natürlich eine sehr persönliche, fast schon intime Frage. Dennoch finde ich es wichtig, dass Sie diese für sich selbst beantworten. Denn beim Coaching kommt es nicht nur darauf an, ein paar Coaching-Tools anzuwenden, um einem Menschen den Weg zu zeigen, der es eben nicht besser weiß, oder der scheinbar zu schwach oder zu dumm ist, das Leben selbst zu meistern. Es ist viel mehr.

Und deshalb hilft Ihnen solch eine Einstellung gegenüber Menschen nicht weiter, sondern eher diese Art von Liebe, die Jesus so beschrieben hat: *„Liebe deinen nächsten, wie dich selbst!"* (Matthäus 22,39). Den Klienten aus einer gesunden Selbstliebe heraus als wertvoll und einfach der Begleitung bedürftig zu sehen, halte ich für eine gute Einstellung, die den Klienten am Ende des Prozesses zu ganz neuer Lebensqualität führen könnte. Wenn Sie es also noch nicht getan haben, beantworten Sie diese Frage auf jeden Fall: Liebe ich die Menschen?

In der Praxis des Coachings unterscheiden wir im Großen und Ganzen drei Formen:

- Einzel-Coaching
- Gruppen-Coaching
- Coaching als Teil der Führungsaufgabe

Alle drei Formen sollen den gecoachten Klienten helfen, ihre Ressourcen optimal zu entwickeln und sich neue Handlungspotenziale zu eröffnen. Coaching ist also kein einseitiger Prozess, der nur vom Coach ausgeht, sondern ein interaktiver, bei dem vor allem der Klient gefragt ist. Ein guter Coach nimmt seinem Klienten sein Problem nicht ab oder zwingt ihm eigene Ideen und Methoden zur Lösung auf. Ein guter Coach fordert seinen Klienten heraus, sein Problem anzupacken, indem er ihm gute Fragen stellt und ihn bei der Umsetzung selbst gefundener Lösungen unterstützt. Darum ist auch gegenseitige Akzeptanz und Vertrauen eine wesentliche Voraussetzung für erfolgreiche Beratung.

Coaching: Definition

Vor diesem Hintergrund könnte man nach Christopher Rauen, Vorsitzender des Deutschen Bundesverbandes für Coaching, Coaching folgendermaßen beschreiben:

„In einer Kombination aus individueller, unterstützender Problembewältigung und persönlicher Beratung hilft der Coach als neutraler Feedbackgeber. Der Coach nimmt dem Klienten keine Arbeit ab, sondern berät ihn auf der Prozessebene, d.h. es gibt keine vorgefertigten und direkten Lösungsvorschläge, sondern der Klient selbst entwickelt unter Anleitung eigene Lösungen. Grundlage dafür ist eine freiwillig gewünschte und tragfähige Coachingbeziehung."

Eine der Grundlagen dafür finden Sie im Neuen Testament der Bibel, in Epheser 4,11-12, wo es darum geht, dass Sie nie aus dem Blick verlieren dürfen, dass es Ihr Auftrag ist, die Heiligen zum Werk des Dienstes zuzurüsten:

> „Und er hat einige als Apostel eingesetzt, einige als Propheten, einige als Evangelisten, einige als Hirten und Lehrer, damit die Heiligen zugerüstet werden zum Werk des Dienstes. Dadurch soll der Leib Christi erbaut werden."

Man könnte also sagen, dass es beim Coaching immer darum geht, Menschen dabei zu helfen, das Potential zu entfalten, das ihnen Gott zur Verfügung gestellt hat. Vielleicht kommt Ihnen diese Aussage sogar bekannt vor.

Einzel-Coaching

Bei meinen Recherchen zu diesem Abschnitt bin ich auf eine Internet-Seite aufmerksam geworden, die unter dem Namen „LEAD222" zu finden ist. Dabei geht es um ein Coaching-Netzwerk für Jugendleiter und Jugendleiterinnen in der christlichen Jugendarbeit. An dieser Seite hat mir zunächst einmal gefallen, dass eine Erwartung formuliert wird, die der Klient an seinen Coach haben kann: „Was kannst du von unseren Coaches erwarten?". Das zeigt Selbstbewusstsein der Coaches an, und auch den puren Willen, den Menschen wirklich helfen zu wollen, die sich an einen Coach wenden.

Und das sollte auch Sie bewegen, wenn Sie die Gelegenheit bekommen, Coach oder Mentor[79] für einen anderen Menschen zu sein: Dass Sie den Willen haben, diesen Menschen nicht zu dominieren, sondern ihm dazu verhelfen, eigene Lösungen zu finden, die er für seine momentane Problematik benötigt.

Und dann hat mir an diesem Internet-Auftritt noch gefallen, dass dort ein paar Merkmale formuliert wurden, die ein gutes Coaching als christliche Coaches ausmachen. An diesen entlang werde ich im Folgenden ein paar Merkmale ausführen, die wirklich wichtig sind, wenn Sie ein effektiver Begleiter von Menschen sein wollen, die Hilfe brauchen.

Fragen, die formen
Beim Coaching werden in der Regel Fragen gestellt, um Informationen zu erhalten oder Anliegen und Sichtweisen zu verstehen. Und die Antworten zeigen dann dem Fragesteller, in welche Richtung seine weiteren Fragen gehen könnten. Gleichzeitig kann er auch erkennen, ob der Gefragte die gewünschten Informationen auch besitzt.

Wer fragt, der ist und bleibt unterwegs. Fragen starten und eröffnen ein Gespräch, sie lenken, fassen zusammen, führen zu einer möglichen

---

[79] Coach und Mentor sind nahezu austauschbare Begriffe.

Anwendung, rufen Reaktionen hervor, bestätigen und laden zum Mitreden ein. Fragen motivieren zum Nachdenken, zur Beteiligung und Verantwortung, regen zur Selbstentdeckung an, fordern eine persönliche Stellungnahme heraus, können ein Gespräch in Richtung auf ein gestecktes Ziel lenken und bewahren davor, Alleinredner und Alleinunterhalter zu sein.

Natürlich können Fragen auch sehr lästig sein. Vor allem dann, wenn der Gefragte durch eine Frage herausgefordert wird, etwas preis zu geben, oder zu einer ungeliebten Handlung aufgefordert wird. Aber das macht nichts. Solange es hilfreich ist und den anderen nicht verletzt oder demütigt, ist es in Ordnung. Damit Sie gute Fragen stellen können, finden Sie in Anlage 6 Coaching-Fragen, die helfen können, das Coaching-Gespräch sehr konstruktiv zu gestalten.

Aktives zuhören
Darunter versteht man das Bemühen, sich in den Gesprächspartner, seine Empfindungen und Betrachtungsweise einzufühlen. Bei einem Coaching-Gespräch geht es nicht nur um sachliches Begreifen, sondern nach Hartmut Knorr „um die Fähigkeit »emotionale Erlebnisinhalte des Mentoranten« mit eigenen Worten wiedergeben zu können"[80].

Jede Münze hat zwei Seiten. Im Gespräch sitzen sich beide Parteien gegenüber und jeder beschreibt seine Sicht der Dinge. Der eine sieht die Vorderseite der Münze und versucht dem anderen seine Wahrnehmung mitzuteilen, die übrigens aus seiner Sicht völlig stimmig ist. Auf der anderen Seite sitzt aber einer, der möglicherweise die Rückseite der Münze vor Augen hat, und deshalb diese Seite für ihn die Realität widerspiegelt. Damit hat auch er aus seiner Sicht Recht.

Aktiv zuzuhören bedeutet nun, die eigene Sicht im Gespräch zu verlassen und mit dem anderen dessen Seite der Münze zu betrachten. Der Coach hört also nicht nur mit halbem Ohr hin, sondern der Klient hat seine ungeteilte Aufmerksamkeit, und er hat die Bereitschaft, den Klienten zu verstehen. Dabei liegt er nicht auf der Lauer, um seine Argumente aufzubauen oder ist mit den Gedanken dauernd bei der Ant-

---

[80] Knorr, Harmut: Coaching ... damit Entwicklung stimmig wird, Erzhausen (Leuchter Edition GmbH) 2001, S. 57.

wort, die er als nächstes geben könnte, sondern er hört in der Weise zu, dass er durch sogenannte Verständnisfragen versucht zu verstehen und dem wahren Sachverhalt möglichst nahe zu kommen. Auch dazu können die Fragen aus Anlage 6 eine gute Hilfe sein.

Verstehen können Sie am besten dann, wenn Sie Fragen stellen, sich danach die Antworten aufmerksam anhören und durch Verständnisfragen zum Kern der Sache vordringen. Oftmals ist es so, dass der Klient durch die Darlegung seines Falles und die Rückfragen des Coaches bereits auf eine Lösung kommt. Das wäre optimal.

Offenbarende Einsichten und Gottes Führung und Ansporn
Diese beiden Merkmale gefallen mir sehr, weil sie deutlich machen, dass Coaching nicht nur eine Technik ist und ein „Hauptsache wir haben darüber geredet", sondern dass es für uns Christen ein zutiefst geistlicher Prozess ist, bei dem es darum geht, die Lösungen Gottes für das jeweilige Problem zu finden.

Die einzige Voraussetzung dafür ist, dass Sie wissen, wozu Sie als Mensch in der Lage sind und was Sie deshalb zu tun haben. Dazu zwei Bibelstellen aus dem Neuen Testament der Bibel:

> *„Ich bin der Weinstock, ihr seid die Reben. Wer in mir bleibt und ich in ihm, der bringt viel Frucht; denn ohne mich könnt ihr nichts tun."* (Johannes 15,5)

Und Jakobus 1,5:

> *„Wenn es aber jemandem unter euch an Weisheit mangelt, so bitte er Gott, der jedermann gern gibt und niemanden schilt; so wird sie ihm gegeben werden."*

Dem ist nichts mehr hinzuzufügen, denn wenn Sie wissen, dass Sie es von sich aus nicht können, die Weisheit Gottes aber alles ist, was Sie brauchen, werden Sie beim Coaching immer auf einem guten geistlichen Fundament stehen.

Rahmen der Vertraulichkeit
Ich glaube, dass dies ein sehr elementarer Punkt ist, der ganz allgemein für eine Führungskraft gilt. Unser Herr Jesus hat uns sagen lassen, dass wir das Getratsche und Hintenherum-Gerede über andere sein

lassen sollen (vgl. 2. Mose 20,16; Matthäus 12,36). Also sollte es auch möglich sein, einen Lebensstil zu entwickeln, der verschwiegen ist. Dazu eine kurze Geschichte:

Eines Tages kam ein Bekannter zu dem alten griechischen Philosophen Sokrates gelaufen und sagte: „Sokrates, ich muss dir unbedingt etwas über einen deiner Schüler erzählen..." „Halt ein!", unterbrach ihn der Weise. „Hast du das, was du mir erzählen willst, durch die drei Siebe geschüttet?" „Drei Siebe?", fragte der andere verwundert. „Ja, mein Freund, drei Siebe. Lass uns sehen, ob das, was du mir erzählen willst, durch die drei Siebe hindurch geht.

Das erste Sieb ist die Wahrheit. Hast du das, was du mir erzählen willst, selbst geprüft, ob es wirklich wahr ist?" „Nein, ich hörte es erzählen und der andere..." „So, so. Aber sicher hast du es mit dem zweiten Sieb geprüft. Es ist das Sieb der Güte. Ist das, was du mir erzählen willst, wenn schon nicht als wahr erwiesen, so doch wenigstens gut?" Zögernd sagte der andere: „Nein, dass nicht, im Gegenteil..."

„Dann...", unterbrach ihn Sokrates, „...lass uns das dritte Sieb noch anwenden und lass uns fragen, ob es notwendig ist, mir das zu erzählen, was dich so beschäftigt". „Notwendig nicht gerade, aber..." „Also", lächelte der Weise, „wenn das, was du mir erzählen willst, weder wahr, noch gut, noch notwendig ist, so lass es begraben sein und belaste dich und mich nicht damit".

Der Wahrheit verpflichtet
Steven L. Ogne und Thomas P. Nebel, die einen Schulungs-Ordner zum Thema „Coaching praktisch"[81] herausgebracht haben, gehen davon aus, dass etwa vier Fünftel der Coaches ein Defizit im Bereich der Wahrheit haben. Das heißt nicht, dass diese Coaches permanent lügen würden, aber es bedeutet, dass sie in den Gesprächen so auf die Gnade dem Klienten gegenüber fixiert sind, dass sie dabei die etwas härteren Wahrheiten einfach verschweigen.

Wenn es wichtig wäre, dem Klienten einen kleinen Schubs in die richtige Richtung zu geben, der für den Klienten vielleicht nicht so leicht zu schlucken wäre, neigen diese Coaches dazu, den Klienten auf die

---

[81] Ogne, Steven L./Nebel, Thomas P: Coaching praktisch, Würzburg 1998.

Schulter zu klopfen und sie dazu zu ermutigen, den eingeschlagenen Weg weiter zu gehen. Nach Ogne und Nebel hat dagegen nur ein Fünftel ein Problem damit, ihren Klienten Gnade zuzusprechen. Diese sind dann eher darauf fixiert, den Klienten immer die Wahrheit ins Gesicht zu sagen, ungeachtet der Konsequenzen, auch emotional.

Dabei scheint es ihnen nicht möglich, die persönliche Situation des Klienten in ihr Denken und ihre Begleitung einzubeziehen. Diesen Coaches muss man sagen, dass es manchmal viel hilfreicher ist, einen Menschen in seiner Situation zu trösten, als ihm die Wahrheit so direkt ins Gesicht zu schleudern, dass er dadurch noch mehr in den seelischen Keller gedrückt wird.

Es gab nur einen Menschen, der auch in dieser Hinsicht perfekt war. Und das war der Mensch, Jesus Christus. In Johannes 1,14 können wir lesen:

„Und das Wort ward Fleisch und wohnte unter uns, und wir sahen seine Herrlichkeit, eine Herrlichkeit als des eingeborenen Sohnes vom Vater, voller Gnade und Wahrheit."

Nur Jesus war voller Gnade und Wahrheit. Sie dürfen deshalb an dieser Stelle gerne Lernende sein. Allerdings sollten Sie nie aus den Augen verlieren, dass es möglichst um ein Gleichgewicht von Gnade und Wahrheit gehen muss. Wer sich oft in Coaching-Situationen befindet, wird mit der Zeit lernen, wann Gnade und wann Wahrheit gegenüber dem Klienten angebracht ist.

Fördernde Ermutigung
Es ist kein Geheimnis, dass Menschen ein Grundbedürfnis nach Anerkennung haben. Dass wir in Deutschland darin wahrlich keine Weltmeister sind, ist kein Geheimnis. Irgendwie hält sich dieser Geist der Kritik so hartnäckig, dass wir Deutschen andere Menschen lieber kritisieren als sie zu ermutigen und zu loben.

Ich möchte dazu ein Buch von Kenneth H. Blanchard empfehlen. Es heißt „Whale done!". Dieses Buch ist zwar als Lektüre für Teams ausgewiesen, befasst sich aber durch und durch mit Ermutigung, die man aus der Dressur von Walen lernen kann. Es geht darum, die „Wal-Erfolgs-Strategie" zu erlernen, im Gegensatz zur „Erwischt-Strategie".

In Bezug auf das Coaching-Gespräch heißt das, dass Sie zunächst einmal davon ausgehen, dass sich der Klient eingehend mit seinem Problem befasst hat und Sie als Coach deshalb nicht zu sehr darauf eingehen müssen. Es geht schon darum, Fragen zu stellen, auch zum Problem des Klienten, aber dabei sollten Sie stets Lösungs-orientiert und nicht so sehr Problem-orientiert arbeiten.

Der Klient hat sich vermutlich schon länger mit seinem Problem auseinandergesetzt, aber keine Lösung gefunden. Oftmals wiegt dann dieser Misserfolg, keine Lösung gefunden zu haben, schwerer als das Problem selbst. Bei manchen ist deshalb nach einer Weile nicht mehr die Sache an sich das Problem, sondern das vergebliche Bemühen darum, die passende Lösung zu finden.

Für den Coach bedeutet das, den Klienten zu ermutigen, dass er nicht alles falsch gemacht hat, nur weil er keine Lösung für sein Problem gefunden hat. Und es bedeutet, den Blick des Klienten nicht noch mehr auf das Problem zu lenken, sondern darauf, seine Interpretation des Problems anzuschauen, und mögliche Verhaltensweisen, die damit einhergehen, um dadurch evtl. zu einer Uminterpretation zu kommen oder vielleicht sogar zu einer Veränderung des Verhaltens oder der Einstellung zum Problem, was an sich schon eine Lösung sein kann.

Dazu können Sie Fragen stellen wie z.B. „Welche Erkenntnisse können Sie aus der von Ihnen geschilderten Situation ziehen?" Oder „Welche Vorschläge hätten Sie für einen Menschen, der sich in solch einer Situation befinden würde?" Oder „Wie könnten Sie jetzt weiter vorgehen? Was wären mögliche nächste Schritte?"

Manchmal kann dies ein eher mühsames Vortasten bedeuten, aber es hilft, den Klienten weg zu führen von dem Fokus auf das Problem, hin zu einem Fokus auf eine mögliche Lösung, die er vielleicht schon in sich trägt. Ihm dies immer wieder bewusst zu machen bzw. zu sagen ist auch eine Art der Ermutigung für den Klienten.

Wenn wir jetzt alles zusammenfassen, könnte man zur Eignung als Coach Folgendes sagen: Zur Arbeit als Coach eignen sich Persönlichkeiten,

> ➢ die großes Interesse haben, andere Menschen zu befähigen und aufsteigen zu sehen,

> die über persönliche, charakterliche und geistliche Grundqualitäten verfügen,

> die bereit sind, fachliche Kompetenzen zu entwickeln.

Damit würden wir die Ausführungen über den Coach verlassen bzw. dessen, was gutes Coaching ausmacht und wenden uns jetzt einer weiteren Thematik im Einzel-Coaching zu:

Coaching-Prozess

Auf dem folgenden Bild wird der Prozess des Coachings im Großen und Ganzen zusammengefasst. Zunächst geht es darum, einen Standort zu haben. Das ist meistens die Frage bzw. das Problem, das den Klienten beschäftigt.

Als nächstes geht es darum, eine Lösung bzw. ein gemeinsames Ziel zu erarbeiten. Und schließlich darf auch ein Konzept nicht fehlen, das den Klienten auf dem Weg vom eigenen Standort bis zu einem möglichen Ziel bzw. der Lösung seines Problems begleitet.

Solch ein Coaching-Prozess ist normalerweise keine kurzfristige Maßnahme. Denken Sie z.B. an das Coaching von Barnabas, das er mit seinem Klienten Paulus durchführte (vgl. Apostelgeschichte 9-15). Das war schon beispielhaft, weil er es schaffte, seinen Klienten über sich selbst hinaus zu führen. Der Leiter der Europamission hieß später nicht Barnabas, sondern Paulus. Dementsprechend können auch Sie diese Herausforderung annehmen, und sich als Coach immer zum Ziel setzen, Ihren Klienten, so weit möglich, über sich selbst hinaus zu bringen. Das wäre doch was. Dabei wird der genaue Ablauf eines Coachings normalerweise sehr individuell sein. Und dennoch gibt es in jedem Coaching-Prozess typische Elemente, die man als eine Art „Ablauf-Modell" ansehen kann.

Zunächst muss es immer ein „Erstgespräch" geben. Auf keinen Fall darf man einfach in einen Coaching-Prozess hineinstolpern, sondern muss immer mit einem Gespräch zum Einstieg starten. Dabei können die Vorgaben für den Prozess besprochen werden und der Coach kann erspüren, ob der Klient den Prozess freiwillig angeht und ob er ihn als Coach akzeptiert.

Für viele Klienten ist dabei hilfreich, eine schriftliche Vereinbarung zu treffen. In Anlage 7 finden Sie eine Vorlage dafür, an der Sie sich im Gespräch orientieren können. Damit wird auch vorgebeugt, dass nichts vergessen wird. Es könnte also auch als Checkliste fungieren, die den bevorstehenden Prozess flankiert. Coach und Klient vereinbaren damit ein gemeinsames Ziel für den Prozess. Dabei einigen sie sich auf Werte, die den Prozess prägen sollen wie z.B. Ehrlichkeit, Vertraulichkeit, Pünktlichkeit, etc.

Und es werden auch die Erwartungen abgesteckt, was ein ganz wichtiger Faktor für das Gelingen des Prozesses sein könnte. Es wird im Verlauf eines solchen Prozesses noch genug Erwartungen geben, die keiner ausgesprochen hat. Sie sollten deshalb die Chance nutzen, möglichst viele Erwartungen anzusprechen.

Und schließlich können Coach und Klient diese Vereinbarung vor Gott und den Menschen unterschreiben. Damit erhält der ganze Prozess eine sehr verbindliche Note, auch wenn damit keine Rechtsgültigkeit geschaffen ist, bei der die einzelnen Punkte bei Nichteinhaltung einklagbar wären.

Dennoch hilft es manchen Klienten, die Sache nicht einfach auf die leichte Schulter zu nehmen. Mehr würde ich in einem ersten Gespräch gar nicht thematisieren wollen. Mit der Unterzeichnung können Sie sich auch noch ein wenig Zeit lassen. Vielleicht fallen dem einen oder anderen noch Punkte ein, die in der Vereinbarung stehen sollten. Diese können bis zum zweiten Treffen eingearbeitet werden, sodass die Vereinbarung spätestens beim zweiten Treffen unterschrieben werden kann, bevor die gemeinsame Sitzung losgeht.

Auf das Erstgespräch folgen eine gemeinsame Problemanalyse und der Entwurf eines individuellen Arbeitsplanes. Dabei werden Fragen gestellt wie z.B. „Wo genau liegt das Problem?"; „Wann tritt es auf?"; „Woran würden Sie erkennen, dass das Problem beseitigt ist?"

Dies ist wichtig, damit Sie nicht vom Hauptthema abkommen und immer nur an dem herumbasteln, was dem Klienten gerade einfällt. Was nicht heißt, dass man auch Nebenschauplätze bearbeiten kann, wenn es nötig ist.

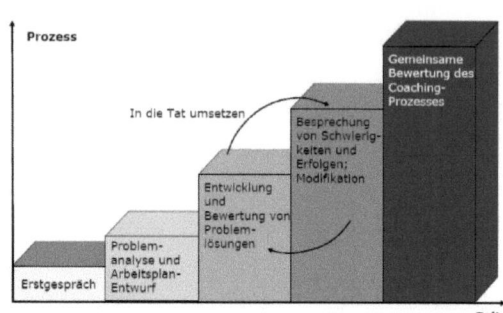

Jedoch sollten Sie den Prozess konkret gestalten, damit auch konkrete Ergebnisse erzielt werden können. In den Gesprächen werden dann verschiedene Problemlösungen entwickelt und dem Klienten mit auf den Weg gegeben. Diese können von der praktischen Erfahrung her immer wieder beleuchtet werden, Schwierigkeiten besprochen und daraus neue Lösungen entwickelt werden.

Das ist wie eine Art Kreislauf, der solange stattfindet, bis entweder das Problem gelöst ist oder beide Seiten davon überzeugt sind, dass der Prozess eine Pause benötigt oder zum Ende kommen sollte.

Der Coach sollte während dieses Prozesses immer das sogenannte „Coaching-Raster" im Blick behalten. Das heißt, dass er grundsätzlich versucht, sowohl die berufliche als auch die private Situation des Klienten bzw. sein persönliches Leben im Auge zu behalten. Manches Mal stecken berufliche Lösungen im persönlichen Leben verborgen und umgekehrt.

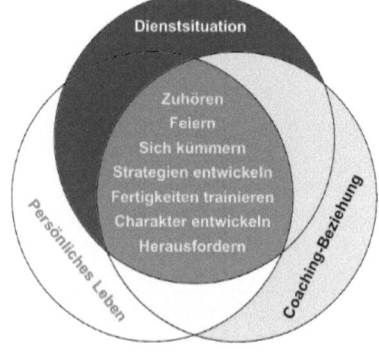

Dabei darf der Coach auch seine Beziehung zum Klienten nicht aus den Augen verlieren. Gutes Coaching beschränkt sich nicht nur auf die Termine der Sitzungen, sondern lebt auch von einer persönlichen Beziehung außerhalb der Sitzungen. Dazu könnte man z.B. nach gemeinsamen Interessen außerhalb des Coaching-Problems schauen. Zeit, vor allem gemeinsame Zeit, ist ein wichtiger Faktor im Coaching.

Weitere wichtige Faktoren für ein erfolgreiches Coaching sind z.B. das Zuhören, das gemeinsame Feiern, sich kümmern, gemeinsam Strategien entwickeln, Fertigkeiten trainieren, Charakter entwickeln und herausfordern. Der weise König Salomo wusste es damals schon, als er in Sprüche 18,13 schrieb:

„Wer antwortet, ehe er hört, dem ist's Torheit und Schande."

Zuhören heißt hören, um zu verstehen, und nicht: Hören, um antworten zu können. Sicher sind Antworten wichtig, aber Sie können keine guten Antworten geben, solange Sie nicht verstanden haben, worum es geht. Und dann sollten Sie auch das Feiern nicht vergessen! Wenn es irgendeine Art Erfolg oder Fortschritt gibt, dann feiern Sie es. Das kann durch ein Lob sein, durch ein Schulterklopfen oder ein gemeinsames Essen. Der Fantasie sind hier keine Grenzen gesetzt, und es muss auch nicht immer etwas Grandioses sein. Aber Sie sollten positive Dinge nicht einfach unter den Tisch fallen lassen.

Ein anderer wichtiger Punkt ist das Herausfordern. Dabei geht es nicht um ein Überfordern, sondern um ein Herausfordern. Manche Menschen kommen erst in Bewegung, wenn sie herausgefordert werden. An welchen Stellen und in welchem Maße, sollte in der gemeinsamen Sitzungszeit deutlich werden. Aber es sollte nicht wegfallen, damit immer eine positive Spannung im Prozess bleibt, die dazu geeignet ist, den gesamten Prozess erfolgs- und zielorientiert nach vorne zu bringen.

GROW-Modell[82]

Um dies zu gewährleisten könnten Sie die einzelnen Sitzungen z.B. entlang des sogenannten „GROW-Modell" von John Whitmore gestalten. Dieses Konzept hat er in seinem Buch „Coaching für die Praxis" ausführlich beschrieben. Lassen Sie mich kurz die vier Buchstaben des Wortes „GROW" von ihrer Bedeutung her mit Ihnen durchgehen. Ich

---

[82] Vgl. Whitmore, John: Coaching für die Praxis, Frankfurt/Main 1994, S. 57-59.

denke, das könnte eine gute Hilfe im Coaching-Prozess darstellen.

GOALsetting
Zu Beginn der Coaching-Sitzung wird das Ziel dieser Sitzung festgelegt. Dabei wird ein möglichst konkretes Ziel angestrebt, z.B. die Ausarbeitung eines Monatsplanes, Treffen bestimmter Entscheidungen, Festlegen eines Budgets u.ä. Wichtig ist, dass Sie dabei nur solche Ziele festlegen, die vom Klienten auch wirklich beeinflusst werden können.

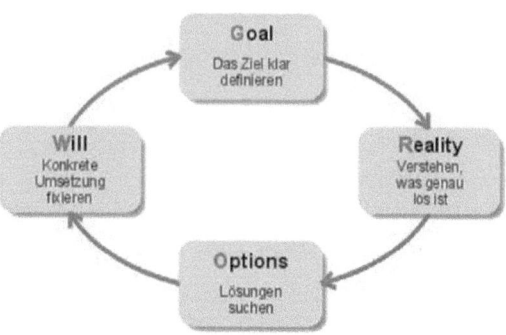

Hier liegt meines Erachtens der Unterschied zwischen Seelsorge und Coaching. In der Seelsorge geht es unter anderem um einfühlendes Verstehen, um Mitleiden, Mittragen, Zuspruch und Ermutigung. Eine Zielsetzung kann sich dabei aus einer seelsorgerlichen Notwendigkeit ergeben, muss aber nicht sein. Beim Coaching steht eine Zielsetzung eindeutig im Vordergrund:

- Was ist das Endziel, das der Klient erreichen möchte?
- Welches Bild von einem Ziel hat er in seinen Gedanken?
- Zur Erreichung welches Ziels braucht er den Coach?
- In welche Teilziele muss ein Gesamtziel zerlegt werden?

Und das gilt genauso für das jeweilige Coaching-Treffen. Auch dieses beginnt jedes Mal mit der Frage nach der Festlegung eines Zieles:

- Was soll heute, hier und jetzt besprochen werden?
- Was soll in der vereinbarten Zeit erreicht werden?
- Welches Teilziel wird heute bedacht und behandelt?

Das können Sie gerne anders machen. Aber dann werden Sie vermutlich erleben, wie uneffektiv der Prozess bleiben wird. Im schlechtesten Fall kommt Unzufriedenheit bzw. Unmut beim Klienten auf, was den Prozess in eine gegenteilige Richtung bringen kann.

REALITYchecking

Haben Coach und Klient gemeinsam ein Ziel erarbeitet, wird als nächster Schritt die momentane Situation analysiert. Falls sich die Situation anders darstellt als zunächst angenommen, können Sie die anfänglichen Ziele anpassen bzw. verändern. Dennoch sollte nach Whitmore immer mit der Festlegung der Ziele begonnen werden.

Der Coach sollte bei der Realitätsprüfung möglichst objektiv, unvoreingenommen und beschreibend sein. Er sollte nicht beurteilen, das bringt nicht weiter. Als Hilfsmittel dienen Ihnen dazu verschiedene Fragen, von denen Sie in Anlage 6 einige Beispiele finden.

OPTIONS

Beim Finden von Optionen und alternativen Strategien ist es für den Coach besonders wichtig, dem Klienten nicht gleich die eigenen Lösungen zu präsentieren, sondern darauf zu achten, dass der Klient seine möglichen Optionen selbst findet. Es geht um Hilfe zur Selbsthilfe.

Die primäre Aufgabe des Coaches besteht darin, eine Arbeitsatmosphäre zu schaffen, die es dem Klienten ermöglicht, an Lösungen zu arbeiten. Dabei ist es nicht wichtig, die einzig wahre Lösung zu finden, sondern möglichst viele alternative Lösungen zu entdecken, die helfen können, die Situation zu bearbeiten bzw. zu klären. Dazu sollte der Coach ein entsprechend angstfreies Klima schaffen und negative und selbstbeschränkende Vorannahmen beseitigen.

Dies könnte z.B. durch „Was wäre, wenn?"-Fragen geschehen und dadurch, dass jede Idee schriftlich festgehalten wird, auch wenn sie noch so widersinnig erscheint. Im besten Fall könnte es passieren, dass aus den widersinnigsten Ideen die besten Lösungen entstehen.

WILL

In der abschließenden Phase der Sitzung wird versucht, alles zusammenzufassen. Und dann geht es darum herauszufinden, was genau zu tun ist, mindestens bis zum nächsten Mal. Das bedeutet, es werden Entscheidungen getroffen und es wird ein fest umrissener Arbeitsplan aufgestellt. Wenn Sie die Sache nebulös halten, können weder Sie noch der Klient einen Fortschritt erkennen. Konkrete Arbeitspläne können auch konkret nachbesprochen werden. Und der Klient behält dabei immer die Freiheit, was er konkret angehen möchte und mit welchem Ziel. Für die konkrete Umsetzung empfiehlt Whitmore folgende Fragen[83]:

- Was werden Sie tun?
  Diese Frage impliziert eine konkrete Anforderung an den Klienten. Auf der Basis des bisherigen Gespräches muss er nun Angaben zum weiteren Vorgehen machen.
- Wann werden Sie es tun?
  Besonders hier muss der Coach darauf achten, dass keine vagen Angaben gemacht werden. Eventuell muss der Coach penetrant nachfragen.
- Wird die Handlung zum gewünschten Ziel führen?
  Es wird geprüft, ob der festgelegte Handlungs- und Zeitrahmen auch zum Ziel führt. Eventuell müssen an dieser Stelle schon Änderungen vorgenommen werden. Möglicherweise muss das Ziel sogar vollständig neu definiert werden.
- Auf welche Hindernisse könnten Sie stoßen?
  Hier werden mögliche Probleme identifiziert, die zum Abbruch der Zielerreichung führen oder als Vorwand dazu dienen können. Der Coaching-Prozess bietet hier die Möglichkeit, den Klienten vorbeugend darauf einzustellen.
- Wer muss es wissen?
  Eine Liste wird angelegt, mit den Namen aller, die über die Zielsetzung informiert werden müssen. Dies dient auch dazu, bestehende Arbeits- oder Teambeziehungen nicht zu gefährden.
- Welche Unterstützung benötigen Sie?
  Hier muss der Klient darlegen, welche Personen, Sachmittel und sonstigen Ressourcen herangezogen werden müssen.
- Wie und wann werden Sie diese Unterstützung erhalten?
  Auch hier sollte der Coach penetrant nachfragen, bis der Klient konkrete Angaben gemacht hat.
- Welche anderen Überlegungen haben Sie?
  Diese Frage überprüft, dass alle für den Klienten wesentlichen Punk-

---

[83] Vgl. Whitmore: Coaching, S. 96ff.

te auch besprochen werden. Der Klient ist somit selbst dafür verantwortlich, dass kein wichtiges Thema unberücksichtigt bleibt.

- Bewerten Sie auf einer Skala von eins bis zehn, wie sicher Sie sind, dass Sie die vereinbarten Handlungen auch ausführen werden.

Hier soll nicht eingeschätzt werden, mit welcher Wahrscheinlichkeit ein Ereignis eintritt, sondern der Klient soll seinen persönlichen Willen beurteilen, das Ziel zu erreichen. Whitmore gibt an, dass Bewertungen unter acht eine Zielerreichung unwahrscheinlich machen[84]. Unter Umständen müssen Handlungen, die wahrscheinlich nicht ausgeführt werden, gestrichen werden, um so eine Bewertung über acht zu erreichen. Am Ende sollte eine Liste mit Handlungen vorliegen, die der Klient von sich aus realisieren möchte.

Damit wäre die Sitzung bzw. das Coaching-Treffen beendet. Vergessen Sie nicht, den nächsten Termin auszumachen. Und schon kann es für den Klienten weiter gehen.

Wenn das ursprünglich besprochene Ziel des Coachings erreicht ist, kann auch der Coaching-Prozess zu seinem Ende kommen. Auch dazu sollte es noch ein Treffen geben. Dabei übergibt der Coach dem Klienten seine Aufzeichnungen mit allen Handlungsschritten und Antworten und geht sie mit ihm noch einmal durch. Der Klient sollte alle Punkte verstehen und mit ihnen übereinstimmen. Danach versichert der Coach seine weitere Unterstützung bei Problemen oder - falls gewünscht -, dass er sich nach einem bestimmten Zeitraum beim Klienten meldet. Ziel all dieser Maßnahmen ist es, dem Klienten deutlich zu machen, dass er seine Ziele selbst umsetzen muss und selbstbewusst genug ist, sein Ziel auch erreichen zu können[85].

Gruppen-Coaching

Von einem Gruppen-Coaching (siehe Bild auf der nächsten Seite) spricht man immer dann, wenn mehrere Personen gleichzeitig durch einen Coach begleitet werden. Des Weiteren benutzt man den Begriff auch dann, wenn sich der Coaching-Prozess auf mehrere Personen bezieht. Dabei können diese in der gleichen beruflichen Rolle sein, und auch auf der

---

[84] Vgl. Whitmore: Coaching, S. 100.
[85] Vgl. a.a.O., S. 96ff.

gleichen Hierarchieebene, sie befinden sich aber sonst in keinem bestimmten Funktionszusammenhang. Also z.B. die Leiter verschiedener Abteilungen, die Leiter verschiedener Organisationen oder die Pastoren verschiedener Gemeinden. Wenn kein ausgebildeter Coach die offizielle Leitung hat, spricht man in diesem Zusammenhang auch von kollegialer Beratung als einer Form des Gruppen-Coachings.

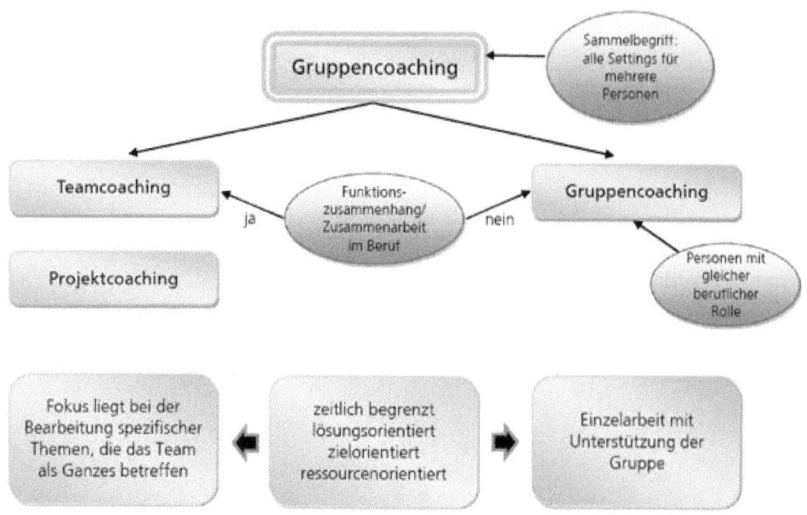

Teamcoaching

Wenn ein gesamtes Team gecoacht wird, spricht man von Teamcoaching, weil man in einem Team eine organische Einheit vorfindet, die mit einer gemeinsamen Aufgabe und einem gemeinsamen Ziel betraut ist. Und in dem es möglicherweise verschiedene Hierarchieebenen gibt. Zum Beispiel ein Team in einer Abteilung, das für ein bestimmtes Projekt zusammengestellt wurde und dazu von einer Fachperson gecoacht wird. Oder wenn z.B. ein Leitungsteam einer Gemeinde einen externen Gemeinde-Coach beruft, um es in einem Veränderungsprozess zu begleiten.

Andere nennen dies Gemeindeberatung, aber das kann in diesem Zusammenhang nur gelten, wenn die Beratungsarbeit an und mit dem Leitungsteam die Arbeit der gesamten Gemeinde betrifft, was nicht grundsätzlich der Fall sein muss. Wichtig ist beim Teamcoaching auch, das ganz am Anfang geklärt wird, worum es gehen soll. Es wird zwar nicht unbedingt eine Coaching-Vereinbarung erarbeitet, aber dennoch muss klar umrissen werden, was das Ziel der Begleitung ist und ob dieses Ziel auch von allen getragen wird. Und dann ist es natürlich auch in der Arbeit mit einem Team hilfreich, wenn man ganz am Anfang über die gegenseitigen Erwartungen an den gemeinsamen Prozess spricht. Das verhindert Irritationen auf beiden Seiten.

Alles in allem kann es ein sehr spannender Prozess sein, was ich aus eigener Erfahrung in der Beratungsarbeit bestätigen kann, weil es nicht darum geht, dass der Coach die Lösungen in der Tasche hat und das Team mit seinen Ideen, Konzepten und Modellen überschüttet, sondern weil in einem Team meist ganz tolle Leute sitzen, die in ihren Köpfen und ihren Herzen viele wertvolle Beiträge haben, die zu ganz unerwarteten und kreativen Lösungen führen können. Das ist spannend und sehr bereichernd. Man muss es als Coach nur aus ihnen herauskitzeln können. Das ist die Kunst bei der Sache!

In Sachen „Gruppen-Coaching" möchte ich mich im Folgenden vor allem auf die sogenannte „Kollegiale Beratung" konzentrieren, weil dies der Bereich ist, der Ihnen am ehesten begegnen wird. Außer Sie arbeiten selbst als Coach, aber auch dann können Ihnen diese Ausführungen eine Hilfe sein.

Kollegiale Beratung ist ein systematisches Beratungsgespräch, in dem Kollegen sich nach einer vorgegebenen Gesprächsstruktur wechselseitig beraten. Dabei geht es darum, zu Fragen aus dem gemeinsamen Arbeitsfeld und zu Schlüsselthemen, gemeinsam Lösungen zu entwickeln.

Diese Art der Beratung findet in Gruppen von fünf bis zehn Mitgliedern statt, die im regelmäßigen Abstand zusammenkommen. Die Teilnehmer tragen dabei ihre Praxisfragen, Probleme und „Fälle" vor.

Hier drei Beispiele für Praxisfragen und Fälle:

Ein Mitarbeiter des Leitungsteams sagt z.B.: „Bei einem meiner Mitarbeiter lässt in letzter Zeit die Leidenschaft für unser Projekt merklich nach. Wie kann ich mit ihm darüber ins Gespräch kommen?" Oder ein anderer Leiter: „Ich stehe als Leiter am Anfang eines neuen Projkts in der Gemeinde. Wie kann ich den Auftakt so gestalten, dass sich alle wirklich engagieren?" Oder noch ein Fall: „Ich habe einen neuen Mitarbeiter bekommen. Er tut sich schwer, sich ins Team zu integrieren. Was kann ich tun, damit er in das Team hineinfindet und vom Team akzeptiert wird?"

Das wären Fragen aus der Praxis, bei denen sich die Mitarbeiter gegenseitig helfen könnten. Eine Sitzung in kollegialer Beratung dauert normalerweise ca. zwei bis drei Stunden, wobei in dieser Zeit zwei bis drei Fälle bearbeitet werden können. Jeder Abschnitt, der sich normalerweise in sechs Phasen gliedert, hat demnach ca. eine Stunde Zeit.

Der Moderator des Abschnitts wechselt von Fall zu Fall, sodass während einer Sitzung zwei bis drei Moderatoren zum Einsatz kommen. Es ist kollegiale Beratung, weshalb die Rollen nicht fest verteilt sind, sondern vor jedem Fall neu festgelegt werden. Es gibt keinen Berater oder Experten von außen. Das macht das Kollegiale aus. Im Verlauf einer Sitzung gibt es normalerweise bis zu vier Rollen:

(1) Fallerzähler
Der Fallerzähler bringt ein Schlüsselthema, eine Situation oder einen Fall in die Runde ein. Dabei teilt er den anderen die Informationen mit, die ihm zu dieser Sache wichtig sind. Er formuliert auch eine „Schlüsselfrage", die zu einer Antwort in dem geschilderten Fall führen soll. Eventuell kann er auch eine Methode zur Bearbeitung der Fragestellung vorschlagen. Das wird aber in den wenigsten Fällen geschehen.

(2) Moderator
Der Moderator leitet die Gruppe durch die Phasen der kollegialen Beratung. In der Phase des Spontanberichtes unterstützt er den Fallerzähler, z.B. durch Rückfragen, die helfen, sein Thema zu entfalten.

Der Moderator achtet darauf, dass die Autonomie des Fallerzählers gewahrt bleibt und es im Verlauf der Sitzung auch wirklich um seinen Fall geht. Und er achtet darauf, dass die übrigen Teilnehmer respektvoll mit dem Fallerzähler umgehen.

(3) Berater
Die übrigen Teilnehmer nehmen die Rolle der Berater ein. Sie lassen sich durch den Moderator für die Dauer der kollegialen Beratung anleiten. Sie hören dem Fallerzähler aufmerksam zu, stellen an der passen-

den Stelle Verständnisfragen und geben in der Beratungsphase ihre Ideen und mögliche Perspektiven weiter.

(4) Schriftführer
Der Schriftführer schreibt mit: Fragestellung - Ideen - Impulse - Lösungsvorschläge - Perspektiven - Alternativvorschläge - usw. Bei dieser Aufgabe geht es darum, dass nichts verloren geht und der kreative Prozess nicht dadurch behindert wird, dass man sich alle Impulse merken muss. Der Vorteil ist, dass der Fallerzähler nach der kollegialen Beratung mit einem Pool an Ideen und Impulsen an die Lösung seiner Schlüsselfrage gehen kann.

Beratungssitzung
Normalerweise läuft eine kollegiale Beratung folgendermaßen ab:

1. Casting (ca. 5 Min.)
In dieser ersten Phase, die nicht länger als ca. 5 Min. sein sollte, werden die eben besprochenen Rollen besetzt.

2. Spontanerzählung (5 bis 10 Min.)
In der Phase der Spontanerzählung, die 5-10 Min. nicht überschreiten sollte, stellt der Fallerzähler seine Sicht des Problems dar und gibt die wichtigsten Informationen zur Ausgangslage weiter.

3. Schlüsselfrage (5 bis 10 Min.)
In dieser Phase, die auch höchstens 5-10 Min. dauern sollte, konkretisiert der Fallerzähler seinen Klärungswunsch und bestimmt die Richtung der nachfolgenden Beratung. Dazu wird meist eine Frage formuliert, deren Antwort die anderen Mitarbeiter erarbeiten können.

Wenn der Fallerzähler Schwierigkeiten mit der Fragestellung bzw. dem Ziel der kollegialen Beratung hat, kann die Gruppe in einer ersten Beratungsphase „Fragestellungen erfinden", um dem Fallerzähler Vorschläge für eine Fragestellung anzubieten. Das muss allerdings vom Fallerzähler erwünscht sein. Der Moderator achtet darauf, dass dazu respektvoll mit dem Fallerzähler umgegangen wird. Danach kann die Gruppe zur nächsten Phase übergehen.

4. Methodenauswahl (5 Min.)
In dieser ca. fünfminütigen Phase wird eine zur Schlüsselfrage und zum Kontext passende Methode für die Beratung ausgewählt. Eine der folgenden Methoden könnte dabei z.B. ausgewählt werden:

- Brainstorming zur Schlüsselfrage. Frage dazu: „Was könnte man in einer solchen Situation tun?" (Ergebnisse nicht kommentieren/diskutieren)
- Kopfstand-Brainstorming: „Was kann man tun, um die Lage zu verschlimmern bzw. das Gegenteil zu erreichen?"
- Reframing (umdeuten): Dabei wird versucht, das Problem positiv zu deuten. Fragestellung: „Wie könnte man die Ereignisse positiv deuten?"
- Resonanzrunde. Fragestellung: „Was löst die Fallerzählung bei mir aus?"
- Hypothesen, bei der die Berater frei assoziieren, um die Zusammenhänge der Fallschilderung neu zu bewerten. Fragestellung: „Welche Hypothesen habe ich über das Geschehen?" Wie beim Brainstorming ist hier darauf zu achten, dass die Hypothesen nicht diskutiert und bewertet werden.
- Ratschläge geben. Das muss allerdings vom Fallerzähler als Methode gewünscht sein, denn niemand erhält gerne Ratschläge, um die er nicht gebeten hat. Es ist allerdings eine Methode, die dem Fallerzähler einen Pool an Erfahrungen mitgibt, aus der er eine Lösung für sich mitnehmen kann, wenn er möchte.

5. Beratung (15 bis max. 30 Min.)
Danach folgt die Phase der Beratung, die ca. 15-30 Min. nicht überschreiten sollte. Die Berater bearbeiten darin die Schlüsselfrage mit der gewählten Methode. Sie formulieren z.B. ihre Gedanken und Wahrnehmungen oder entwickeln Lösungsideen. Der Fallerzähler hört nur zu und lässt das Geschehen auf sich wirken.

6. Abschluss (5 Min.)
Und schließlich bringt der Moderator die kollegiale Beratung zum Ende, indem er dem Fallerzähler das abschließende Wort erteilt. Dieser resümiert und kommentiert das Gehörte und legt dabei möglicherweise auch

schon nächste Schritte fest, die er in der Sache gehen möchte. Damit verlassen alle Beteiligten ihre Rollen. Und der Prozess kann mit einem neuen Fall von vorne beginnen.

Hier eine Zusammenfassung einer kompletten Sitzung:

Phase	Was passiert?	Was ist das Ergebnis?	Wer trägt was dazu bei?
Casting	Die Rollen werden besetzt: Moderator, Fallerzähler, Berater	Fallerzähler und Moderator nehmen ihre Rollen ein	Der Moderator wird gesucht, Teilnehmer benennen ihr Thema kurz, ein Fallerzähler wird ausgewählt
Spontanerzählung	Der Fallerzähler gibt Informationen zu seinem Thema	Alle Teilnehmer haben den Fall in groben Zügen verstanden	Der Fallerzähler berichtet und wird dabei vom Moderator begleitet
Schlüsselfrage	Eine Schlüsselfrage wird gesucht	Alle Teilnehmer haben die Schlüsselfrage des Fallerzählers verstanden	Der Fallerzähler formuliert eine Schlüsselfrage und wird dabei vom Moderator unterstützt
Methodenwahl	Ein Beratungsmodul aus dem Methodenpool wird gewählt	Die Methode zur Bearbeitung der Schlüsselfrage steht fest	Der Moderator leitet die Auswahl eines Moduls an, der Fallerzähler und die übrigen Teilnehmer machen Vorschläge
Beratung	Die Berater geben ihre Ideen und Vorschläge im Stil des ausgewählten Beratungsmoduls	Der Fallerzähler hat Ideen und Anregungen gemäß der Methode erhalten	Die Berater formulieren ihre Beiträge passend zur Methode, der Moderator achtet auf die Zeit, ein Schriftführer notiert die Beiträge
Abschluss	Der Fallerzähler resümiert die Beiträge der Berater und nimmt abschließend Stellung	Die kollegiale Beratung ist abgeschlossen	Der Fallerzähler berichtet, welche Anregungen für ihn wertvoll waren und bedankt sich abschließend

Führen durch Coaching

Sicher haben auch Sie schon einmal erlebt, dass es in Ihrer Gemeinde darum ging, dass in einem bestimmten Bereich Mitarbeiter gefehlt haben. Nehmen wir einmal an, es fehlen Mitarbeiter im Bereich der Kinderarbeit (Kindergottesdienst - Jungschar - Royal Rangers).

Normalerweise stellt sich in solchen Fällen ein Verantwortlicher dieses Bereiches in einem der Gottesdienste vor die Gemeinde, schildert wo Mitarbeiter fehlen und dass sich doch bitte noch solche melden sollen, die ein Herz für die Kinderarbeit haben, sonst könne man die Arbeit früher oder später nicht mehr aufrecht erhalten.

Wenn es gut läuft melden sich daraufhin ein oder zwei Mitarbeiter, die fortan in der Kinderarbeit eingesetzt werden. Meist wird dabei nicht so sehr auf die Qualifikationen und Begabungen geachtet und diese Menschen werden oftmals auch „ins kalte Wasser" geworfen, in dem sie schwimmen lernen müssen. Und wenn sie nicht gestorben sind...

Ich bitte Sie, an dieser Stelle kurz innezuhalten, um sich folgender Aufgabenstellung zu diesem Thema zu stellen:

Situation:
Sie sind in der Kinderarbeit für die Jungschar (Altersgruppe: 9-13 Jahre) zuständig. Es kommen wöchentlich 20 Kinder. Außer Ihnen sind noch zwei Mitarbeiter vorhanden. Im Team haben Sie sich darauf geeinigt, dass noch mindestens zwei weitere Mitarbeiter nötig wären, um die Arbeit auf Dauer aufrechterhalten zu können. Die Gemeinde, zu der diese Arbeit gehört, hat 80 Mitglieder und einen Gottesdienstbesuch von ca. 120 Personen.

Aufgabe:
Auf welche Weise würden Sie versuchen, die beiden Mitarbeiter zu gewinnen und wie würden Sie diese in Ihre Arbeit einführen?

Nehmen Sie sich bitte Zeit, um darüber nachzudenken. Vielleicht machen Sie es sogar konkret, indem Sie sich ein schriftliches Konzept erarbeiten, wie Sie es lösen würden. Solche Aufgaben haben keinen Selbstzweck, sondern dienen dazu, ein Bewusstsein für den Umgang mit Mitarbeitern zu wecken, und die Prozesse zu hinterfragen, mit denen Mitarbeiter vor Ort gewonnen und in Aufgaben eingeführt werden.

Coaching im Leistungsprozess

Eines sollten Sie bei der ganzen Sache rund um Führung durch Coaching nicht vergessen: Das Netzwerk menschlicher Beziehungen ist komplexer als es mancher zugeben mag. Ein Umstand, der z.B. in folgendem Schaubild deutlich wird:

Denken Sie z.B. an Ihre Organisation = Gemeinde. Darin befinden Sie sich als Führungskraft, egal ob als Leiter einer Klein- oder Dienstgruppe, als Bereichsleiter, Gemeindeleiter, etc. In dieser Aufgabe sind Sie mit einem Markt bzw. Ihren Kunden konfrontiert. Das sind in Ihrem Fall die Menschen, die Sie für den Glauben an Jesus gewinnen und in die Gemeinde integrieren möchten, bzw. mit denen Sie z.B. eine Jungschar- oder Teenagerarbeit umsetzen möchten.

Als weiteres wären da noch die Mitarbeiter, mit ihrem ganzen von Gott geschenkten Potential aus Neigungen, geistlichen Gaben und Persönlichkeit. In diesem Geflecht entstehen nun eine Unzahl von Anforderungen und Erwartungen, denen Sie mit Anforderungsprofilen und Leistung begegnen müssen, um der Sache halbwegs gerecht werden zu können. Und das einmal ganz abgesehen von der Gesellschaft, in der Sie sich bewegen, mit all ihren kulturellen Gegebenheiten, Erfordernissen und Veränderungen.

Und nun treten manche Leiter mitten in diesem komplexen Geflecht vor die Gemeinde, um ein paar Mitarbeiter zu rekrutieren, die sie danach unvermittelt in dieses Geflecht hineinwerfen. Wenn Sie ein bisschen Achtung und Respekt vor Ihrem Schöpfer und ein wenig Wertschätzung für seine Geschöpfe haben, tun Sie das bitte nicht! Sondern nehmen Sie sich bitte die notwendige Zeit, um für diese Menschen eine Personal- und Mitarbeiter-Struktur zu schaffen, in die sie langsam hineinwachsen können. Und aus der sie, wenn es gut läuft, freiwillig gar nicht mehr aussteigen wollen.

Planen Sie darin auch Freiräume ein, z.B. den Freiraum des zukünftigen Mitarbeiters, seinen Platz selbst zu wählen. Und auch wählen zu können, wie viel er sich einbringt und wie lange er es machen möchte. Es muss die Möglichkeit geben, jederzeit wieder aussteigen zu können, wohl wissend, dass wir die Arbeit damit keiner Willkür preisgeben dürfen. Wenn Ihre Philosophie des Umgangs mit Mitarbeitern jedoch respektvoll und wertschätzend ist, können Sie auch Spielregeln vereinbaren, die sehr verbindlich sind und beiden Seiten die notwendige Planungssicherheit zu geben vermögen.

Führung
Doch wie führen Sie nun die Menschen, im Rahmen ganz unterschiedlicher Aufgaben, Bereiche und Erfordernisse in der Gemeinde? Zunächst einmal gehe ich dabei immer von einem Führungsstil aus, der Menschen zwar in Verantwortung stellt, sie aber letzten Endes in die Freiheit führt. Dabei setze ich voraus, dass in jedem Menschen das Potential steckt, seinen Beitrag in dieser Welt zu leisten. Da spielt es keine Rolle, wie dieser Mensch aussieht, wie er sich kleidet oder wie er sich gibt. Um dieses Potential entfalten zu können, benötigt der Mensch, der angeleitet bzw. geführt werden soll, drei wichtige Substanzen (siehe Bild):

Er braucht Informationen über die verschiedenen Aspekte und Bereiche seiner Arbeit, und über die Kontaktpersonen, die ihm weiteren Input geben können. Und er braucht Informationen über das Ziel, das er mit seiner Arbeit erreichen soll.

Als nächstes benötigt er eine entsprechende Motivation, die von außen z.B. durch ein Ziel gegeben sein kann. Dies kann auch durch Belohnungen o.ä. herbeigeführt werden. Dabei darf die von innen her kommende Motivation nicht unterschätzt werden. Es gibt nichts Wertvolleres als solch eine Art der Motivation! Wenn man „den Hund zum Jagen tragen" muss, wird die Jagd ziemlich beschwerlich. Wenn der Hund allerdings aus sich heraus motiviert ist, muss man ihn eher in seine Grenzen weisen als ihn zur Jagd zu bewegen.

Und schließlich muss es immer darum gehen, einen Mitarbeiter auch in die Verantwortung zu nehmen und ihm nicht nur die Arbeit zu überlassen. Wenn ein Mensch den Eindruck bekommt, dass er nur die Arbeit machen soll und ansonsten nichts zu melden hat, wird er alles andere als motiviert sein. Es muss daher immer darauf ankommen, Arbeit und Verantwortung zu übertragen. Allerdings muss man sich auch hier mäßigen bzw. auf den Mitarbeiter einstellen. Oftmals heißt es: „Fang schon mal an. Du weißt ja, wie es geht!" Das kann sehr erdrückend sein, wenn der Mitarbeiter z.B. doch nicht so genau weiß, wie es geht. Auf der anderen Seite kann es auch sehr demotivierend sein, wenn der Mitarbeiter zu wenig Verantwortung übertragen bekommt.

Entwicklungsstand des Mitarbeiters
Deshalb muss noch ein weiterer Punkt bedacht werden, wenn Sie damit beauftragt sind, Menschen zu führen: Der Entwicklungsstand des Mitarbeiters. Wenn Sie in Ihrer Führungsweise das richtige Maß treffen möchten, müssen Sie automatisch beurteilen, in welchem Entwicklungsstand sich dieser Mitarbeiter befindet. Dieser hängt meist von zwei Faktoren ab; dem Engagement und der Kompetenz des Mitarbeiters.

Wenn eine Person eine neue Aufgabe übernimmt, ist das Engagement meist ziemlich hoch, die Kompetenz für die Bewältigung der Aufgabe aber meist noch eher niedrig. Auf der X-Y-Achse ausgedrückt könnte man sagen,

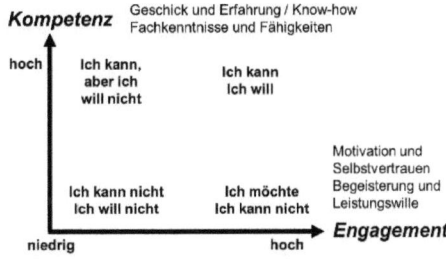

dass er gerne etwas tun möchte, aber noch nicht kann, weil ihm die dazu nötigen Kompetenzen fehlen. Wie können Sie das ändern?

Zunächst einmal, indem Sie die Bereitschaft des Mitarbeiters anregen, sich die notwendigen Kompetenzen anzueignen bzw. sich anleiten zu lassen. In diesem Fall könnten Sie für Weiterbildungsmöglichkeiten sorgen oder solche empfehlen. Ziel ist es, dass der Mitarbeiter sagen kann: „Ich will diese Aufgabe auch weiterhin tun und ich kann es auch!" Da dies nicht sofort der Fall sein wird, müssen Sie den Mitarbeiter durch die einzelnen Entwicklungsstufen führen.

Das Ziel dabei ist, dass die fachliche, persönliche und soziale Kompetenz bei dem Mitarbeiter kontinuierlich ansteigt, ohne dass 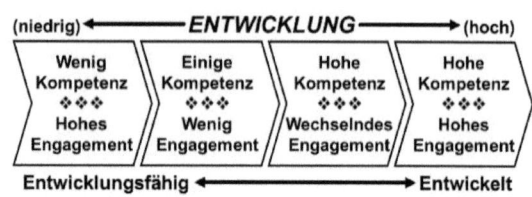 die Motivation verloren geht. Das hört sich sehr schwierig und kompliziert an, ist es in der Praxis aber nicht, wenn Sie mit dem Mitarbeiter in Kontakt und im Gespräch sind.

Die Entwicklung und die Übergänge finden fließend statt und werden weitestgehend durch den Mitarbeiter selbst gesteuert. Denn sowohl Engagement als auch Kompetenz sind seine Sache. Ihre Sache ist es, das nötige Umfeld zu schaffen und die nötigen Hilfen zur Verfügung zu stellen, damit der selbst motivierte Mitarbeiter seine Aufgabe konsequent erfüllen und ausfüllen kann.

Beschreibung und Einsatzbereich der einzelnen Führungsstile
Dazu können verschiedene Führungsstile angewendet werden. Ziel eines situativen Führungsstils - sprich, eines Führungsstils, der sich sowohl den Gegebenheiten als auch dem Entwicklungsstand des Mitarbeiters angleicht - ist es, sich nicht nur auf eine Monokultur des Führens zu beschränken, indem Sie immer Ihren Lieblingsführungsstil anwenden, sondern dass Sie versuchen, in jeder Phase des Entwicklungsprozesses den jeweils angemessenen Führungsstil anzuwenden (siehe Bild auf der nächsten Seite). Dazu werden wir uns nachfolgend die Führungsstile etwas näher ansehen.[86]

---

[86] Vgl. Blanchard: Minuten-Manager, S. 71.

Dirigierender Führungsstil (F1)

Wer den dirigierenden Führungsstil anwendet, muss

- klare Aufgabenbeschreibungen und Struktur geben,
- detaillierte und schrittweise Anweisungen/Informationen geben, wie eine Aufgabe erledigt werden muss,
- bei der Ausführung der Aufgabe - zur Begleitung und Überwachung - in unmittelbarer Nähe des Mitarbeiters sein,
- Rückmeldung über die Leistung geben können,
- Ziele und Qualitätsmaßstäbe setzen.

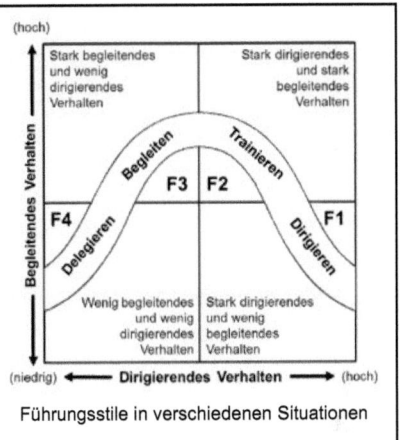

Führungsstile in verschiedenen Situationen

Dadurch gewinnt der Mitarbeiter an Know-how. Er lernt Stück für Stück und wächst in die Aufgabe hinein.

Einsatzbereich des dirigierenden Führungsstiles
- Bei hohem Engagement und geringer Kompetenz des Mitarbeiters;
- Zu Beginn einer neuen Aufgabe: Normalerweise kommt ein neuer Mitarbeiter mit genügend Engagement. Seine Begeisterung ist ansteckend. Was ihm in diesem Stadium fehlt ist die Kompetenz. Es fehlt an aufgabenspezifischem Wissen, am nötigen Gesamtüberblick, der bisherigen Geschichte etc.;
- In gewissen Krisensituationen.

Trainierender Führungsstil (F2)
Wer den trainierenden Führungsstil anwendet, geht schon einen Schritt weiter, als der dirigierende Führungsstil. Jetzt gibt nicht mehr nur der Leiter den Ton an, sondern

- er bittet um Ideen und Vorschläge des Mitarbeiters,
- er erläutert seine Entscheidungen,
- er gibt zwar noch notwendige Anweisungen, aber nicht mehr so detailliert. Es sei denn, es handelt sich um eine Aufgabe, bei der die

entsprechenden Fähigkeiten noch fehlen,
- er entwickelt einen Durchführungsplan und bespricht ihn mit dem Mitarbeiter,
- er trifft letzte Entscheidungen immer noch selbst,
- er beobachtet die Leistung und Entwicklung des Mitarbeiters und bespricht sie mit ihm,
- er unterstützt den Mitarbeiter.

Einsatzbereich des trainierenden Führungsstiles
- Wechselndes oder hohes Engagement und hohe oder mittlere Kompetenz;
- In Krisenzeiten, in Bezug auf die Wachstumsphasen christlicher Gemeinschaften.

Begleitender Führungsstil (F3)
Bei diesem Führungsstil geht man noch einen Schritt weiter als beim trainierenden Führungsstil. Nun geht es z.B. um

- kooperative Zusammenarbeit und Zielvereinbarung,
- Entscheidungen, die gemeinsam getroffen werden,
- Stärkung des Engagements (Coaching), da genaue Anweisungen nicht mehr nötig sind,
- Ermutigung und Stärkung des Mitarbeiters,
- Unterstützung, Hilfsmittel und Ideen, wenn der Mitarbeiter darum bittet.

Einsatzbereich des begleitenden Führungsstiles
- Bei wechselndem Engagement und hoher Kompetenz;
- In Zeiten der Klärung, in Bezug auf die Wachstumsphasen christlicher Gemeinschaften.

Delegierender Führungsstil (F4)
Mit diesem Führungsstil ist man im Grunde am Ziel seiner Träume angekommen.

- Der Mitarbeiter braucht wenig Unterstützung, da er eine hohe Eigenmotivation hat. Allerdings braucht er, wie andere auch, das Lob und die Anerkennung seines Leiters (spornt zu weiteren Taten an).
- Dem Mitarbeiter sollte eine große Vertrauensspanne gegeben und

- es sollten wenige Kontrollen durchgeführt werden.
- Dem Mitarbeiter sollten weitreichende Befugnisse gegeben werden.
- Der Leiter sollte nur noch für außergewöhnliche Fälle Berater und Ansprechpartner sein.
- Dem Mitarbeiter sollte gestattet werden, eigene Pläne, Methoden und Vorgehensweisen zu entwickeln.

Einsatzbereich des delegierenden Führungsstiles
- Bei hohem Engagement und hoher Kompetenz;
- In Zeiten des Wachstums, in Bezug auf die Wachstumsphasen christlicher Gemeinschaften.

Im Grunde geht es bei situativer Führung um das, was jeder Fahrlehrer macht, wenn er einen Neuling ans Steuer lassen möchte. Der Fahrschüler muss eines Tages das Auto so steuern können, dass man ihn alleine fahren lassen kann. Wenn Sie Menschen leiten, kann es nie darum gehen, Ihren Herrschafts- oder Einflussbereich zu erhalten bzw. zu vergrößern. Es muss Ihr Ansinnen sein, sich zu multiplizieren. Das heißt, dass Sie als Leiter immer darauf bedacht sind, das Potential Gottes in den Menschen zu Gottes Ehre zu entfalten.

Das beginnt meist mit konkreten Vorgaben für den Mitarbeiter, wird aber mit zunehmender Zusammenarbeit lockerer, bis dahin, dass er die Arbeit incl. Verantwortung zu 100% delegiert bekommt. Die besten Leiter sind immer die, die Menschen hervorbringen, die besser sind als sie selbst es waren oder sind. In diesem Zusammenhang können Sie ganz gelassen sein: Die Arbeit im Reich Gottes wird Ihnen nie ausgehen, auch wenn andere Menschen Ihre bisherigen Aufgaben übernehmen werden.

Zusammenfassung
Führen durch Coaching heißt für mich, dass Sie den Menschen in erster Linie als Geschöpf Gottes sehen, das wertvoll und achtenswert ist. Und das bedeutet, dass eine strukturelle Vorgabe, wie z.B. eine Jungschargruppe in einer Gemeinde, nie für alle Zeiten festgelegt sein darf, und somit zur Geisel für Mitarbeiter werden kann.

Führen durch Coaching heißt deshalb auch, darauf zu achten, dass Sie Strukturen haben, die Ihnen als Gemeinde immer dienen und nicht

Sie den Strukturen. Und darin eingebettet heißt Führung durch Coaching für mich, dass Sie immer ein Auge auf das Potential von Menschen haben und diese so herausfordern, fördern und konstruktiv begleiten, dass sie ihren von Gott gegebenen Platz finden und sich dort zur Ehre Gottes einbringen können.

Um das noch ein wenig zu vertiefen, habe ich für Sie ein Fallbeispiel, das Sie entweder allein oder auch mit Ihrem (Leitungs-) Team bearbeiten können. Bitte nehmen Sie sich die Zeit dafür, es zu bearbeiten. Ihre Mitarbeiter können davon nur profitieren!

Fallbeispiel
Egon ist seit einem Jahr Mitglied deiner Gemeinde. Er ist 20 Jahre alt und hat schon Erfahrungen in der Kinder- und Jugendarbeit, aus seiner vorigen Gemeinde. Er möchte gerne in der Arbeit mit den Teenagern mitarbeiten, die - wie die gesamte Kinder- und Jugendarbeit - innerhalb der christlichen Pfadfinderschaft - ROYAL RANGERS - organisiert ist.  Die Gemeindeleitung ist damit einverstanden, dass Egon verantwortlich mitarbeiten kann, auch dort, wo es um geistliche Verantwortung geht.

Aufgabe:
Erarbeiten Sie ein Konzept zur Integration dieses zwar in der Kinder- und Jugendarbeit erfahrenen Mitarbeiters, jedoch in der Royal-Rangers-Arbeit völligen Neulings. Darin enthalten sollen auch mögliche Schulungs- und Weiterbildungsmaßnahmen sein.

Wer kommunizieren kann, ist echt im Vorteil

„Durch klare Aufgaben wird erstens Arbeit messbar, zweitens Kontrolle möglich, drittens Sicherheit und Orientierung gegeben, und viertens sind klare Aufgaben die Grundlage jeder effektiven Kommunikation."[87]

„Ist's möglich, soviel an euch liegt, so habt mit allen Menschen Frieden." (Römer 12,18)

Kommunikation mit Mitarbeitern[88]

Der franko-amerikanische Psychotherapeut und Urvater der Selbsthilfegruppen Richard Beauvais schrieb 1964 folgende Sätze über Beziehungen unter den Menschen:

„Wir sind hier; weil es letztlich kein Entrinnen vor uns selbst gibt. Solange der Mensch sich nicht selbst in den Augen und Herzen seiner Mitmenschen begegnet, ist er auf der Flucht. Solange er nicht zulässt, dass seine Mitmenschen an seinem Innersten teilhaben, gibt es für ihn keine Geborgenheit. Solange er sich fürchtet, durchschaut zu werden, kann er weder sich noch andere erkennen - er wird allein sein. Wo können wir solch einen Spiegel finden, wenn nicht in unseren Nächsten? Hier in der Gemeinschaft kann ein Mensch erst richtig klar über sich werden und sich nicht mehr als den Riesen seiner Träume oder den Zwerg seiner Ängste sehen, sondern als Mensch, der - Teil eines Ganzen - zu ihrem Wohl seinen Beitrag leistet. In solchem Boden können wir Wurzeln schlagen und wachsen; nicht mehr allein - wie im Tod - sondern lebendig als Mensch unter Menschen."

Im Grunde äußert sich Beauvais hier nicht nur über die Beziehungen unter Menschen, sondern er spricht auch von dem, was Beziehung von Anfang an ausgemacht hat: Kommunikation. Schon zu Beginn der Erschaffung der Erde heißt es: *„Und Gott sprach..."* (1. Mose 1,3). Das ist Kommunikation, auch innerhalb der Gottheit.

---

[87] Grundl: Leading Simple, S. 40.
[88] Dazu gehören folgende Themen: Mitarbeitergespräch - Feedback - Fehlerkultur

Dann von Gott zum Menschen, Adam. Und danach zwischen den Menschen, Eva und Adam. Kommunikation zieht sich durch die gesamte Menschheitsgeschichte und wird wohl auf der Erde für alle Zeiten entscheidend sein. Nur die Formen der Kommunikation scheinen sich zu verändern, wie neueste Statistiken zeigen:

Die Bundesnetzagentur teilte 2019 mit, dass in Deutschland pro Jahr ca. 14,2 Milliarden normale Briefe zugestellt wurden. Dagegen wurden lauter einer Auswertung von WEB.DE und GMX pro Jahr ca. 850 Milliarden E-Mails verschickt. Laut der Plattform „statista" werden pro Tag weltweit ca. 300 Milliarden E-Mails verschickt. Davon sind ca. 165 Milliarden SPAM. Das Kommunikationsverhalten entwickelt sich damit eindeutig hin zur elektronischen Kommunikation.

Laut Bundesnetzagentur lag die Anzahl der versendeten SMS im Jahr 2019 bei ca. 7,9 Milliarden pro Jahr. Diese Zahl ist jedoch rückläufig, vermutlich aufgrund vermehrter Nutzung von Social-Media-Kanälen und Messenger-Diensten wie Twitter oder WhatsApp.

Innerhalb der EU nutzten 2008 bereits 51% der EU-Bürger das Internet, wobei es 41% überhaupt nicht nutzten. Bis zum Jahr 2018 stieg die Anzahl der Nutzer kontinuierlich auf 85% der 16- bis 74-Jährigen an. Diese Zahl wird, durch die sich immer weiter verbreitende Nutzung von Smartphones, in den nächsten Jahren stetig anwachsen.

Im Moment ist es zwar noch so, dass in manchen, vor allem ländlichen Gegenden in Deutschland die Telefon- und Internet-Verbindungen der Handys und Smartphones manchmal eher schlecht sind und auch immer wieder abreißen, weil die Netzbetreiber die benötigte Bandbreite nicht zu jeder Zeit sicherstellen können. Neue Techniken wie z.B. das „Long Term Evolution", kurz LTE, oder auch der angestrebte Ausbau des 5-G-Netzes werden hier zukünftig jedoch Abhilfe schaffen.

Und jetzt schauen wir uns noch die Kommunikation von Mensch zu Mensch, bzw. hörbar von Mund zu Mund an: Diese ursprüngliche Art menschlicher Kommunikation ist bei ca. 40% der gesamten Kommunikation angekommen, und das bei statistisch „mehrmals die Woche".

Diese Statistiken sind nicht gedacht als einen Schlag auf die „ach so böse Welt" der Elektronik, des Internets und womöglich der Social-Media-Networks. Sondern sie sollen uns ein bisschen wachrütteln, in

Bezug darauf, wohin sich unsere Kommunikation entwickelt. Und es ist ein Indiz dafür, warum wir überhaupt Kommunikation lehren müssen.

Bestätigt wird dies noch durch eine Umfrage von TNS Infratest, die festgestellt hat, dass 26% der Führungskräfte eine eher mangelhafte Bereitschaft zu Gesprächen aufweisen. Für Organisationen ist das eigentlich der Super-GAU, denn nach meiner Erfahrung ist Gesprächsbereitschaft das A und O in der Mitarbeiterführung. Ich habe mir für Sie deshalb ein Werkzeug aus der Kommunikation ausgesucht, welches ich für sehr wesentlich halte. Nicht nur, um Mitarbeiter zu motivieren, sondern um dadurch auch Beziehungen aufzubauen, die in einer Gemeinde nicht nur notwendig sind, sondern in vielen Fällen auch von unschätzbarem Wert.

Mitarbeitergespräch
Mitarbeitergespräche sind in der freien Wirtschaft etablierte, regelmäßige, fest vereinbarte, strukturierte und zielorientierte Gespräche, in denen sich Vorgesetzter und Mitarbeiter partnerschaftlich begegnen können. Es geht beim Mitarbeitergespräch um grundlegende Aspekte der Zusammenarbeit.

Das sollte grundsätzlich auch für Mitarbeitergespräche im Rahmen von Non-Profit-Organisationen gelten. Allerdings sollten Sie die Gespräche etwas anders handhaben, vor allem wenn Sie es mit ehrenamtlichen Mitarbeitern zu tun haben. Denn dabei geht es ja meist nicht um ein hierarchisches Verhältnis von Vorgesetztem und Untergebenem, sondern um eine Zusammenarbeit, bei der sich Personen auf Augenhöhe befinden, die mit verschiedenen Ämtern und Aufgaben betraut sind.

Warum Mitarbeitergespräche?
Was man sich nicht bewusst vornimmt, kommt meist auch nicht vor. Wenn Sie sich im Alltagsgeschäft einer Gemeinde befinden ist es zwar so, dass Sie mit anderen nicht nur eng zusammenarbeiten, sondern auch über den Bereich der Zusammenarbeit in ständigem Gespräch sind, dass dabei allerdings das „WIE" der Zusammenarbeit und die persönlichen Befindlichkeiten meist unberücksichtigt bleiben.

Deshalb braucht es bewusst geplante Termine, bei denen nur die Beziehung des Mitarbeiters zu seinem Team, seinen Führungskräften und der Gemeinde zur Sprache kommen. Und in denen seine Empfindungen in Bezug auf seine Aufgabe zum Thema gemacht werden. Manche sagen: Das braucht man doch nicht zusätzlich auch noch. Ja, wenn Sie auf die Möglichkeiten verzichten möchten, Wertschätzung zum Ausdruck zu bringen, Lob auszusprechen und den Mitarbeiter motivieren zu können und dabei die persönliche Beziehung zu vertiefen, können Sie getrost darauf verzichten. Allen anderen empfehle ich solche Gespräche, mindestens einmal im Jahr.

Wenn möglich sogar zwei oder drei Mal im Jahr. Auf jeden Fall nicht erst dann, wenn Konflikte bereits schwelen, oder Krisen auf ihren Höhepunkt zusteuern. Dann allerdings auf jeden Fall! Es sollte jedoch schon vorher eine gute Beziehung aufgebaut sein, sodass Sie sich nicht erst in der Krise richtig kennen lernen müssen.

Rahmenbedingungen
Damit Mitarbeitergespräche hilfreich sind, braucht es ein paar Rahmenbedingungen, die ich im Folgenden anreißen möchte:

Ruhe und Zeit
Es ist wichtig, dass solch ein Gespräch nicht unter Termin- oder Zeitdruck stattfindet. Wenn einer der beiden Gesprächspartner den Eindruck hat, der andere hat keine Zeit, kann dies das Gespräch erheblich blockieren. Dazu gehört auch, dass Sie nicht dauernd auf die Uhr schauen, kein Telefon in der Nähe und auch das Smartphone auf lautlos - ohne Vibration - eingestellt sein sollte.

Sie können diese Dinge auch dadurch vorbereiten, dass Sie für das Gespräch einen Raum wählen, der beiden angenehm ist und unangenehme Störungen möglichst verhindert. Es ist wichtig, dass jeder der beiden Gesprächspartner die Möglichkeit hat, seine Sicht der Dinge und seine Anliegen in Ruhe darzulegen. Das geht nicht unter Zeitdruck und in störender Atmosphäre.

Vertraulichkeit
Vielleicht müssen Sie am Anfang des Gesprächs kurz darauf hinweisen, auch wenn es scheinbar allen klar ist: Alles, was zwischen diesen beiden Gesprächspartnern gesagt wird, verbleibt auch bei ihnen. Es kann mit Gott besprochen werden, aber sonst mit niemand anderem, auch

einem möglichen Ehepartner nicht. Wenn sich während des Gesprächs Punkte ergeben, die andere Personen betreffen, müssen beide darüber entscheiden, ob und wie diese Personen mit einbezogen werden können. Das muss in gegenseitigem Einvernehmen geschehen, da mit solch einer Entscheidung die vereinbarte Vertraulichkeit zu gewissen Teilen aufgehoben wird.

Fairness
Wir als Nachfolger von Jeu Christus könnten hier auch von Liebe sprechen. Sie sollten sich in solchen Gesprächen offen, fair und liebevoll begegnen. Dazu gehören auch gegenseitige Akzeptanz und Wertschätzung. Dies können Sie z.B. dadurch zeigen, dass Sie dem anderen gegenüber ein Lob aussprechen. Allerdings sollte dies kein pauschales Lob sein, sondern ein spezielles, wie z.B.: „Also die Idee zum Einstieg - gestern - in die Moderation, war echt kreativ und gut vorgetragen!" Das signalisiert dem anderen, dass Sie hingeschaut und ihn wahrgenommen haben; ein Zeichen von Wertschätzung.

Und Sie können es auch dadurch zeigen, dass Sie den anderen aussprechen lassen, ihm nicht dauernd ins Wort fallen, sich für die Meinungen und Gedanken des anderen interessiert zeigen und bei Unklarheiten gezielt nachfragen. Dies alles kann zu einer Vertiefung der Beziehung beitragen.

Vorbereitung
Und schließlich sollten Sie auch nicht unvorbereitet in solch ein Gespräch gehen. Das gilt übrigens für beide Seiten. Das heißt auch, dass der Termin ein bis zwei Wochen vorher ausgemacht werden sollte, damit Zeit zur Vorbereitung bleibt. Alles zwischen Tür und Angel verfehlt den Sinn der Sache. Und es sollte auf jeden Fall darüber Klarheit herrschen, um welche Art Gespräch es sich handelt und was die möglichen Inhalte sein werden.

Das trägt auch dazu bei, dass beide Seiten entspannter in das Gespräch gehen können. Ich wurde einmal von einem Ältestenkreis zu einem Gespräch geladen, bei dem sie mir nicht mitteilten, was der Inhalt sein sollte und ich hatte auch vergessen, danach zu fragen. Das ließ mich all die Tage vor dem Gespräch nicht mehr los. Um solch eine Situation zu vermeiden sollten möglichst alle Informationen zu diesem Gespräch ausgetauscht und alle Unklarheiten darüber beseitigt sein. Als Führungskraft können Sie sich z.B. ein paar Fragen aufschreiben, damit Sie nichts vergessen, was Sie in dem Gespräch ansprechen möchten:

Mögliche Fragen:
- Wie geht es dir?
- Was lief in der Aufgabe bisher gut?
- Wo gab es Probleme?
- Was für Erwartungen gibt es?
- Welche Wünsche/Ziele hast du?
- Wo/wie kann ich dir helfen/dich unterstützen/dich fördern?

Je nach Situation des Mitarbeiters, seines Aufgabenbereichs oder der Gemeinde, kann es dabei auch um mögliche Weiterbildungen, Seminare oder Kongresse gehen, die die Kompetenz und Motivation des Mitarbeiters steigern können. Es sollte auch immer in Erwägung gezogen werden, dass sich der Mitarbeiter an der Stelle nicht wohlfühlt, an der er gerade tätig ist. Sie sollten deshalb in solch einem Gespräch auch die Möglichkeit eines Wechsels in andere Bereiche in Betracht ziehen. Natürlich nur, wenn es möglich ist.

Bei ehrenamtlichen Mitarbeitern sollten Sie auf jeden Fall die Bereitschaft in den Raum stellen, ihn auf eigenen Wunsch von einer Aufgabe zu entbinden. Auch dann, wenn die Nachfolge nicht unbedingt geregelt ist. Denken Sie an das Thema „Mitarbeiter gewinnen" und wie wichtig ein guter Umgang mit Mitarbeitern ist!

<u>Feedback</u>
Ein weiterer, wichtiger Teil des Mitarbeitergespräches ist das Feedback. Feedback kommt ursprünglich aus der Steuerungs- und Regeltechnik, der sogenannten Kybernetik. Darin lässt sich Feedback am besten am Beispiel eines Thermostates deutlich machen.

Wenn Sie an einem Heizkörper den Temperaturregler auf Stufe 3 einstellen, beginnt er zu arbeiten. Während sich der Heizkörper aufheizt gibt der Regler permanent Rückmeldung an das Durchlassventil, damit es sich schließen kann, sobald die Wunschtemperatur erreicht ist. Diese Rückmeldung nennt man Feedback.

Oder ein Beispiel aus der Fischerei: Es geht um einen Angler, der abwechselnd Mehl- und Kompostwürmer als Köder verwendet. Dabei stellt er fest, dass die Fische deutlich besser anbeißen, wenn er Mehlwürmer verwendet. Diese Beobachtung der Futtervorliebe seiner Fische ist eine Rückmeldung. Oder anders gesagt: Die Fische geben dem Angler durch ihr Verhalten ein Feedback auf sein Verhalten, indem sie bei den Mehlwürmern besser anbeißen. Darin versteckt sich übrigens auch eine Kritik, indem sich nicht anbeißen, wenn der Angler seine Kompostwürmer aus der Dose holt.

Kritik ist demnach auch Feedback, allerdings wird es in unseren Breitengraden immer wieder mit verletzenden Äußerungen, einem Rüffel oder sonstiger Schelte gleichgesetzt. Aus diesem Grund verschließen sich Menschen ganz oft, wenn Kritik in irgendeiner Form droht. Denken Sie aber z.B. an eine Theater-Kritik im Kulturteil der Heimatzeitung, dann ist dies eigentlich bloß eine Rückmeldung zur aktuellen Aufführung, bei der die Stärken und die Schwächen benannt werden. Wenn man diese beiden Sachverhalte zusammenfasst, ergeben sich daraus zwei Erkenntnisse:

(1) Menschen fürchten sich vor Kritik, weil sie Kritik mit „verletzenden Äußerungen" gleichsetzen.

(2) Kritik/Feedback kann etwas ganz Wesentliches sein für die eigene Arbeit, denn der „Wurm muss nicht dem Angler schmecken, sondern dem Fisch!"

Ich möchte darum dafür werben, Feedback auch in Form von konstruktiver Kritik als etwas Positives zu sehen. Ganz in dem Sinne, wie ich einmal jemand sagen hörte: „Kritik ist kostenlose Beratung!" Denn wenn Sie offen sind für Feedback, auch in Form von Kritik, werden Sie sich auch weiterentwickeln können. Und Sie haben damit auch Einfluss darauf, die Dinge abzustellen, die Sie möglicherweise bei Menschen unbeliebt oder zu einer „schwierigen Person" machen.

Damit Feedback gut ankommt, sollten Sie mindestens zwei Dinge beachten:

(1) Das Positive nicht vergessen. Ein Mensch hat nie alles falsch gemacht. Es gibt immer Dinge, die er gut gemacht hat und die sollten Sie auch ansprechen. Nicht als Feigenblatt, hinter dem

die geballte Kritik schon wartet. Sondern ganz ehrlich und auch ernst gemeint. Das kommt an und hilft bei der negativen Kritik zum Verständnis.

(2) Nie pauschal kritisieren. Wenn Sie z.B. sagen: „Wie konntest du das nur übersehen? Das ist doch offensichtlich!", entsteht dabei leicht der Eindruck, als sei die angesprochene Person pauschal unfähig. Darum die negativen Punkte genau herausarbeiten und ansprechen. Und wenn Sie selbst Anteil an dem Problem oder dem Fehler haben, bricht Ihnen kein Zacken aus der Krone, wenn Sie Ihre Beteiligung zugeben. Vielleicht ist es sogar hilfreich, wenn Sie z.B. Auslöser des Problems waren, dass Sie bei dem Mitarbeiter nur wirklich die Dinge kritisieren, die in seiner Verantwortung falsch gelaufen sind.

Alles in allem sollte Feedback immer konstruktiv sein. Werben Sie also für eine gute Feedback-Kultur.

Fehlerkultur
Jede Gemeinde hat eine gewisse Fehlerkultur. Das beschreibt den Umgang mit Fehlern im Rahmen der Gemeindearbeit. Auch dort, wo dieser Umgang nicht festgelegt wird, gibt es sie, denn es wird immer irgendwie mit Fehlern umgegangen. Doch „irgendwie" mit Fehlern umzugehen hört sich für mich nicht nach einem guten Umgang an. Deshalb empfehle ich Ihnen, sich auch damit auseinanderzusetzen, wie Sie im Rahmen Ihrer Gemeindearbeit mit Fehlern umgehen möchten.

Als Grundlage könnten Sie den bekannten Spruch nehmen: „Wo gehobelt wird, fallen Späne!" Das heißt, dass dort, wo gearbeitet wird, auch Fehler vorkommen. Wer jedoch keine Fehler macht, kann auch nicht daraus lernen. Der chinesische Philosoph Konfuzius soll einmal gesagt haben: „Wer einen Fehler begeht und ihn nicht korrigiert, begeht einen zweiten". Aus Fehlern sollte man also lernen, das ist das Ziel.

Fehler gehören einfach zu unserem Leben dazu. Und darum muss man Fehler nicht immer als Katastrophen betrachten, sondern kann diese auch als Chancen sehen, Dinge weiter zu entwickeln und Menschen dabei zu helfen, charakterlich und persönlich zu reifen. Damit dies möglich werden kann, sollten Sie eine entsprechende Fehlerkultur aufbauen bzw. fördern. Das gilt nicht nur für eine Gemeinde als Organisation, sondern auch für Beziehungen im Allgemeinen. Bis hinein in das engste Beziehungsgeflecht, die Familie. Und wie können Sie solch eine Fehlerkultur aufbauen?

(1) Vorbild sein
Ganz wichtig ist, dass Sie als Führungskraft nicht so tun, als würde Ihnen nie ein Fehler unterlaufen. Das wäre kontraproduktiv in Sachen hilfreiche Fehlerkultur. Jeder Mensch weiß, dass er nicht fehlerlos ist, also können Sie ruhig dazu stehen, dass auch Ihnen Fehler unterlaufen. Und wenn Ihnen Fehler passieren, sollten Sie immer das Potential darin betonen, das Sie weiterbringen kann, und auf die Chancen hinweisen, die in jedem Fehler verborgen sind. Das schafft eine gelöste Atmosphäre, in der dann auch weniger Fehler gemacht werden, weil niemand darauf achten muss, keine zu machen. Dietrich Bonhoeffer hat dazu einmal gesagt: „Den größten Fehler, den man im Leben machen kann, ist, immer Angst zu haben, einen Fehler zu machen". Eine gute Fehlerkultur lässt diese Angst erst gar nicht aufkommen.

(2) Jeder darf Fehler machen
Wenn nicht klar ist, dass Fehler vorkommen dürfen, werden Fehler gerne vertuscht oder unter den Tisch gekehrt. Sie sind dann wie schwelende Zeitbomben, die nur darauf warten, im falschen Moment hoch zu gehen. Und diese Umgangsweise mit Fehlern zieht gerne Kreise, sodass auch andere sich nicht trauen, Fehler zuzugeben.

Wenn aber klar ist, dass jedem Fehler passieren und es deshalb auch nicht schlimm ist, wenn mal jemandem ein Fehler unterläuft, ist Raum dafür, zu Fehlern zu stehen. Dies können Sie z.B. dadurch kommunizieren, dass es im Leitbild Ihrer Gemeinde verankert, und dieses Leitbild aktiv kommuniziert wird, sodass es auch jeder Mitarbeiter mitbekommt.

Und dann ist auch noch wichtig, die Prioritäten Ihrer Gemeinde daraufhin abzuklopfen: Dort, wo Perfektion und übertriebener Qualitätswahn eine hohe Priorität haben, werden Fehler nur sehr wenig Raum haben und eher vertuscht werden. Ihre Einstellung als Führungskräfte und als Gemeinde spielt in diesem Zusammenhang also eine sehr große Rolle. Sie sollten das nicht unterschätzen.

(3) Nach Lösungen suchen
Jeder Fehler ist eine Chance zum Lernen. Und darum sollten Sie auch die Schuldigen nicht an den Pranger stellen. Es wurde noch kein Fehler dadurch korrigiert, dass man den Schuldigen dafür übermäßig zur Rechenschaft gezogen hat. Das heißt nicht, dass der Schuldige keine Kritik zu hören bekommt, das wäre sicher falsch. Aber es heißt, dass Sie viel eher an einer Lösung interessiert sind als an der Suche nach dem Schuldigen. Wenn Fehler zukünftig vermieden werden sollen, müssen Sie nach Ursachen und Lösungen suchen.

Wenn also ein Fehler passiert ist, geht es um Schadensbegrenzung und nicht um Schuldzuweisungen. Und es geht um Ursachenforschung und Lösungen. Und nebenbei können Sie dann auch noch mit dem Schuldigen sprechen und nach Gründen und Hilfen suchen, damit sich Fehler nicht mehr wiederholen.

(4) Ehrlichkeit
Auch wenn es nicht immer leichtfällt, sollte man zu seinen Fehlern stehen und auch bereit sein, sie einzugestehen. Hier sind Sie als Führungskraft vor allem gefordert, indem Sie eine offene Kommunikation fördern. Und wenn jemand einen Fehler eingesteht, sollte dieses Eingeständnis auch mit Anerkennung und Respekt honoriert werden.

Sie loben dadurch nicht den Fehler an sich. Aber wenn Sie eine positive Fehlerkultur schaffen möchten, sollte dabei auch klar werden, dass Ehrlichkeit ein hohes Gut ist und Sie ein Eingeständnis nicht sanktionieren, sondern diesem positiv gegenüberstehen. Das ist auch in der Kindererziehung wichtig. Kinder werden zu ihren Eltern nicht ehrlich sein, wenn sie bei jedem Geständnis gleich eine Strafe bekommen. Wenn sie aber spüren, dass Ehrlichkeit honoriert wird, und zwar auch dann, wenn eine Tat ihre Konsequenzen hat, weil das im Leben eben so ist, dann werden sie viel ehrlicher zu ihren Eltern sein, als wenn sie Schläge oder andere Sanktionen fürchten müssen. Das sage ich aus eigener, väterlicher Erfahrung.

(5) Feedback geben
Feedback geben ist auch in diesem Zusammenhang wichtig. Und wenn Sie eine gute Feedbackkultur haben, sollte dies auch bei negativer Kritik kein Problem sein. Nun kann es aber auch passieren, dass einem Men-

schen ein Fehler unterläuft und dem „Schuldigen" ist dieser gar nicht bewusst. Dann sollten Sie die Sache nicht auf sich beruhen lassen, sondern als Führungskraft auf diesen Menschen zugehen und ihm Feedback geben.

Dabei steht es einer Führungskraft immer gut zu Gesicht, wenn sie in Sachen Fehlersuche auch bei sich selbst recherchiert. Es könnte ja sein, dass der Fehler aufgrund eines eigenen Fehlers geschehen ist, z.B. bei der Aufgabenbeschreibung oder der Delegation.

Wenn Sie z.B. Ihrem Mitarbeiter nicht genügend Informationen oder Kompetenzen gegeben haben, um eine bestimmte Aufgabe zu erfüllen, kann es sein, dass ein Fehler daraus resultiert. Diesen nimmt der Mitarbeiter aber gar nicht wahr, weil ihm die nötigen Informationen fehlen, die diesen Fehler aufdecken würden. Also gilt auch hier: Ein faires und sachliches Feedback ist eine gute Basis für die Weiterentwicklung. „Schärfere" Kritik ist dann angebracht, wenn es sich um Wiederholungsfehler handelt.

Um diese Thematik der Kommunikation mit Mitarbeitern noch etwas zu vertiefen, bitte ich Sie, sich ein paar Minuten Zeit zu nehmen, um auf die Kommunikation anderer Führungskräfte zu schauen. Diese Aufgabe wird Ihnen helfen, die eigene Kommunikation zu verbessern.

Aufgabe

Lesen Sie bitte die folgenden Aussagen durch, die Führungskräfte in der Kommunikation mit Mitarbeitern immer wieder verwenden und notieren Sie bitte zu jeder Aussage, ob Sie glauben, dass die einzelnen Aussagen in der Lage sind, das Gespräch *positiv zu beeinflussen*, bzw. den Gesprächspartner für das eigene Anliegen *zu öffnen*.

Aussage	Positive Reaktion zu erwarten?
1. Also jetzt erkläre ich Ihnen noch einmal, warum wir es so und so machen müssen.	
2. Wie würden Sie die Sache angehen?	

Aussage	Positive Reaktion zu erwarten?
3. Sie sind verpflichtet, in besonderer Weise darauf zu achten ...	
4. Ich sehe, es fällt Ihnen schwer, dass ...	
5. Lassen Sie mich Ihnen die Fakten darlegen.	
6. Wenn einer meiner Mitarbeiter so etwas von sich gibt, muss ich mich schon fragen, ob ...	
7. Ich sehe, Sie sind meinem Vorschlag gegenüber kritisch. Aber ich frage Sie: Gibt es irgendeinen anderen Weg?	
8. Was spricht aus Ihrer Sicht gegen diese Lösung?	
9. Wenn ich höre, dass sich vermehrt Kunden über uns beschweren, habe ich Sorge um unseren Ruf als Dienstleister ...	

Konfliktbewältigung

Stellen Sie sich bitte folgende Situation vor: Sie stehen auf einem Korridor eines großen alten Schulgebäudes. Es wurde zu einer Zeit gebaut, als es noch nicht die große Menge an Schülern fassen musste, wie heute. Entsprechend schmal ist der Korridor vor den Klassenräumen. Plötzlich ertönt die Schulglocke, eine Stunde ist zu Ende. Die Türen öffnen sich und die Schüler strömen wild in alle Richtungen: Die einen haben Unterrichtsende und rennen die Treppe hinunter. Andere wechseln nur das Klassenzimmer oder sprinten auf den Schulhof. Ein wildes Gedränge entsteht, weil jeder unbeirrt sein Ziel ansteuert und niemand Zeit verlieren möchte. Sie stehen mitten in diesem Durcheinander, werden angerempelt und hin- und hergeschoben. Ausweichen ist nicht möglich. Alles, was zählt ist, sich auf den Beinen zu halten.

Dies ist ein gutes Bild für eine Konfliktsituation. Ein Konflikt ist wie ein schmaler Durchlass, eine Engstelle. Dort ballt sich Vieles zusammen. Was sonst im Fluss ist, kommt ins Stocken. Menschen stehen sich gegenüber und müssen sich einigen: Wer hat den Vortritt? Alle haben es gleichzeitig eilig und niemandem stehen mehr Rechte zu als anderen. In diesen Situationen muss evtl. auch Grundsätzliches geklärt werden. Das allerdings geschieht in einem Moment, in dem die Nerven flattern und der Stress das Adrenalin in die Höhe treibt.

Sie erleben sich selbst und Ihr Gegenüber auf ganz neue Weise. Sie begegnen Ihrem Egoismus oder merken, dass Sie gar nicht so belastbar sind, wie Sie angenommen haben. Sie stellen fest, dass Ihr freundlicher Mitmensch sehr unangenehm sein kann und sich hinter seiner Höflichkeit, Unnachgiebigkeit versteckt. Sie fragen sich: „Muss ich mich da durchquälen? Gibt es keinen anderen Weg?" Aber genau diese Engstelle beschreibt einen Teil des Alltags in unseren Gemeinden. Ein Ausweichen ist nicht möglich, weil wir eben Gemeinde sind und dieses „Haus" mit seinen engen Korridoren gemeinsam bewohnen. Wir müssen uns einigen.[89]

Definition: Konflikt

Das Wort Konflikt ist abgeleitet aus dem lateinischen confligere = „zu-

---

[89] Vgl. Stockmayer: Streit vermeiden, S. 9-10.

sammentreffen, kämpfen, streiten". Demnach spricht man dann von einem Konflikt, „wenn Interessen, Zielsetzungen oder Wertvorstellungen von Personen, gesellschaftlichen Gruppen, Organisationen oder Staaten miteinander unvereinbar sind oder unvereinbar erscheinen (Intergruppenkonflikt)"[90].

Dabei lässt sich zwischen dem Konflikt selbst, dem den Konflikt begleitenden Gefühl (z.b. Wut) und dem konkreten Konfliktverhalten (z.B. tätliche Aggression) unterscheiden. Oder anders gesagt: Zu einem Konflikt gehören immer zwei Personen oder Gegner. Wobei es sich auch um einen inneren Konflikt handeln kann, bei dem „zwei Herzen in meiner Brust" schlagen. Das sind Konflikte mit Ihnen selbst, wo Sie nicht wissen, ob Sie das eine oder andere tun sollen. In aller Regel gehören zu einem Konflikt allerdings zwei oder mehr Personen oder Gruppen, die sich gegenüberstehen: Die Ziele können dabei feindlich gesinnt sein, oder es handelt sich einfach um unterschiedliche Zielvorstellungen. Man möchte den anderen besiegen, in die Flucht schlagen, oder wenigstens das Beste für sich selbst erkämpfen.

Zu diesen verschiedenen Parteien kommt dann noch eine Situation hinzu, die der sehr ähnelt, die ich weiter oben zitiert habe: Offensichtlich gibt es keine Ausweichmöglichkeiten oder einen anderen Weg. Kompromisse scheinen nicht möglich. Die Ressourcen sind knapp und reichen nicht für alle gleich und meist läuft dann noch die Zeit davon. Und schließlich gehört noch die Entschlossenheit dazu, sich mit Nachdruck durchsetzen zu wollen. Dabei geht es um bestimmte Interessen, Erwartungen, Bedürfnisse und Vorstellungen, die beiden Parteien im Nacken sitzen. Würde man einfach nachgeben, könnten dabei Ethik, Moral und Anstand auf der Strecke bleiben. Also muss man durchhalten!

Das ist zwar etwas überspitzt dargestellt, aber im Grundsatz trifft es zu. Wenn man eine der drei Voraussetzungen wegnimmt, kommt es normalerweise gar nicht zum Konflikt. Wenn es keine Gegner gibt, sondern sie Freunde sind; wenn an Stelle der Entschlossenheit, Nachgiebigkeit steht; wenn statt dem Durchsetzungswillen der unbedingte Wille da ist, den Kompromiss oder die sogenannte „win-win-Lösung" zu finden, bei der möglichst die Bedürfnisse beider Seiten berücksichtigt und

---

[90] Wikipedia: de.wikipedia.org/wiki/Konflikt, vom 23.04.2015.

gestillt werden. Diese Beschreibungen machen es deutlich: Wenn beide Seiten offen sind für eine gute Lösung, kommt es nicht zum Konflikt.

Konflikte sind Leitersache
Aber das ist leider nicht immer so, weshalb sich meistens ziemlich schnell die Frage stellt: Wer muss sich eigentlich um einen Konflikt kümmern, wenn er mal losgebrochen ist? Dazu habe ich einen wichtigen Tipp, der im NT der Bibel zu finden ist. Es ist eine generelle Anweisung zum Umgang miteinander:

> *„... und lasst uns aufeinander Acht haben und uns anreizen zur Liebe und zu guten Werken und nicht verlassen unsre Versammlungen, wie einige zu tun pflegen, sondern einander ermahnen, und das umso mehr, als ihr seht, dass sich der Tag naht."* (Hebräer 10,24-25)

Immer dort, wo Konflikte entstehen, hört man schnell Sätze wie: „Misch' dich nicht ein!" „Das geht dich nichts an!" „Das ist mein Leben, kümmere du dich um dein Leben!" usw. Das mag im säkularen Bereich Geltung haben, obwohl auch dort solche Einstellungen nicht wirklich hilfreich sind. Aber unter Christen sind es Sätze, die so nicht gelten können. Natürlich können Sie sich nicht einfach in die intimen Angelegenheiten Ihrer Mitchristen einmischen: „Da könnte ja jeder kommen!" Aber es muss mindestens erlaubt sein, nachzufragen und Hilfe anzubieten, weil wir den Auftrag haben, _aufeinander Acht_ zu _haben_ und _einander_ zu _ermahnen_. Das gilt zunächst einmal generell.

Wenn Sie folgende Bibelstellen einmal für sich durcharbeiten, werden Sie dieses und auch noch etwas anderes feststellen:
Hebräer 12,14-15 - Römer 12,18 - Johannes 13,34-35 - 5. Mose 29,17 - Philipper 2,3-4 - Matthäus 5,23-24 - Römer 12,1 - 1. Petrus 5,2-3 - 1. Petrus 4,10 - 2. Timotheus 4,1-2 - 2. Timotheus 2,24-26.

Menschen drücken sich gerne um Konflikte, weil sie die Harmonie stören und weil man gerne eine heile Welt erhalten möchte. Da aber Konflikte nicht unbewältigt bleiben dürfen, weil sie sonst - oftmals unbemerkt - zwischen den Menschen stehen und irgendwann einmal unerwartet wieder ausbrechen können, sagen die Bibelstellen aus, dass sich auf jeden Fall die Leiterschaft um einen Konflikt kümmern muss. Deshalb: _Konflikte sind Leitersache!_

Konflikte und deren Bewältigung
Ich möchte mit Ihnen einen Schritt weitergehen, der Ihnen helfen soll, einen Konflikt noch besser zu verstehen, ihn möglichst frühzeitig zu erkennen und ihn dann auch angemessen zu bewältigen: Es geht dabei um Ursachen und Anzeichen für das Entstehen eines Konfliktes und die Ebenen, auf denen sich normalerweise ein Konflikt abspielt.

Wir schauen uns dazu auch das Eskalationsmodell des österreichischen Politikwissenschaftlers und Ökonom, Friedrich Glasl an und kümmern uns schließlich noch um ein paar Möglichkeiten, wie ein Konflikt moderiert werden bzw. wie man einem Konflikt auf der Gesprächsebene angemessen begegnen kann.

Konflikt: Ursachen
Grundsätzlich entstehen Konflikte, wenn Menschen unterschiedliche Ziele und Bedürfnisse haben, die nicht miteinander in Einklang gebracht werden können. Konflikte sind ständig auftretende, unausweichliche Ereignisse. Deshalb ist es wichtig zu akzeptieren, dass es immer Konflikte geben wird.

Einerseits führen Konflikte oft zu Unstimmigkeiten, Spannungen und Auseinandersetzungen. Andererseits können Konflikte auch neue Energien freisetzen und Menschen positiv stimulieren. In diesem Fall wären sie eine Voraussetzung für kreatives Handeln und damit auch für die persönliche Weiterentwicklung.

Wichtig ist, nicht nur die negativen Seiten von Konflikten zu sehen, sonst bringen Sie sich um die positive Dynamik, die jeder Konflikt in sich trägt. Innerhalb des Konflikts ist es wichtig zu wissen, dass jede Konfliktpartei aus ihrer subjektiven Sicht die „Wahrheit" vertritt.

Die „ganze Wahrheit" wird man meist erst dann erkennen, wenn man die involvierten Konfliktparteien angehört hat oder die Fähigkeit besitzt, sich in die Lage des anderen hineinzuversetzen. Wie schon König Salomo sagte:

> „Ein jeder hat zuerst in seiner Sache Recht; kommt aber der andere zu Wort, so findet sich's." *(Sprüche 18,17)*

Konfliktursachen lassen sich wie folgt unterscheiden:

Ursachen im sozialen Bereich:
- Mangelhafte Kommunikation
- Schwache Durchsetzungsfähigkeit
- Unberechenbare Menschenführung
- Fehlender Kontakt zur „Basis"

Ursachen im methodischen Bereich:
- Uneinigkeit über Ziele (Konfliktart: Zielkonflikte)
- Uneinigkeit über Durchführung
- Uneinigkeit über Verteilung und Einsatz von Mitteln
- Unzweckmäßige Arbeitseinteilung

Mögliche weitere Konfliktursachen:
- Unterschiedliche Wertvorstellungen (Konfliktart: Zielkonflikte)
- Abweichende Individualziele/Motive, Emotionen/Temperament, Rollenverständnis/-erwartung (Konfliktart: Rollenkonflikt)
- Missverständnisse
- Vorurteile
- Kompetenzprobleme

Wie so oft finden sich in der Praxis meistens Mischformen, was die Unterscheidung von Konfliktursachen und -arten erschwert. Über Konfliktarten gibt es eine Fülle unterschiedlicher Klassifikationsversuche. Ein gängiger Versuch unterscheidet Konflikte, die in einer einzelnen Person (intrapersonal) bestehen und die, die zwischen Personen und zwischen Gruppen (interpersonal) bestehen.

Konflikt: Anzeichen
Auf einen vorhandenen Konflikt können viele Signale hinweisen:

- Die Kommunikation wird spärlicher und Diskussionen finden nicht mehr oder zumindest nicht mehr so wie früher statt.
- Die Einzelnen schotten sich voneinander ab und arbeiten vorwiegend einzeln, obwohl Teamarbeit notwendig wäre.
- Es bilden sich manchmal Gruppen, die geschlossene Informationskreise bilden.
- Kommunikation geht von persönlich in schriftlich über; dabei ist sie immer weniger offen und begrenzt sich immer mehr auf Austausch von Höflichkeiten.

- Es wird nach Möglichkeit nur das Minimum an Arbeit erledigt und Verantwortung ungern übernommen.
- Aggressivität äußert sich durch aufbrausendes Verhalten, verletzende Rede, Mobbing, geringschätziges nonverbales Verhalten, „ins Wort fallen".
- Uneinsichtigkeit zeigt sich durch rechthaberisches Verhalten, Einsatz von Killerphrasen, keine Bereitschaft zu Mehrarbeit.
- Desinteresse zeigt sich durch Abschalten, Vermeidung konstruktiver Kritik, keine eigenen Ideen einbringen.
- Flucht durch Kontaktvermeidung, Wortkargheit, Krankmeldung, hohe Ausfallzeiten.
- Widerstand durch Widerspruch, Ablehnung von Autoritäten, schlechte Arbeitsergebnisse, vermehrt auftretende Beschwerden durch „Kunden".

Diese Signale sind allerdings selten eindeutig zu interpretieren. Treten sie kurzfristig auf, müssen sie nicht zwangsläufig auf einen Konflikt hinweisen. Die Ursachen von Konflikten können sehr unterschiedlich und vielfältig sein. Vor jeder Konfliktregelung sollten Sie daher genau hinschauen, ob ein Konflikt vorhanden ist und wenn „Ja", welcher.

Konfliktebenen
Haben Sie dann die Feststellung getroffen, dass es sich um einen Konflikt handelt, müssen Sie sich bewusst machen, dass im Vorfeld eines Konflikts zwei Ebenen aufeinander stoßen, die den Konflikt erst auslösen: die Sachebene und die persönliche oder auch emotionale Ebene.[91]

Wenn man Menschen in einem Konflikt zuhört, geht es angeblich fast ausschließlich um die Sache! Aber das stimmt meist nicht. Es spielt immer auch eine Rolle, wer eine Problematik einbringt und welche persönlichen Anteile dabei mitschwingen. Für eine mögliche Lösung des Konfliktes wären demnach u.a. folgende Fragen wichtig:

- In welcher Beziehung stehen die Beteiligten des Konfliktes zueinander?
- Welchen Status hat das Gegenüber (Bekannter - Freund - Vorgesetzter)?

---

[91] Vgl. Stockmayer: Streit vermeiden, S. 106ff.

- Mit welchem Anspruch tritt er auf (mit geistlicher Kompetenz/Autorität auf seinem Gebiet, anerkannter Leiter, Besserwisser)?
- In welcher Situation findet die Auseinandersetzung statt:
  - Sind Menschen dabei, die ein bestimmtes Verhalten erfordern?
  - Muss Rücksicht genommen werden oder kann man offen miteinander reden?
  - Ist die Stimmung emotional geladen?
  - Sind Zuhörer da, die mich oder mein Gegenüber unterstützen oder irritieren?

Alle diese Faktoren haben Auswirkungen auf die Sache, die es in Reinform nicht gibt. Die Beziehung der beiden Kontrahenten zueinander, spielt in einem Konflikt die größte Rolle. Deshalb läuft ein Konflikt fast immer auf der Beziehungsebene ab, auch wenn es sich um eine Sachauseinandersetzung handelt.

Die Beziehung ist praktisch das Gefäß, in dem sich der Konflikt abspielt: Oftmals ein sehr zerbrechliches Gefäß. Das Schaubild macht es deutlich: Sowohl die Inhalte als auch ICH und DU wirken auf den Konflikt(kern) ein. Dabei werden die Konfliktparteien immer von ihren eigenen Interessen gesteuert.

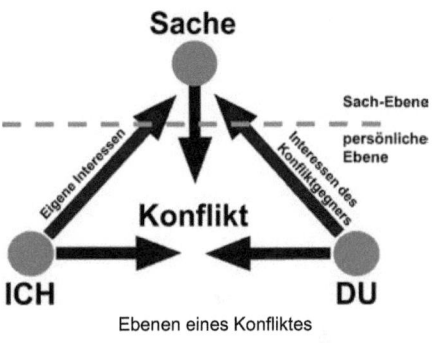
Ebenen eines Konfliktes

Zu sehen sind oft nur die Themen und Inhalte eines Konfliktes, wie bei einem Eisberg nur die Spitze aus dem Wasser ragt. Der Beziehungsanteil auf der persönlichen Ebene ist aber der weitaus größere Teil, denn hier prallen die gegensätzlichen Interessen aufeinander. Und weil jeder seine Interessen für die persönlich plausibelsten hält, wird oft unnachgiebig miteinander gekämpft.

Dessen müssen Sie sich bewusst sein, wenn Sie sich um einen Konflikt kümmern: Es geht meist nur vordergründig um die Sache. Doch Sie können feststellen, dass wenn Sie einen anderen mögen, gute Freunde sind und wirklich gut miteinander auskommen, Sachprobleme doch im

Handumdrehen gelöst sind! Ganz anders ist es, wenn die Beziehung nicht so gut ist. Darum dürfen Sie sich im Konfliktfall nie nur um die Sache kümmern, sondern müssen immer auch auf die Beziehungsproblematik eingehen. Womöglich muss die Beziehung zuerst ins Reine kommen, bevor ein Sachproblem gelöst werden kann. Und darum sollte ein Konflikt nicht vorschnell beendet werden, solange Menschen noch Beziehungsprobleme miteinander haben!

Konflikt: Eskalation
Wie sich solch ein Konflikt auf der Sach- und Beziehungsebene entwickeln kann - wie er also eskaliert, kann man schön an den neun Stufen der Eskalation aufzeigen, die Friedrich Glasl in den 70er Jahren des vergangenen Jahrhunderts ausgearbeitet hat (siehe Bild):

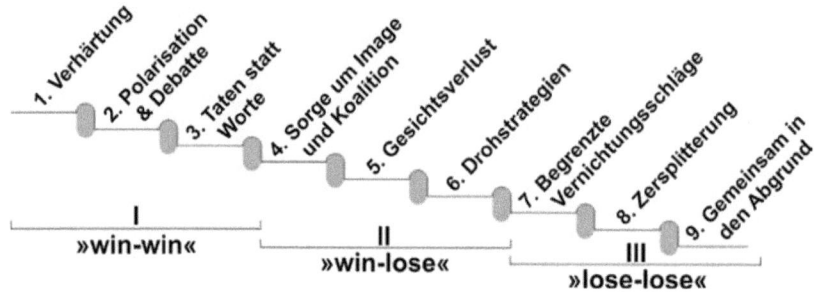

Stufen der Konflikteskalation nach Friedrich Glasl
Wikipedia: de.wikipedia.org/wiki/Konflikteskalation_nach_Friedrich_Glasl, vom 22.04.2015.

Die neun Stufen der Konflikteskalation nach Glasl[92]

1. *Verhärtung:* Die Standpunkte verhärten sich und prallen aufeinander. Das Bewusstsein bevorstehender Spannungen führt zu Verkrampfungen. Trotzdem besteht noch die Überzeugung, dass die Spannungen durch Gespräche lösbar sind. Noch sind keine starren Parteien oder Lager vorhanden.

2. *Debatte:* Es findet eine Polarisation im Denken, Fühlen und Wollen statt. Es entsteht ein Schwarz-Weiß-Denken und eine Sichtweise von Überlegenheit und Unterlegenheit.

---

[92] Vgl. Glasl, Friedrich: Konfliktmanagement. Ein Handbuch für Führungskräfte und Berater, Stuttgart ²1990.

3. *Taten statt Worte:* Die Überzeugung, dass „Reden nichts mehr hilft", gewinnt an Bedeutung und man verfolgt eine Strategie der vollendeten Tatsachen. Die Empathie mit dem „anderen" geht verloren, die Gefahr von Fehlinterpretationen wächst.

Dennoch kann es im Rahmen dieser drei Eskalationsstufen noch zu einer sog. „win-win-Lösung" kommen, also einer Lösung, bei der beide Seiten zwar Kompromisse eingehen müssen, bei der aber beide Seiten anschließend als Gewinner hervorgehen können.

Wenn man das Grundmodell typischer Konfliktverläufe des Schweizer Psychologen, Christoph Thomann betrachtet, befindet man sich in dieser dritten Eskalationsstufe beim „point of no return". Vorher, zwischen der zweiten und dritten Linie entspricht das Konfliktpotenzial dem einer normalen sozialen Struktur. Ab dem Überschreiten des „point of no return" wird der Konflikt beiden Konfliktparteien bewusst.

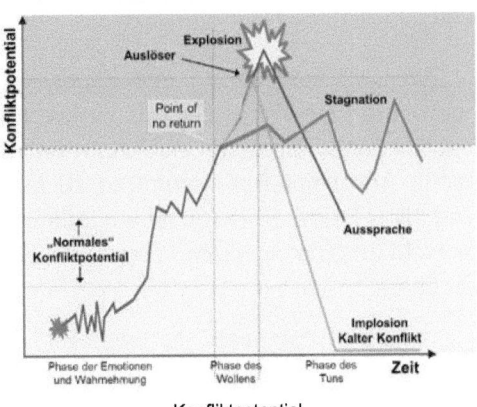

Konfliktpotential
Grundmodell nach Christoph Thomann.

Der Konflikt eskaliert und es kommt zur Explosion: Das heißt, das Umfeld nimmt den Konflikt als solchen wahr. Der entstandene Druck und das darauffolgende Freiwerden des Konfliktpotenzials führen hoffentlich zu einer Aussprache, bei der es zwischen den Konfliktparteien zu einem klärenden Gespräch kommen kann.

Der Konflikt kann aber auch auf hohem Niveau stagnieren. Das heißt, das Feuer in der Beziehung der Konfliktparteien, kühlt nicht ab, oft mit fatalen Folgen. Irgendwie liegt permanent eine gewisse Spannung in der Luft. Genauso schlecht wäre es, wenn der Konflikt implodiert. Das heißt: Eine der beiden Konfliktparteien kündigt die Beziehung auf. Die Kommunikation kommt zum Erliegen. Die psychische Belastung ist hier besonders groß, was in manchen Fällen schwerwiegende Erkrankungen nach sich ziehen könnte.

4. *Images/Koalitionen:* Die „Gerüchte-Küche" kocht, Stereotypen und Klischees werden aufgebaut. Die Parteien manövrieren sich gegenseitig in negative Rollen und bekämpfen sich. Es findet eine Werbung um Anhänger statt.
5. *Gesichtsverlust:* Es kommt zu öffentlichen und direkten (verbotenen) Angriffen, die auf den Gesichtsverlust des Gegners abzielen.
6. *Drohstrategien:* Drohungen und Gegendrohungen nehmen zu. Durch das Aufstellen von Ultimaten wird die Konflikteskalation beschleunigt.

Zwischen der vierten und sechsten Eskalationsstufe kann es nur noch einen Gewinner geben; es kommt zu einer „win-lose-Situation". Dabei können Sprüche im Raum stehen, wie z.B.: „Der Klügere gibt nach!" Auf jeden Fall kommt es zu seelischen Verletzungen und das Verhältnis beider Parteien ist auf jeden Fall nachhaltig beschädigt, wenn es nicht zu einer Umkehr kommt, im Sinne dessen, was Jesus uns gesagt hat:

> „Und richtet nicht, so werdet ihr auch nicht gerichtet. Verdammt nicht, so werdet ihr nicht verdammt. Vergebt, so wird euch vergeben." (Lukas 6,37)

Und was auch Paulus wichtig ist:

> „Darum nehmt einander an, wie Christus euch angenommen hat zu Gottes Lob." (Römer 15,7)

7. *Begrenzte Vernichtungsschläge:* Der Gegner wird nicht mehr als Mensch gesehen. Kleinere Schläge werden als „passende" Antwort angesehen. Es kommt zu einer Umkehrung der eigenen Werte: jeder noch so kleine Schaden beim anderen wird bereits als eigener Gewinn gewertet.
8. *Zersplitterung:* Die Zerstörung und Auflösung des feindlichen Systems werden als Ziel intensiv verfolgt.
9. *Gemeinsam in den Abgrund:* Es kommt zur totalen Konfrontation ohne einen Weg zurück. Die Vernichtung des Gegners zum Preis der Selbstvernichtung wird in Kauf genommen.

Zwischen der siebten und neunten Eskalationsstufe ist eine „lose-lose-Situation" entstanden. Es gibt nur noch Verlierer. Meist ist eine menschliche Trennung unausweichlich. Im Rahmen der Gemeinde werden entweder beide Parteien oder zumindest eine Partei die Gemeinde verlassen.

Damit ist der Konflikt aber nicht gelöst, auch wenn er aus dem Weg ist. Denn wenn es einmal so weit gekommen ist, muss der Konflikt mit der verbleibenden Partei, vor bzw. mit der Gemeinde, entsprechend aufgearbeitet werden.

Wenn Gott uns zum Frieden mahnt (*„Ist's möglich, soviel an euch liegt, so habt mit allen Menschen Frieden."* [Römer 12,18]), können wir nicht einfach über solch eine Situation ungestraft hinweggehen:

> *„Seht darauf, dass nicht jemand Gottes Gnade versäume; dass nicht etwa eine bittere Wurzel aufwachse und Unfrieden anrichte und viele durch sie unrein werden."*
>
> (Hebräer 12,15)

Wenn also diese Art des Umgangs miteinander nicht auf andere abfärben soll, müssen Sie sich auf jeden Fall um den Konflikt kümmern.

Konflikt-Moderation
Damit es erst gar nicht zur totalen Konfrontation kommt, müssen Sie sich als Leiter immer mit einem wachsamen Auge durch die Menge der Gemeinde bewegen, um Konflikten den Garaus machen zu können, bevor sie begonnen haben. Das kann man sicher auch übertreiben, muss aber nicht sein. Sie müssen sich auf jeden Fall bewusst sein - nach dem was Sie bisher gelesen haben, dass ein Konflikt die Menschen in unwegsames Gelände führt, in dem Sie sich auch als Moderator nicht immer leicht zurechtfinden werden.

Aber es ist machbar, denn Sie müssen die Dinge nicht mit menschlichen Mitteln angehen, sondern können immer mit Unterstützung aus den höchsten Ebenen rechnen, wenn Sie sich an Gott wenden. In Jakobus 1,5 steht dazu:

> *„Wenn es aber jemand unter euch an Weisheit mangelt, so bitte er Gott, der jedermann gerne gibt und niemand schilt; so wird sie ihm gegeben werden."*

In diesem Sinne können Sie an die Bewältigung des Konfliktes gehen! Dazu gebe ich Ihnen noch zwei Methoden an die Hand: Die eine ist von einem der Leiter der Werkstatt für Gemeindeaufbau (www.leiterschaft.de) und nennt sich ALPHA. Und die andere ist abgeleitet aus einer Anweisung des Apostels Paulus an die Christen in Philippi.

Ring der Konfliktbewältigung

Bei dieser Anweisung von Paulus bediene ich mich des Bildes eines Boxringes[93]. Das Beispiel ist deshalb gut, weil ein solcher Ring für Auseinandersetzung steht, für Kampf und für Sportlichkeit, und weil es ein geschlossener Ring ist, aus dem keiner so einfach aussteigen kann oder darf, wenn der Kampf einmal begonnen hat. Aber damit endet der Vergleich dann auch. Denn mit „dem anderen auf den Kopf hauen und ihm das Mundwerk verdreschen" hat Konfliktbewältigung nichts zu tun!

Wichtig ist: Wenn ein Konflikt zur beiderseitigen Zufriedenheit bewältigt werden soll, müssen beide Parteien die Bereitschaft aufbringen, in diesen „Ring der Konfliktbewältigung" einzusteigen! Wenn einer nicht möchte, kann ein Konflikt nicht wirklich bewältigt werden! Und wenn beide drinnen sind, gilt es natürlich auch die „Ringregeln" zu beachten. Solche finden sich in Philipper 2,3-4:

> *„Tut nichts aus Eigennutz oder um eitler Ehre willen, sondern in Demut achte einer den andern höher als sich selbst, und ein jeder sehe nicht auf das Seine, sondern auch auf das, was dem andern dient."*

Dazu ein Beispiel aus der Gemeindearbeit: Sie gehören zu einem Hauskreis, der sich regelmäßig - alle 14 Tage - Mittwochabends trifft. Eines Tages hat Gregor, ein Mitglied des Hauskreises, eine Idee. Er sagt: „Wir könnten im nächsten Monat ein Hauskreiswochenende organisieren. Wir waren noch nie gemeinsam weg!" Darauf meint Isabell ganz spontan: „Dazu habe ich eigentlich keine Lust! Lasst uns doch lieber einen Ausflug für einen Tag zusammen machen!" Und schon entsteht ein Konflikt. Er ist damit noch nicht eskaliert. Noch ist nichts schief gegangen. Aber wir haben einen Konflikt, der nun bewältigt werden muss.

---

[93] Vgl. Kretz: Kunst, S. 21ff.

Dazu Regel 1: Zuhören und verstehen (Philipper 2,3-4a)
Jeder Mensch ist im Grunde ein Egoist. Er sieht in der Regel zunächst einmal alles durch seine „EGO-Brille". Ein Konflikt kann jedoch nur dann gelöst werden, wenn Sie bereit sind, Ihre „EGO-Brille" abzusetzen, oder auch durch die „Brille" des anderen zu sehen. Dazu müssen Sie dem anderen allerdings auch zuhören und ihn verstehen wollen! Das würde in unserem Beispiel bedeuten, dass Gregor aus den Worten von Isabell nicht sofort einen Angriff auf seine Idee heraushört, sondern dass er versucht, hinter dem Gesagten, die *Bedürfnisse* von Isabell zu sehen.

Regel 2: Klären (Philipper 2,4a)
Versuchen Sie, die Vorstellungen Ihres Konfliktpartners ganz konkret zu erfassen. In unserem Beispiel kann Gregor zunächst einmal nachfragen, was Isabell an dieser Idee eines Hauskreiswochenendes stört. Wobei es dabei nicht bleiben darf, damit es nicht zu einer „win-lose-Situation" kommt. Daher ist es wichtig, dass danach auch Gregor seine Wünsche und Vorstellungen konkret formulieren kann. Nur wenn klar ist, was beide Seiten wirklich wollen bzw. beide Seiten sich vorstellen, können Sie zu einer guten Lösung kommen.

Regel 3: Mögliche Lösungen zusammentragen (Philipper 2,4b)
Hier ist wichtig, dass Sie gemeinsam nach einer Lösung suchen, die letztlich beide Seiten befriedigt. Das Ziel ist ja eine „win-win-Lösung". In unserem Beispiel könnte die Gruppe vielleicht mit einem Tagesausflug starten, um zu sehen, wie gut es gemeinsam geht, und später vielleicht ein gemeinsames Wochenende organisieren. Oder Isabell könnte sich für dieses eine Mal ausklinken, wenn sonst alle anderen für ein solches Wochenende wären. Wichtig ist, dass alle beteiligten Parteien mit dem Ergebnis wirklich leben können. Eine „win-lose-Lösung" wäre für die weitere Gemeinschaft im Hauskreis kontraproduktiv.

Regel 4: Eine Lösung wählen (Philipper 2,4b)
Wenn Sie nur nach Lösungen suchen, sich aber auf keine einigen können, wird ein Konflikt am Ende auch nicht gelöst werden können. Deshalb müssen bewusst Lösungen gewählt werden, die auch umsetzbar und für beide Seiten befriedigend sind. Die Parteien müssen sich dabei selbstständig und bewusst einigen. Von Herzen einigen!

Es darf nicht zu einer manipulativen Entscheidung einer der Parteien kommen, oder - wie in dem Beispiel - sich einfach die Mehrheit durchsetzen. Auch das wäre für die weiteren Zusammenkünfte des Hauskreises eher schädlich, da sich „atmosphärische Störungen" aus dem nicht bewältigten Konflikt auf zukünftige Abende auswirken würden.

Optimal wäre, wenn sich zwei Personen in einem solchen, relativ „harmlosen" Konflikt von selbst wieder einigen können. Das ist aber nicht immer der Fall. Und das bedeutet, dass die beiden Seiten Hilfe brauchen. In diesem Fall kann das ALPHA-Konzept helfen.

Konfliktmanagement: ALPHA[94]
Die ALPHA-Struktur zur Lösung von Konflikten ist ein sogenanntes mediatives Konzept. Das heißt, dass ein Mediator zur Lösung eines bestehenden Konfliktes einbezogen wird. Das muss nicht unbedingt ein professioneller Mediator sein, sondern kann - wie in unserem Beispiel - auch ein Mensch aus dem internen Kreis des Hauskreises sein.

Sie haben in Ihrer Gemeinde sicher Menschen, die sich durch soziale Kompetenz und kommunikative Fähigkeiten auszeichnen. Solche Menschen können hier eine Hilfe sein. Wichtig ist, dass es sich um eine zum Konfliktthema und den Konfliktparteien neutrale Person handelt, damit genügend Offenheit für die Lösung des Konfliktes gewahrt bleibt.

Nun zur Bedeutung der Buchstaben:

A Auftragsklärung
Zuerst wird besprochen, was überhaupt geklärt werden soll. Das bedeutet: Kontaktaufnahme und Fragestellung an alle Beteiligten. Hier wird deutlich, was zum Auftrag des mediativen Gesprächs gehört und was nicht.

L Liste der Themen
Danach wird die Sachlage erörtert. In manchen Fällen muss an dieser Stelle auch schon die juristische Lage abgeklärt werden.

P Positionen und Interessen
Es ist eine Tatsache, dass hinter jeder Position der beteiligten Par-

---

[94] Vgl. Winkler, Michael: Materialien zum Gemeindebau - Umgang mit Konflikten in der Gemeinde, Werkstatt für Gemeindeaufbau, S. 9.

teien ein tieferes Interesse liegt. Das wird an dieser Stelle versucht herauszuarbeiten.

H Heureka (der Schlachtruf des Archimedes: „Ich habe es gefunden!")
Bei diesem Punkt geht es darum, eine Lösung für den Konflikt zu finden, bei der beide Parteien mitgehen können = „win-win-Lösung".

A Abschlussvereinbarung
Sind mögliche Lösungen gefunden, werden aus diesen Ideen klare und präzise Regelungen formuliert, zu der sich beide Parteien in vollem Umfang bekennen müssen. Dabei geht es nicht darum, dass man sein Interesse bekundet, sondern dass konkrete Schritte vereinbart werden, die das Ziel haben, wieder gemeinsam auf einem Weg weiter zu gehen.

Was hier in kurzen Worten beschrieben ist, kann ein längerer Prozess sein, bei dem sich der Mediator mit den Beteiligten einzeln und zu dritt treffen muss. Wie lange es braucht ist dabei nicht wichtig, sondern dass am Ende der Konflikt gelöst ist!

Macht und Vollmacht

Nur wenige Worte rufen in uns Menschen so unterschiedliche Emotionen und Gedanken hervor wie der Begriff „Macht". Je nach Erfahrung verbinden wir damit An- oder Abstoßendes. Macht kann Angst, aber auch Vertrauen erzeugen. In vielen Gemeinden wird die Frage der Macht tabuisiert oder unter den Teppich gekehrt, unter dem es dann aber zu den wildesten Machtkämpfen kommen kann. „Macht" macht etwas mit uns Menschen. Doch was ist Macht? Wozu ist sie da und wo sind ihre Grenzen? Romano Guardini sagte dazu sehr treffend: „Wo Macht nicht geklärt wird, wird Macht missbraucht".

Was ist Macht?

„Mir ist gegeben alle Gewalt (Macht) *im Himmel und auf Erden."*
(Matthäus 28,18)

Jesus Christus hebt an dieser Stelle hervor, dass ihm alle Macht gegeben ist. Gott ist das einzige Wesen im Universum, das alle Macht innehat. Der Allmächtige ist der Ursprung aller Macht:

> *"Und Gott sprach: Lasset uns Menschen machen, ein Bild, das uns gleich sei, die da herrschen über die Fische im Meer und über die Vögel unter dem Himmel und über das Vieh und über alle Tiere des Feldes und über alles Gewürm, das auf Erden kriecht."* (1. Mose 1,26)

Damit wird unterstrichen, dass der Mensch von Gott als Stellvertreter geschaffen wurde und ihm damit auch die Macht über alle Tiere der Erde gegeben wurde. Damit steht die Erschaffung des Menschen im direkten Zusammenhang mit dem Auftrag, auf dieser Erde Macht auszuüben. Der Gebrauch von Macht gehört somit zum Wesen des Menschen dazu. Der Mensch bekommt Macht, weil Gott ihn dazu bestimmt hat, Macht auszuüben. Von daher kann die Ausübung von Macht an sich nicht schlecht sein, solange sie ihre Verankerung in der Ebenbildlichkeit zu Gott hat. Macht wurde dem Menschen daher niemals autonom d.h. unabhängig von Gott gegeben, sondern immer in Verantwortung zu ihm.

Wer Macht so gebraucht, dass er sie nicht im Sinne Gottes anwendet, missbraucht seine ihm von Gott gegebene Macht. Denn, wir nehmen uns die Macht nicht, sondern sie ist uns gegeben:

> *"Er (Gott) ändert Zeit und Stunde; er setzt Könige ab und setzt Könige ein; er gibt den Weisen ihre Weisheit und den Verständigen ihren Verstand."* (Daniel 2,21)

Und das bedeutet, dass wir Menschen unsere Herrschaft und Macht immer in der Verantwortung gegenüber unserem Schöpfer ausüben, denn *"es ist keine Obrigkeit außer von Gott; wo aber Obrigkeit ist, die ist von Gott angeordnet"* (Römer 13,1). Damit ist klar, dass jede menschliche Macht - auch die über andere Menschen - von Gottes Macht abgeleitet ist und vor Gott verantwortet werden muss. Ziel der Macht ist es, Gutes zu bewirken und Böses zu verhindern.

Diese in der Schöpfung gegebene Beauftragung Gottes zur Macht, wird um die Zeitenwende von Jesus im Blick auf seine Nachfolger erweitert. Dabei geht es nicht mehr nur um Macht, sondern auch um Vollmacht (griechisch: exousia):

> *"Und Jesus trat herzu und sprach zu ihnen: Mir ist gegeben alle Gewalt* (exousia) *im Himmel und auf Erden. Darum*

gehet hin und machet zu Jüngern alle Völker: Taufet sie auf den Namen des Vaters und des Sohnes und des Heiligen Geistes und lehret sie halten alles, was ich euch befohlen habe. Und siehe, ich bin bei euch alle Tage bis an der Welt Ende." (Matthäus 28,18-20)

Dieser griechische Begriff für Macht (exousia) meint wörtlich „aus dem Seienden". Gott selbst stellte sich im Alten Testament als JAHWE vor, der *„Ich bin, der Ich bin"*, also der immer schon Seiende, ohne Anfang und ohne Ende. Exousia kommt also direkt von Gott und wird deshalb folgerichtig an vielen Stellen mit „Vollmacht" übersetzt. Alles, was „aus dem Seienden" kommt, hat auch uneingeschränkte Macht über alles, was ihm anvertraut oder zu was er beauftragt ist.

Vollmacht meint nun, dass Sie im Namen dessen handeln dürfen, der Sie beauftragt hat. So darf z.B. der Gemeindeleiter im Namen seiner Gemeinde handeln und sie vertreten. Ganz im Sinne von Kolosser 3,17:

„Alles, was ihr tut mit Worten oder mit Werken, das tut alles im Namen des Herrn Jesus und dankt Gott, dem Vater, durch ihn."

Damit sagt Paulus, dass alle Christen versuchen sollen, alles, was sie tun, im Namen des Herrn Jesus Christus zu tun, d.h. aus seiner Vollmacht heraus. Je stärker Ihr Sein von dem Sein Gottes geprägt ist und Sie in seinem Sinne handeln, desto stärker wird seine Vollmacht in Ihnen sein. Möge die Vollmacht mit Ihnen sein!

Macht (dynamis) und Vollmacht (exousia)
Jesus gab seinen Jüngern sowohl Macht (dynamis) als auch Vollmacht (exousia) weiter, als er sie in die umliegenden Städte und Dörfer aussandte:

„Er rief aber die Zwölf zusammen und gab ihnen Gewalt (dynamis) *und Macht* (exousia) *über alle bösen Geister und dass sie Krankheiten heilen konnten."* (Lukas 9,1)

Indem Jesus beide Begriffe gebraucht, unterscheidet er sie auch voneinander. Macht ist nicht automatisch Vollmacht. Während Macht die Fähigkeit und das Vermögen meint etwas tun zu können, bezeichnet Vollmacht die Berechtigung und Erlaubnis im Namen eines anderen handeln zu dürfen. Von Gott verliehene Vollmacht handelt immer in seinem Willen, während Macht auch gegen Gottes Willen handeln kann. Der Kassierer einer Gemeinde hat z.b. die Macht, Geld für selbst gewählte Zwecke auszugeben, aber er hat dazu nicht unbedingt die legitime Vollmacht von der Gemeindeleitung. Gruppenleiter können in der Gemeinde die Mitglieder ihrer Zell- oder Dienstgruppe manipulieren und für eigene Zwecke einsetzen, aber sie haben dazu sicher nicht die Vollmacht der Gemeindeleitung und die von Gott gegebene Vollmacht dazu schon gar nicht.

Macht ist im Gegensatz zu Ohnmacht die Fähigkeit, etwas verändern und gestalten zu können. Macht ist die Fähigkeit, Realität zum Guten oder zum Bösen zu bewegen[95]. Macht ist das Hervorbringen bestimmter Absichten. Macht ist die Möglichkeit, ohne Zustimmung auch gegen den Willen oder trotz Widerstandes anderer, die eigenen Ziele durchzusetzen und zu verwirklichen.

Unterschiedliche Arten von Macht
Macht kann z.B. von Personen, Gruppen, Organisationen, Ideologien, Lobbyisten oder dem Staat ausgeübt werden:

> *„Da sprach Pilatus zu ihm: Redest du nicht mit mir? Weißt du nicht, dass ich Macht habe, dich loszugeben, und Macht habe, dich zu kreuzigen? Jesus antwortete: Du hättest keine Macht über mich, wenn es dir nicht von oben her gegeben wäre. Darum: der mich dir überantwortet hat, der hat größere Sünde."* (Johannes 19,10-11)

Warum konnte Pilatus keine Macht auf Jesus ausüben, obwohl er in Jerusalem alle Macht zur Verfügung hatte? Weil Macht ein Beziehungsbegriff ist und die Einflussverhältnisse zwischen Personen oder Personengruppen beschreibt. Macht kann auf unterschiedliche Art und Weise ausgeübt werden.

Auch das, was auf Sie Macht ausübt, kann dabei sehr unterschiedlich sein. Im Folgenden werde ich deshalb auf sieben unterschiedliche Arten von Macht eingehen:

---

[95] Vgl. Guardini, Romano: Die Macht - Versuch einer Wegweisung, Würzburg 1955, S. 16.

Wer kommunizieren kann, ist echt im Vorteil

1. *Macht durch Amtsbefugnis* ist jede Art von Macht, die aufgrund einer Stellung oder eines Amtes ausgeübt wird. Ein Gemeindeleiter oder Pastor kann diese Macht ausüben, indem er alle Fäden in der Hand behält und bei ihm in jeder Sache um Erlaubnis gefragt werden muss. Ich muss nicht dazu sagen, dass dies auch eine Art negativer Kontrolle sein kann, die jegliches Vertrauen in das Leitungsteam zerstören kann.

2. *Macht durch Sanktionen* Polizei und Staatsgewalt üben Macht meist durch Bestrafung aus, während eine Gemeinde auf ihre ehrenamtlichen Mitarbeiter eher durch Belohnung Einfluss nehmen wird. Die Macht durch Bestrafung hört sich zunächst stets negativ an, ist aber in einigen Fällen die einzig sinnvolle Möglichkeit. Es macht z.B. keinen Sinn, einen uneinsichtigen Christen ohne Bestrafung ausgehen zu lassen, nur weil manche denken, dass man in Liebe handeln müsste (vgl. 1. Korinther 5).

3. *Macht durch Abhängigkeit*. Es gibt Menschen, die sind regelrecht süchtig nach Anerkennung und Beliebtheit. Lange Zeit gehörte ich auch zu diesen Menschen. Dadurch kann ein Verhältnis von Abhängigkeit unter Gemeindegliedern entstehen, das z.B. dadurch ausgenutzt werden kann, dass Menschen zu Aufgaben oder Mitarbeit in Projekten „motiviert" werden, die sie gar nicht machen wollen. Da sie sich aber nicht unbeliebt machen wollen, engagieren sie sich eben.

4. *Macht durch Information*. Manche Leitungsteams in Gemeinden üben Macht aus, indem sie entscheiden, welche Informationen in die Gemeinde kommen und welche nicht. In Bezug auf kollektive Entscheidungen der Gemeinde können auf diese Art Beschlüsse beeinflusst werden. Das ist versteckte Manipulation.

5. *Macht durch Kompetenz*. Wer über Sachkenntnisse verfügt, verfügt auch oft über das Potential zur Ausübung von Macht. Wissen ist Macht! Hat ein Mitglied des Leitungsteams einer Gemeinde Kompetenzen in Aufbau und Veränderung von Gemeinde, kann er dadurch auch Macht ausüben, weil alle anderen ihm überlassen, wie in einer bestimmten Sache zu entscheiden wäre.

6. *Macht durch Identifikation*. Macht durch Beziehung gründet sich auf Loyalität und Freundschaft. Hierbei folge ich einer Person

nicht weil ich es muss, sondern weil ich der Person vertraue. Was ich liebe, übt große Macht auf mich aus.
7. *Macht durch Ausstrahlung.* Wer Sinn, Hoffnung und Lebensfreude vermitteln kann, übt oft großen Einfluss aus. Menschen mit einem besonderen Charisma können oft andere mit ihrer Ausstrahlungskraft schnell für sich gewinnen. Nicht wenige bekannte Verkündiger haben dies ausgenutzt, um Geld damit zu machen.

Von der Schöpfung her ist die Neigung, Macht ausüben zu wollen, in jedem Menschen angelegt. Deshalb bitte ich Sie einmal inne zu halten, um über die beiden folgenden Fragen nachzudenken:

Auf welche drei Arten von Macht spreche ich am ehesten an?

1. _____
2. _____
3. _____

Auf welche drei Arten von Macht spreche ich am wenigsten an?

1. _____
2. _____
3. _____

Die Macht im Wandel
Die Auswirkungen von Macht sind kulturell und geschichtlich sehr unterschiedlich und im Wandel begriffen. So hat z.B. die Macht durch Amtsautorität deutlich abgenommen. Aus einem Einwohnermeldeamt wurde ein Bürgerservice. Der Bürger ist nun Kunde und nicht mehr Bittsteller. Die römisch-katholische Kirche übte über viele Jahrhunderte Sanktionsmacht über Belohnung und Bestrafung aus, indem sie sich als die Institution mit der Schlüsselgewalt über Himmel und Hölle darstellte. Durch die Reformation wurde Rom diese Schlüsselgewalt abgesprochen und Rom verlor sichtbar an Macht.

Die an eine Institution gekoppelte Amtsautorität verliert an Bedeutung, da Institutionen nicht mehr einfach als Autorität anerkannt werden.

Personale Autorität[96] hat in unserer Zeit mehr Gewicht bekommen als die formale, positionelle Autorität[97]. Der gesellschaftliche Trend zeigt eine Abnahme an institutioneller Macht und zugleich eine Zunahme von Macht, die durch Beziehung und Ausstrahlung gelebt wird. Und so hat jede der weiter oben angeführten sieben Arten von Macht ihre Qualität, doch jede kann auch aufs sträflichste missbraucht werden.

Nicht zuletzt wird Macht, wie in der folgenden Tabelle, je nach kulturellem Hintergrund sehr unterschiedlich verstanden. Diese Tabelle ist ein Ausschnitt eines GLOBE-Forschungsprojektes, in dem 170 Personen in den Jahren 1994-1997 insgesamt 17.300 Manager aus 951 Organisationen in 62 Kulturen interviewten.

Kulturell unterschiedliche Sichten von Macht	
Große Machtdistanz China, Arabische Länder, Indien	Geringe Machtdistanz USA, Europa, Australien
Macht geht vor Recht	Einsatz von Macht muss legitimiert werden
Kaum Mittelschicht	Breite Mittelschicht
In der Schule geht die Initiative vom Lehrer aus	Lehrer erwarten von Schülern Eigeninitiative
Schüler behandeln ihre Lehrer mit Respekt	Schüler behandeln ihre Lehrer wie ihresgleichen
Situativer Führungsstil wird als Schwäche interpretiert	Situativer Führungsstil wird erwartet
Der ideale Vorgesetzte ist der gütige und gerechte Patriarch	Der ideale Vorgesetzte ist der einfallsreiche, nette Demokrat

Die geringe Machtdistanz ist eine Ausprägung westlicher Kultur, die aber auch ihre Tücken haben kann, wie neueste Entwicklungen z.B. in Deutschland zeigen. Wenn Hilfskräfte von Polizei, Feuerwehr oder Sanitätsdienst zu Unfall- oder Notfallstellen kommen, passiert es immer häu-

---

[96] Siehe „Arten von Macht", Nr. 5-7.
[97] Siehe „Arten von Macht", Nr. 1-2.

figer, dass sie von Unbeteiligten behindert oder sogar körperlich angegangen werden. Die Abnahme der Achtung vor staatlicher Gewalt und Hilfsdiensten ist eine Folge geringer Machtdistanz.

Das war in meiner Kindheit vor ca. 40 Jahren noch anders. Wenn ein Polizist bei uns um die Ecke kam war klar, dass dieser Autorität ausüben kann, sodass wir Respekt vor ihm hatten. Das gleiche galt zur damaligen Zeit für Erzieher, Lehrkräfte, Hilfsdienste, usw. Die Schattenseite dieser großen Machtdistanz war jedoch der Hang zum Missbrauch, wie verschiedene Fälle u.a. an deutschen Internaten zeigen.

Umgang mit Macht und Machtmissbrauch
Macht kann zum Guten gebraucht aber auch zum Bösen missbraucht werden. Der Umgang mit Macht wird zu Recht immer wieder mit dem Umgang mit Alkohol verglichen. Es gibt einen gesunden, einen ungesunden und einen abhängigen Umgang mit Alkohol. Der Apostel Paulus empfiehlt z.B. seinem Mitarbeiter Timotheus, ab und zu etwas Wein zu trinken, um etwas für seinen Magen zu tun (1. Tim. 5,23). Er warnt aber auch davor, keinen über den Durst zu trinken (vgl. Epheser 5,18) oder gar von Alkohol abhängig zu werden (vgl. 1. Thess. 5,6-8).

	Umgang mit Alkohol	**Umgang mit Macht**
positiv	trinke ein wenig 1. Timotheus 5,23	Macht umsichtig ausüben
unreif	über den Durst trinken Epheser 5,18	Macht wird unreif gebraucht
missbräuchlich	Vollrausch 1. Thessalonicher 5,7	Macht als Ziel 3. Johannes 9

Der gesunde Umgang mit Alkohol ist wie der gesunde Umgang mit Macht: oft wohltuend und verhindert manche peinliche und unnötige Handlung. Und dennoch ist niemand frei davon, Macht immer wieder einmal falsch zu gebrauchen. Deshalb müssen Sie dranbleiben und daran arbeiten, Macht so einzusetzen, dass sie zum Guten dient und das Schlechte verhindert.

Macht an einer Stelle auszuüben, die Ihnen nicht zusteht oder sie in einer unangemessenen Art anzuwenden, darf jedoch nicht sofort als genereller Machtmissbrauch abgestempelt werden. Nicht jeder falsche Umgang mit Macht ist gleich Machtmissbrauch. Wenn Gemeindeglieder ihren Leitern Machtmissbrauch vorwerfen, nur weil ihnen aktuelle Entscheidungen der Leiterschaft nicht passen, machen diese sich der Verleumdung schuldig.

Machtmissbrauch liegt jedoch vor, wenn Sie Menschen zur Erfüllung eigener Ziele manipulieren. Bei Machtmenschen wird Macht nicht mehr als Mittel eingesetzt, sondern wird selbst zum Ziel und ist zur Sucht geworden, der sich alles zu unterwerfen hat (vgl. versch. Diktatoren).

Der Umgang mit Macht ist ein sehr sensibles Thema. Deshalb lassen Sie uns hier noch einmal innehalten, um über zwei Fragen nachzudenken, die ein mögliches Machtstreben Ihrerseits entlarven könnten:

1. Wo habe ich Macht positiv und wo unreif oder gar missbräuchlich ausgeübt?

   a. _____

   b. _____

   c. _____

2. In welchen Zusammenhängen bin ich anfällig, Macht zu missbrauchen und was sollte ich dahingehend verändern?

Kennzeichen und Umgang mit Machtmenschen

Der Missbrauch von Macht und Machtmenschen richtet in unseren Gemeinden großen Schaden an. Daher ist es wichtig, einige Merkmale von missbrauchter Macht zu betrachten, und wie Sie darauf reagieren können. Wir tun dies an einem Beispiel aus der Bibel. So schreibt z.B. der Apostel Johannes:

> *„Ich habe der Gemeinde kurz geschrieben; aber Diotrephes, der unter ihnen der Erste sein will, nimmt uns nicht auf. Darum will ich ihn, wenn ich komme, erinnern an seine Werke, die er tut; denn er macht uns schlecht mit bösen Worten und begnügt sich noch nicht damit: Er selbst*

nimmt die Brüder nicht auf und hindert auch die, die es tun wollen, und stößt sie aus der Gemeinde." (3. Johannes 9-10)

In diesem kurzen Abschnitt der Bibel finden sich einige Kennzeichen eines schädigenden Machtgebrauchs, die ich im Folgenden auflisten möchte. Ein Mensch, der seine Macht missbraucht,

- redet schlecht und verbreitet Gerüchte und Misstrauen,
- zieht Macht an sich und delegiert Aufgaben nicht wirklich,
- nimmt keine Kritik auf Augenhöhe an,
- rückt konstruktive Kritiker in ein schlechtes Licht,
- bildet Allianzen, polarisiert und zieht Menschen auf seine Seite,
- stellt sich selbst als Opfer dar und erweckt Mitleid,
- löst bei anderen Schuldgefühle aus,
- zieht in vier-Augen-Gesprächen Menschen auf seine Seite,
- stellt sich und was er tut glänzend dar,
- oder legitimiert sich durch „geistliche" Eindrücke und Bibelworte.

Sicher werden nicht bei jedem Menschen, der Macht missbraucht, alle Kennzeichen auftreten. Dennoch können Sie diese Auflistung als kleines Raster nehmen, das Sie an scheinbar missbräuchliches Verhalten anlegen können, um dies zu prüfen. Stellt sich heraus, dass Sie es mit einem Menschen zu tun haben, der die ihm gegebene Macht missbraucht, möchte ich Ihnen dazu folgende Tipps geben:

- Reden Sie mit Gott über diese Sache, dass er Ihnen Weisheit gibt und ans Licht bringt, was notwendig ist und hilft.
- Lassen Sie sich nicht aufhalten, denn um der Menschen willen, für die Sie Verantwortung tragen, muss es ans Licht gebracht und nicht unter den Teppich gekehrt werden (vgl. 1. Korinther 5).
- Achten Sie darauf, dass Sie sich weder lähmen lassen noch unbesonnen und hastig reagieren. Es ist zwar wichtig, dass Sie etwas unternehmen, aber eine übereilte Reaktion hat schon manchen Schaden angerichtet.
- Ziehen Sie rechtzeitig jemand Drittes ins Vertrauen, mit dem Sie die ganze Sache durchbeten (vgl. Matthäus 18,15-20).

- Konzentrieren Sie sich auf die Sachverhalte, auch wenn die persönliche Ebene davon nicht unbetroffen bleiben wird (siehe Konfliktbewältigung).
- Rechnen Sie mit unangenehmen Konsequenzen. Sie werden in solchen Fällen nicht immer gleich richtig verstanden, vor allem wenn der Machtmensch in der Gemeinde beliebt ist.
- Bleiben Sie in Abhängigkeit zu Jesus, damit Sie Frieden schaffen und Hilfe sein können (vgl. Johannes 15,5; Römer 12,18).

Machtverzicht

„Meinst du (Petrus)*, ich könnte meinen Vater nicht bitten, dass er mir sogleich mehr als zwölf Legionen Engel schickte? Wie würde dann aber die Schrift erfüllt, dass es so geschehen muss?"* *(Matthäus 26,53-54)*

Dort, im Garten Gethsemane, als Jesus gefangen genommen werden sollte, verzichtete er auf die Möglichkeit, Macht auszuüben durch Zuhilfenahme von Engeln. Warum tat er das? Weil er ein höheres Ziel aufgegeben hätte, wenn er Macht ausgeübt hätte. Doch er war auf dem Weg ans Kreuz auf Golgatha, um die Menschen zu erlösen, zu befreien und zu heilen. Deshalb hat er auf Macht verzichtet.

Es gibt Situationen, in denen Sie auf die Ausübung von Macht verzichten sollten, auch wenn Sie die Möglichkeit dazu hätten. Damit meine ich nicht, dass Missbrauch von Macht für „höhere Ziele" eine Option wäre. Der Missbrauch von Macht ist niemals eine Option. Doch in manchen Situationen der Arbeit einer Gemeinde könnten Sie Ihre Stellung als Leiter auch dazu verwenden, unnötig Macht auszuüben.

Dies hätte ich in einer Gemeinde einmal tun können, als wir in einer Gemeindeversammlung darüber abstimmen wollten, ob eine Gemeindeanalyse mit Fragebögen möglich wäre. Im Verlauf dieser guten Versammlung ergab die Abstimmung ein eindeutiges Votum für diese Gemeindeanalyse. Wir hätten sie durchführen können.

Nachfolgende Gespräche mit Personen aus der Gemeinde haben aber ergeben, dass wir zwar ein eindeutiges Votum für die Gemeindeanalyse hatten, es aber für manche dennoch unangenehm wäre, an solch einer Fragebogen-Aktion teilzunehmen. So führten wir diese Analyse nicht durch, obwohl wir ein Mandat der Gemeindeversammlung und damit die Macht hatten, es zu tun. Dies hatte zur Folge, dass seitens der Gemeindeglieder das Vertrauen in die Arbeit der Gemeindeleitung immens gewachsen ist.

Und darum mein Rat:

Verzichten Sie immer dann auf die Möglichkeit Macht auszuüben, wenn es einem übergeordneten Ziel dient, damit Sie etwas sein können, zum Lob der Herrlichkeit Gottes (vgl. Epheser 1,11-14).

Sitzungen können auch Spaß machen

„Effizient heißt, die Dinge richtig tun – Effektivität heißt, die richtigen Dinge tun."[98]

„Siehe, wie fein und lieblich ist's, wenn Brüder einträchtig beieinander wohnen!" (Psalm 133,1)

Sitzungen oder Meetings haben allgemein einen schlechten Ruf, obwohl sie für das Funktionieren von Organisationen unverzichtbar sind. Meetings bergen die einmalige Chance, mehrere Menschen gleichzeitig auf einen Stand zu bringen, anstatt viele Einzelgespräche führen zu müssen. Diese Runden bieten die Möglichkeit, kreativ und gemeinsam verschiedene Sichtweisen durchzudenken. Effektive und effiziente Meetings motivieren die Mitarbeiter, wirken teambildend, sparen Zeit und stärken die Führungskraft. Das ist super, aber die Realität sieht oft anders aus:

Nach „Spiegel Online" vom 9.12.2016 gilt: Bei schlechten Meetings wird zu viel diskutiert, zu viel Zeit vergeudet, und am Ende kommt nichts dabei heraus. Dabei wird ca. ein Drittel der Zeit in Sitzungen als unproduktiv empfunden, weniger als ein Drittel der Teilnehmer bereiten sich konsequent auf Sitzungen vor und in ca. 70 Prozent der Fälle wird nicht überprüft, ob die Ergebnisse umgesetzt werden. Eine Beurteilung solcher Sitzungen lässt nicht lange auf sich warten: Bis zu 60 Prozent der Teilnehmer sind mit solchen Sitzungen nicht zufrieden.

Als Hauptgründe dafür werden genannt, dass es keine ordentliche Tagesordnung gibt, dass man mit ausufernden Wortbeiträgen, Nörglern und Selbstdarstellern zu tun hat und dass es so gut wie keine Moderation und inhaltliche Leitung gibt. Eigentlich ist das kaum vorstellbar, aber so scheint es wirklich zu sein. In einer Minolta Studie zur Dokumentarlogistik wurden Sitzungen in 12 Bereiche beurteilt. Dabei wurden die methodische Unterstützung, die Dauer der Sitzungen, die technische Unterstützung und die Verbreitung der Ergebnisse als negativ empfunden. Nachfolgendes Diagramm spiegelt die Ergebnisse wider.

---

[98] Seiwert: Wenn du es eilig hast, S. 66.

Sitzungen können auch Spaß machen

Kategorie	Positiv	Mittel	Negativ	keine Angabe
Methodische Unterstützung				
Dauer der Sitzungen				
Qualität der Unterlagen				
Verbreitung der Ergebnisse				
Technische Unterstützung				
Qualität der Ergebnisse				
Häufigkeit				
Leitung, Moderation				
Teamkoordination				
Information über Ergebnisse				
Vorbereitung und Raum				
Auswahl der Teilnehmer				

In einem Büro war einmal folgender Spruch zu lesen: „Sind Sie einsam? Sind Sie es leid, allein zu arbeiten? Hassen Sie es, Entscheidungen zu treffen? Veranstalten Sie eine Sitzung! Sie können Menschen treffen, Diagramme präsentieren, sich wichtig fühlen, mit einem Zeigestock zeigen, Donuts essen und ihre Kollegen beeindrucken. All dies während der Arbeitszeit! Sitzungen! Eine praktische Alternative zur Arbeit!" Wenn das wirklich stimmt - und ich habe ähnliches auch schon von Gemeinden gehört - dann lohnt es sich wirklich der Frage nachzugehen, was getan werden kann, um Meetings zu optimieren.

Manche sagen, dass ein Meeting wirklich optimiert ist, wenn es gar nicht stattfindet. Schon aufgrund dieser Aussage finde ich es wichtig, dass Sie sich ein paar Gedanken machen bzw. ein paar Fragen beantworten, bevor Sie überhaupt an eine Sitzung herangehen. Denn darauf verzichten können Sie auf keinen Fall. Stellen Sie sich also folgende Fragen, bevor Sie eine Sitzung planen:

- Was genau soll mit dieser Sitzung erreicht werden?
- Was soll am Ende der Sitzung anders sein, klarer sein, entschieden sein, vorbereitet sein, worüber informiert sein, bei welchen Sachverhalten ein Konsens hergestellt werden?

- Welche Teilnehmer brauche ich für dieses Thema? Und wer braucht nicht dabei zu sein?
- Welche Voraussetzungen, Vorkenntnisse haben die Teilnehmer bzgl. des Inhalts?
- Brauche ich Unterstützung? Welche? Von wem?
- Ewig Gleiches macht müde: Wie kann ich Abwechslung in die Art der Präsentation, der Bearbeitung bringen?
- Zeigt die Tagesordnung, was ich mit jedem Punkt erreichen möchte (Diskussion, Entscheidung, Information)?
- Wer kein Ziel hat, kommt dort an, wo andere ihn hin haben wollen. Und darum auch den notwendigen Zeitaufwand planen.

Wenn wir bedenken, dass in der freien Wirtschaft eine Sitzungsstunde ca. 150,00 Euro pro Teilnehmer kostet, kann eine Sitzung mit z.B. zehn Personen eine ganz schön teure Angelegenheit werden: Drei Stunden Sitzung = 4.500,00 Euro. Viele der Menschen, die in der Leitung von Non-Profit-Organisationen oder Gemeinden sind, wissen um diese Kennzahlen. Und deshalb sind manche auch wirklich erbost darüber, wie in solchen Organisationen mit der Zeit von Menschen umgegangen wird. Nicht dass jemand behaupten würde, eine Sitzung der Gemeindeleitung sei unwichtig. Aber wenn Sie auch darin nur Ihre Zeit absitzen oder sie mit leerem Geschwätz, endlosen Debatten und fehlenden Ergebnissen zubringen, brauchen Sie sich nicht zu wundern, wenn Menschen nicht mehr mitmachen wollen bzw. mit allen Mitteln versuchen, so wenig Sitzungen wie möglich abzuhalten.

Wenn Sie also möchten, dass sich in Ihrem Umfeld die Dinge anders entwickeln, sollten Sie obige Fragen sorgfältig bedenken und erst dann entscheiden, ob Sie wirklich eine Sitzung anberaumen wollen oder nicht. Anders ist es natürlich, wenn Sie regelmäßige Sitzungen haben, die z.B. monatlich stattfinden müssen. Aber auch dabei sollte nicht das Gefühl aufkommen, dass Sie nur Zeit miteinander verbringen, die ergebnisoffen und im Miteinander womöglich nicht einmal angenehm ist.

Grundsätzliches zu Sitzungen/Meetings
Lassen Sie uns deshalb ein paar grundsätzliche Dinge zu Sitzungen anschauen, bevor wir uns um die Vorbereitung, Durchführung und Nachbereitung von Sitzungen kümmern:

(1) Sitzungen müssen ein Ziel haben
Auch wenn es sich um die regelmäßige Sitzung z.B. der Gemeindeleitung handelt ist manchen nicht klar, weshalb man wirklich zusammenkommt. Testen Sie deshalb jedes Meeting mit der Frage: „Was würde geschehen, wenn die Sitzung nicht stattfindet?" Routinesitzungen sind manchmal ebenso überflüssig, wie Sitzungen um der Sitzungen willen. Es gibt Gemeinden, in denen Leiter froh sind, wenn sie Sitzungen haben, frei nach dem Motto: „Wir haben wenigstens miteinander reden können!" Aber das ist inakzeptabel. Sie können Menschen nicht einfach zur Teilnahme an Sitzungen verurteilen, nur weil Sie selbst es lieben. Dazu ist unsere Zeit viel zu kostbar.

Informationsaustausch zum neuesten Entwicklungsstand der Dinge ist auch nicht wirklich ein Ziel. Dafür gibt es E-Mail, Brief, etc. Und Sitzungen nur als Kontrollinstrument zu missbrauchen, um z.B. den Stand der Projekte in Erfahrung zu bringen, darf es auch nicht geben. Jedes Meeting muss ein messbares Ziel haben. Deshalb fragen Sie sich: „Was soll am Ende der Sitzung klarer sein, entschieden sein, vorbereitet sein oder in welchen Dingen soll Konsens hergestellt werden?"

(2) Anzahl der Teilnehmer
Meist richtet sich die Anzahl der Teilnehmer in Gemeinden nach den Vorgaben, die z.B. in einer Gemeindeordnung festgelegt wurde: Wenn Sie z.B. eine Gemeindeversammlung durchführen oder eine Besprechung, zu der alle Mitarbeiter eines Bereiches kommen, können Sie keinen Einfluss auf die Zahl der Teilnehmer nehmen. Diese Versammlungen dienen auch meist nicht Beschlüssen, sondern der Information. Wenn Sie es aber beeinflussen können, liegt die optimale Zahl zwischen 6 bis max. 15 Teilnehmern. Die absolute Obergrenze liegt für mich bei 20 Teilnehmern. Wird diese Zahl überschritten, werden Sie feststellen, dass es viele unbeteiligte Teilnehmer gibt, und dass es schwierig wird zu Entscheidungen zu kommen, weil zu viele Meinungen in den Raum gestellt werden können. Das ist nicht effektiv.

(3) Wir beginnen pünktlich
Auch wenn noch nicht alle da sind. Es gibt sicher gute Gründe, warum man sich verspäten kann. Aber warten Sie nicht immer wieder auf die notorischen „Zu-spät-Kommer". Ich persönlich empfinde es als ein Zei-

chen von Respekt und Wertschätzung gegenüber allen Teilnehmern, wenn ich pünktlich bin. Wenn Menschen bei ihrem Chef erscheinen müssen, oder wenn es um einen Termin geht, bei dem es um Geld, Gesundheit oder etwas Persönlichem geht, kommen solche Leute auch nicht zu spät. Beginnen Sie deshalb pünktlich, auch aus Liebe zu denen, die pünktlich sind.

(4) Wir sind geistig und körperlich voll und ganz anwesend
Sicher gibt es Menschen, denen Besprechungen und Sitzungen aller Art überhaupt nicht liegen. Vielleicht sollten die sich überlegen, ob nicht jemand anders für sie zu Sitzungen gehen könnte. Aber es gibt nichts Destruktiveres als Menschen, die dauernd auf die Uhr schauen und ihre Langeweile dadurch zum Ausdruck bringen. Als Gemeinde arbeiten Sie ja nicht an irgendetwas, sondern am schönsten Bauwerk, das es im Universum gibt. Diese Schönheit sollte natürlich in den Sitzungen auch zum Ausdruck kommen, sonst brauchen Sie sich nicht zu wundern, wenn es jeder nur als eine Pflichtveranstaltung abhaken möchte.

Es ist also wichtig - und das muss ich mir auch für jede Sitzung erneut vornehmen, dass Sie konstruktiv mitarbeiten und sich positiv und hilfreich in eine Sitzung einbringen.

(5) Was gesprochen wird bleibt INSIDE
Um zu Entscheidungen zu kommen oder Dinge zu besprechen muss eine sehr offene und ehrliche Kommunikation gepflegt werden. Dabei kommt es unweigerlich dazu, dass über Menschen gesprochen wird. Es werden evtl. seelsorgerliche Dinge besprochen, es werden Beurteilungen ausgesprochen und es wird manchmal auch Unmut gegenüber Menschen zum Ausdruck kommen. Das sind alles Dinge, die nicht für die Ohren anderer gedacht sind. Wenn solche Dinge nach außen dringen, werden sie meist missverstanden, weil der Redezusammenhang fehlt, in dem diese Dinge gesagt wurden. Was das auslösen kann, brauche ich hier nicht weiter auszuführen.

Das heißt, es dürfen nur die Sachverhalte oder Gesprächspunkte nach außen dringen, die nach einstimmiger Meinung aller nach außen dringen dürfen. Alles andere wird in der Schweigekammer des Herzens aufbewahrt und nur mit Gott durchgesprochen. Darauf sollten Sie sich auch offiziell einigen, evtl. sogar mit Abstimmung.

(6) Zu Beschlüssen verhalte ich mich loyal
Es soll in Leitungsteams durchaus vorgekommen sein, dass Beschlüsse mit einer Gegenstimme oder einer Enthaltung gefasst wurden; was ich als normal bezeichnen würde. Sie werden nicht immer Einstimmigkeit erreichen können. Doch was macht nun derjenige, der sich enthalten hat oder der dagegen war? Sagen wir einmal, dieser Teilnehmer steht weiterhin zu seiner Meinung und tut dies auch kund, wenn er mit anderen spricht, ganz egal, was der Leitungsteam beschlossen hat, wohin könnte das in einer Gemeinde führen?

Nach meiner Erfahrung wird ein Leitungsteam durch solches Verhalten an Akzeptanz und Einfluss in der Gemeinde verlieren, nach dem Motto: „Die sind sich ja nicht einig!". Es könnte aber auch innerhalb des Leitungsteams zu Misstrauen führen und die offene Art der Einzelnen könnte dadurch gehemmt werden: „Wir halten ja gar nicht zusammen!". Alles in allem könnte sich solch ein Verhalten sehr negativ auf die Gemeinde und das Leitungsteam auswirken.

Darum gilt für mich als goldene Regel: Egal ob jemand gegen einen Beschluss ist, oder sich enthält, ALLE stehen zu den Beschlüssen, die das Leitungsteam beschließt. Ich persönlich praktiziere das auch, obwohl ich nicht immer mit allem einverstanden war, was die Leitungsteams beschlossen haben, in denen ich meist die Leitung hatte. Um dies umzusetzen eigne ich mir in aller Regel die Argumente an, die für den gemeinsamen Beschluss sprechen und bringe diese im persönlichen Gespräch auch so vor. Und das möglichst ohne Heuchelei. Wenn ich wirklich gegen einen Beschluss bin, stehe ich auch dazu, bringe aber meine Gegenargumente nicht vor, sondern mache klar, dass ich dennoch absolut hinter dem Beschluss des Gremiums stehe.

Vorbereitung

Nach der Meinung von Experten sollte man bei Sitzungen grundsätzlich nach dem sogenannten „VDN-Prinzip" vorgehen. Also immer an **V**orbereitung, **D**urchführung und **N**achbereitung denken.

Zwei Punkte der Vorbereitung habe ich weiter oben schon angesprochen. Ich werde also jetzt nur noch etwas zu Stoffsammlung, Themenformulierung und der Einladung bzw. der Tagesordnung schreiben.

Bevor Sie das Ziel für Ihre Sitzung formulieren und die Teilnehmer auswählen, sollten Sie sich damit befassen, welchem Zweck diese Sitzung dienen, bzw. welche Themen darin besprochen werden sollen. Doch woher bekommen Sie diese Themen? Dazu im Folgenden ein paar Tipps:

- Veranstaltungskalender (Zu besprechen ist, was ansteht)
- Fragen/Probleme, die an das Gremium herangetragen werden
  => Wie soll mit der angeknacksten Beziehung von XY zu YZ umgegangen werden?
  => Welche Umstände können dafür verantwortlich sein, dass die Opfereinnahmen zurückgehen?
- Organisatorische Dinge der Gemeinde
  => Jahresplanung
  => Budgetplanung (wenn es eine gibt)
  => Strukturfragen (Bereichseinteilung - Zuständigkeiten - etc.)
  => usw.
- Geistliche Fragen, die die Gemeinde bewegen
  => Wie schaffen wir es, dass jeder in der Gemeinde in einer Zell- und/oder Dienstgruppe ist?
  => Wie können wir in unserer Gemeinde systematisch Lehre vermitteln?
  => Wie ist Jüngerschaft in unserer Gemeinde lern- und lebbar?

Wenn Sie den „Stoff" für die nächste Sitzung gesammelt haben, müssen Sie daraus Themen formulieren. Bitte an dieser Stelle nicht nur Stichworte formulieren, denn der Teilnehmer, der die Einladung bekommt, kennt die Gedankengänge nicht, die sich hinter einem Stichwort verbergen. Also ein Thema formulieren, wenn möglich in einem Satz. Wenn nötig, noch einige erklärende Sätze anfügen.

Sie können Tagesordnungspunkte (TOP) auch als Fragen formulieren. Die Antworten darauf wären dann die Rahmenbedingungen für einen Beschluss oder evtl. sogar der Beschluss selbst. Allerdings muss die Frage unmissverständlich gestellt sein, oder es müssen auch in diesem Fall noch erklärende Sätze folgen.

Bei größeren Themen sollte der Einladung genügend Informationsmaterial beigefügt werden, damit jeder auf dem gleichen Wissenstand ist. Ziel dieser Vorgehensweise ist, dass sich jeder gut auf die Sitzung vorbereiten kann. Und dass Sie zu möglichst schnellen, wenn auch nicht übereilten Entschlüssen kommen können, damit sich die Sitzung nicht unnötig in die Länge zieht.

Es gibt bösartige Bemerkungen zu Sitzungen, wie z.B.: „Das Einzige, was dabei herausgekommen ist, sind die Leute, die hineingegangen sind". Oder: „Es wurden zwar keine Entscheidungen getroffen, aber jeder hat was dazu gesagt". Das mag zwar zunächst witzig klingen, aber auf Dauer ist so etwas nur frustrierend für die Teilnehmer und kann dazu führen, dass die Akzeptanz in der Gemeinde zu bröckeln beginnt. Um dem vorzubeugen und eine Sitzung gut vorzubereiten, können Sie eine „Sitzungs-Checkliste" verwenden, ähnlich der, die als Anlage 8 in dieses Buch integriert ist. Damit vergessen Sie keinen Punkt, der für eine Sitzung wichtig wäre.

Bei dieser Checkliste kann oben das Ziel der Sitzung eingetragen werden. Auch der Termin und andere Daten. Die Teilnehmer können namentlich aufgeführt werden, wenn sie nicht schon feststehen, und später, wann sie informiert wurden. Bei den kurz formulierten TOPs können Sie sich evtl. schon überlegen, ob sie nur zur Info gedacht sind, ob nur diskutiert wird oder eine Entscheidung zu treffen ist. Wenn die TOPs feststehen, sollten sie durchnummeriert werden. Bitte dabei nicht einfach von oben nach unten durchnummerieren. Es empfiehlt sich, die Punkte an den Anfang zu stellen, die die meiste Konzentration und Zeit erfordern, wie z.B. wichtige Punkte, die man nicht in zwei Minuten abhandeln kann. Sie sollten auch bedenken, dass jedem Punkt genügend Zeit eingeräumt wird, vor allem den sogenannten „heißen Eisen". Es ist sehr unbefriedigend, wenn aus Zeitmangel die Punkte einfach abgekürzt werden, die eigentlich allen unter den Nägeln brennen. Das sollte Ihnen nicht passieren. Am Ende der Tagesordnung können solche TOPs stehen, die evtl. auch vertagt werden können, wenn es nicht mehr in den vorgegebenen Zeitrahmen passt.

Wenn das alles feststeht, können Sie eine Einladung schreiben. Bitte daran denken, dass die Einladung normalerweise mindestens 14 Tage vor der Sitzung bei den Teilnehmern sein sollte (Ausnahmen bestätigen die Regel). Wenn die Teilnehmer vorbereitet sein sollen, müssen sie die nötigen Informationen auch rechtzeitig erhalten.

Durchführung

Wie solch eine Einladung aussehen könnte, sehen Sie in Anlage 9, in diesem Buch, womit wir schon bei der Durchführung einer Sitzung angekommen sind. Einer der wichtigen Punkte auf einer Einladung ist der Briefkopf. Wichtig ist hierbei, dass eine Kontakttelefonnummer für evtl. Rückfragen draufsteht. Aber auch Ort, Tag und Zeit der Sitzung sind wichtige Bestandteile, auch wenn es scheinbar alle wissen. Wenn Sie Missverständnisse vermeiden möchten, sollten Sie immer alle Fakten vermerken. Auf diese Weise vermeiden Sie auch mögliche Spannungen, die sich durch fehlende Informationen ergeben können.

Zu Ort und Uhrzeit möchte ich Folgendes sagen: Der Raum der Sitzung sollte genügend gut ausgeleuchtet sein. Es darf keiner gegen das Licht schauen müssen, weil das unnötig anstrengt. Ebenso sollte ein gutes Raumklima (Luft/Temperatur) gegeben sein. All das hat Auswirkungen auf die Konzentration der Teilnehmer. Und wenn Sie dann noch Hilfsmittel einsetzen wie z.B. Beamer o.ä., sollten Sie noch erfragen, ob es möglich ist, den Raum zu verdunkeln.

Auch mögliche Störfaktoren sollten Sie berücksichtigen, wie z.B. im Haus freilaufende Haustiere, Dekoration, die zu viel Platz auf dem Tisch einnimmt und elektronische Geräte (Telefon, Handy, etc.). Das kann unliebsame Unterbrechungen verursachen, nach denen Sie sich wieder neu zusammenfinden müssen. Das kostet Zeit und Kraft.

Bei der Uhrzeit sollte nicht nur eine Anfangszeit, sondern auch eine Endzeit festgelegt werden. Wenn Sie um 20.00 Uhr beginnen, sollte die Sitzung nicht länger gehen als bis 23.00 Uhr. Sie können sich auf diese Dauer bzw. Endzeit einmal einigen und sie evtl. auf der Einladung vermerken. Die Sitzung sollte dann aber auch pünktlich enden. In Ausnahmefällen dürfen höchstens 15 Minuten überzogen werden, wenn alle Teilnehmer damit einverstanden sind. Denken Sie daran, dass Sie möchten, dass alle gerne wieder an der nächsten Sitzung teilnehmen.

In den Bereich der Tagesordnungspunkte auf der Einladung schreiben Sie bitte alles, was in der Sitzung vor sich gehen wird, auch wenn es jedes Mal wieder kommt, wie z.B. Begrüßung, Persönliches (bitte erklären, was damit gemeint ist), Geistliches Wort, Gebetsgemeinschaft und Sammeln der Punkte „Sonstiges". Eigentlich bräuchte es diesen

Punkt „Sonstiges" gar nicht, wenn alle sich vor der Sitzung melden würden, die ein Anliegen haben. Aber da dies meist nicht der Fall ist, können Sie zu Beginn der Sitzung klären, was den Teilnehmern noch an zusätzlichen Anliegen auf dem Herzen liegt. Es sollte jedoch klar sein, dass dieser Punkt „Sonstiges" im Rahmen einer Sitzung insgesamt höchstens 20-30 Minuten einnehmen darf, damit es nicht ausufert. Und es wird beim Sammeln auch festgelegt, ob zu einem dieser Punkte ein Beschluss gefasst werden muss. Dadurch wird vorgebeugt, dass kein wichtiger Punkt als „Sonstiges" abgehandelt wird.

Bezüglich des letzten Protokolls gehen Sie bitte nicht noch einmal das ganze letzte Protokoll durch. Das braucht zu viel Zeit und ist auch nicht notwendig. Sie können Fragen zum letzten Protokoll klären, notwendige Änderungen einarbeiten und es dann verabschieden. Danach folgen weitere TOPs und am Ende werden die folgenden Termine und Orte zur persönlichen Terminplanung aufgeführt. Und vergessen Sie bei der Einladung auch die herzlichen Grüße nicht, die tun immer gut!

Sind alle per E-Mail zu erreichen, kann der Versand der Einladung per E-Mail geschehen. Dann sollten Sie aber zwei, drei Kopien zur Sitzung mitbringen, denn manche kommen tatsächlich ohne Tagesordnung zu einer Sitzung. Die Sitzungs-Checkliste kann Ihnen auch hier eine Hilfe sein, damit nichts vergessen wird.

Sitzordnung
Kurz noch etwas zur Sitzordnung, die auch ein wichtiger Faktor zum Gelingen einer Sitzung sein kann. In Anlage 10, in diesem Buch, finden Sie dazu ein paar Vorschläge. Sicher können Sie nicht so viel variieren, wenn Sie sich für Ihre Sitzungen in Wohnzimmern treffen. Aber Sie haben ja auch an anderen Orten Sitzungen, bei denen Sie ruhig den Raum optimal bestuhlen sollten, auch wenn die Tische schon immer so gestanden sind. Wichtig ist, dass der Leiter einer Sitzung möglichst mit allen Blickkontakt haben kann. Das erleichtert die Moderation und die Gesprächsführung.

Aufgaben
Was, denken Sie, könnte man als Aufgaben des Leiters einer Sitzung nennen? Er leitet das Gespräch, fasst zusammen und bringt die Diskussion(en) auf den Punkt. Er sorgt dafür, dass die Ziele der Sitzung einge-

halten werden und ist dafür verantwortlich, dass Beschlüsse gefasst werden. Zur Moderation von Sitzungen kommen wir gleich noch.

Wer, denken Sie, ist die zweitwichtigste Person bei einer Sitzung? Genau, es ist der Schrift- oder Protokollführer. Warum? Weil er alles aufschreibt, was wichtig ist, alles zusammenfasst, aufpasst, dass Zuständigkeiten festgelegt werden und dafür verantwortlich ist, dass das Protokoll geschrieben und verteilt wird.

Falls Sie sich selbst zusätzliche Notizen machen möchten, um die Inhalte des Protokolls und darin enthaltene Beschlüsse besser nachvollziehen zu können, empfehle ich Ihnen, ein Gesprächs-Tagebuch zu führen (siehe Anlage 11). In Protokollen werden nicht immer alle Informationen wiedergegeben, die für Sie wichtig sind, um Inhalte nachvollziehen zu können. Deshalb: Schreiben Sie mit, das erhöht auch die eigene Aufmerksamkeit im Verlauf der Sitzung.

Bevor wir zur Nachbereitung kommen, möchte ich noch etwas zu den Pausen sagen. Normalerweise lässt bei einem Menschen nach ca. 45 Minuten die Konzentration etwas nach. Als Gesprächsleiter sollten Sie deshalb beobachten, ob nach einer gewissen Zeit noch alle bei der Sache sind, sonst auf jeden Fall eine Pause einlegen. Bei einer dreistündigen Sitzung spätestens nach der Hälfte der Zeit, damit jeder für den Endspurt noch einmal Luft holen kann. Dabei kann auch festgelegt werden, was bei dieser Sitzung auf jeden Fall noch besprochen bzw. beschlossen und was wohl vertagt werden muss.

Nachbereitung

Wenn alles vorbei ist, gehört es auch zum Teamwork, dass Sie nicht alles stehen und liegen lassen und einfach gehen. Außer es wird von einem Dienstleister aufgeräumt. Wenn Sie jedoch im Privathaus getagt haben, freut es den Gastgeber, wenn Sie noch helfen, die Gläser zusammenstellen und evtl. manches in die Küche zu tragen. Wenn Sie z.B. in einem Gemeindegebäude waren gehört das Aufräumen für meine Begriffe sowieso zum guten Ton. Ansonsten bleibt alles liegen, bis der Raum von einer weiteren Gruppe benötigt wird. Das sieht für eine Gemeindeleitung nicht wirklich gut aus. Aber auch im professionellen Rahmen sieht es nicht gut aus, wenn Sie alle Arbeit der Sekretärin überlassen.

Protokoll

Beim Protokoll möchte ich kurz auf zwei Formen eingehen, um Ihnen danach eine Mischform zu empfehlen. Diese beiden Formen sind das Beschlussprotokoll und das Vollprotokoll.

Den Schriftführern stellt sich immer wieder die Frage: „Was soll ich eigentlich protokollieren?" Generell lässt sich das gar nicht sagen. Und doch gibt es drei Grundregeln, auf die Sie achten können:

1. Muss das Protokoll in erster Linie informieren, dann soll es nur Gedanken enthalten, die Informationswert haben.

2. Muss es erklären, warum man zu den gefassten Beschlüssen gekommen ist, werden ausschließlich die Gedanken festgehalten, die beeinflusst und überzeugt haben.

3. Muss es die Überlegungen der Anwesenden zu den aufgeworfenen Fragen festhalten, dann wird nur das wiedergegeben, was neue Aussichten eröffnet.

Viel leichter haben Sie es mit dem, was weggelassen werden muss:
a. Alle Einleitungen.
b. Alle Abschweifungen, die nicht unmittelbar mit dem Thema zu tun haben, so interessant sie auch sein mögen.
c. Alle Wiederholungen.
d. Alle Selbstverständlichkeiten im Hinblick auf die, die später das Protokoll zu lesen bekommen.
e. Alles, was in kränkendem, verletzendem oder demütigendem Ton vorgebracht wurde. Ein Protokoll soll nur über das WAS, aber nie über das WIE der Verhandlungen Auskunft geben.
f. Bei Meinungsänderungen, die ursprünglichen Äußerungen.

Je nach Zielsetzung des Protokolls können auch wegfallen:
- Gedanken, die sich nicht durchgesetzt haben.
- Gespräche vertraulicher Art.
- Ort, Beginn und Schluss der Sitzung.

Nun zu den beiden Arten:

1. Beschlussprotokoll
Es ist die kürzeste Form eines Protokolls. Darin werden nur Beschlüsse festgehalten, die während der Sitzung getroffen wurden.

2. Vollprotokoll
Bei dieser Form des Protokolls wird jedes Wort aufgeschrieben, außer denen, die Sie weglassen sollten (siehe oben). Es versteht sich von selbst, dass dies ein großer Aufwand, und z.B. für die Arbeit in einer Gemeinde meist nicht nötig ist.

Ich schlage deshalb eine Mischform vor, bei der die Beschlüsse und noch einige Informationen aufgeschrieben werden, mit denen Sie die Beschlüsse auch noch zwei Jahre später nachvollziehen können. Dazu ist es allerdings notwendig, dass Sie im Laufe der Sitzung immer wieder zusammenfassen, was der Schriftführer zu Papier bringen soll und was nicht. Dabei nie vergessen, dass ein Beschluss auch von Menschen umsetzbar sein muss. Deshalb auch nie die zuständigen Personen vergessen und bis wann Beschlüsse umgesetzt sein müssen.

Ein Protokoll könnte so aussehen, wie das in Anlage 12, in diesem Buch. Es sollte spätestens eine Woche nach der Sitzung bei den Teilnehmern sein und bei denen, die aufgrund von delegierten Aufgaben, eine Info benötigen. Es wäre dabei auch zu überlegen, ob Auszüge aus dem Protokoll einem erweiterten Personenkreis zugänglich gemacht werden könnten oder sogar müssten. Zum Beispiel durch Aushang der Auszüge aus dem Protokoll an das schwarze Brett. Diese Auszüge sollten jedoch gegen Ende der Sitzung gemeinsam beschlossen werden, damit die Vertraulichkeit nicht verletzt wird.

Beschlüsse/Zielsetzungen
Dann noch ein wichtiger Punkt in der Nachbereitung: Es sollte für alle Beschlüsse, die Sie fassen, eine Art Kontrollorgan geben, damit nichts unter den Tisch fällt. Dazu empfehle ich wieder das Formular: Ziele - Projekte - Aktionen (siehe Anlage 3). Wenn Sie Ihren Beschlüssen nicht nachgehen und diese konsequent umsetzen, könnten Sie in den Augen Ihrer Gemeindeglieder leicht zu einem Kreis von Menschen werden, deren Arbeit keine Auswirkungen hat. Es darf nicht der Eindruck entste-

hen, dass bei Ihnen im Leitungsteam zwar „viele in einen Raum gehen, aber wenig dabei rauskommt". Ich persönlich trage deshalb in dieses Formular regelmäßig die gefassten Beschlüsse ein und hefte es an vorderste Stelle in meinen Ordner für die jeweilige Sitzung. Als Sitzungsleiter können Sie mit diesem Instrument zu Beginn jeder Sitzung klären, wie weit Projekte bzw. Beschlüsse gediegen sind. Dies sollte allerdings als TOP in der Einladung stehen.

Feedback
Und schließlich noch das Feedback. Dies ist allerdings nur möglich, wenn Sie im Team wirklich auf einer Wellenlänge sind und auch Interesse daran vorhanden ist, sich als Team weiter zu entwickeln.

Dann sollte es möglich sein, auch Feedback darüber zu sammeln, wie der Verlauf einer Sitzung empfunden wurde. Das kann zwei bis drei Mal im Jahr innerhalb einer Sitzung erfolgen. Dazu wird ein Tagesordnungspunkt notiert, der es ermöglicht, sich zu den Sitzungen der vergangenen Zeit zu äußern.

Ansonsten könnte auch zwischen diesen offiziellen Feedbackrunden die Möglichkeit eingeräumt werden, sich per E-Mail an alle Sitzungsteilnehmer zu wenden, wenn für einen selbst der Eindruck entsteht, dass das Niveau der Sitzungen abnimmt oder sich andere Dinge in nicht unbedingt gewollte Richtungen entwickeln. Das erfordert jedoch ein hohes Maß an Bereitschaft zu konstruktiver Kritik und einem offenen Austausch darüber, der hilfreich und nicht verletzend sein sollte.

Bei allem kritischen Feedback sollten Sie nicht vergessen, dass es auch gute Seiten an Vorbereitung, Durchführung und Nachbereitung Ihrer Sitzungen gibt. Auch dies sollte einen angemessenen Platz in Ihrem Feedback erhalten.

Moderationsmethoden

Wenn Menschen den Begriff „Moderation" hören, denken die meisten zunächst an Funk und Fernsehen. Man kennt Moderatoren wie z.B. Thomas Gottschalk, die durch das Programm bzw. im rechten Maß durch das Geschehen führen sollen. Moderation kommt vom lateinischen „moderatio" und bedeutet Lenkung, Regelung oder Zügelung. Es bedeutet aber auch Mäßigung, Schonung oder Selbstbeherrschung.

Das heißt also, ein Moderator koordinieret alle Teilnehmer der Sendung, verbindet die verschiedenen Teile und Phasen, leitet über, überwindet Pausen, erteilt das Wort, unterbricht Vielredner und animiert auch den einen oder anderen Schweiger dazu, sich zu beteiligen.

Kurz zusammengefasst: Moderatoren behalten die Zügel der Sendung und die knappe Zeit mehr oder minder unauffällig in der Hand. Was manchen TV-Moderatoren bei Live-Sendungen immer wieder misslingt. Und sie zügeln sich dabei auch selbst in der eigenen Meinung und in ihrer Selbstdarstellung. Eine gute Moderation leitet, ohne dass sich diejenigen gemaßregelt fühlen, die geleitet werden.

Moderation ist vor allem Kommunikation. Das lateinische Verb „communico" meint teilen, vereinigen, mitteilen, besprechen und verkehren. Moderation ist also demnach viel mehr als nur „jemandem etwas sagen". Und damit klingt auch etwas an, was die Kommunikationswissenschaft aller Richtungen immer wieder beschreibt und was spätestens seit den Büchern von Friedemann Schulz von Thun („Miteinander reden") weite Verbreitung gefunden hat: Kommunikation ist ein hoch komplexes Geschehen, das geprägt ist von den verschiedensten Einflüssen und deshalb auch anfällig ist für Störungen aller Art.

Und, es geht dabei nie nur um eine Sache, sondern immer auch um Beziehung. Vielleicht kann man in Sachen Moderation von Sitzungen das Bild einer Marionette ein wenig strapazieren. Dann wäre Moderation „die Fäden zu ziehen", in der Beziehung zwischen Teilnehmern, Moderator und Tagesordnung, was dazu beitragen soll, dass die Sitzung angenehm und erfolgreich werden kann.

Moderationsmethodik ist noch gar nicht so alt, wie man vielleicht annimmt. Nach den Studentenunruhen der 68er Generation begann es ganz langsam. Ganz egal ob in Hochschulen, Betrieben, Kirchen oder Kommunen, man wollte die Verhältnisse einfach nicht mehr so hinnehmen, wie sie waren.

Überall wurden Forderungen laut, nach mehr Beteiligung an Entscheidungsprozessen und mehr Orientierung an den Wünschen und Bedürfnissen der Betroffenen. Auf der anderen Seite gab es aber nur die gewohnten Gesprächsstrukturen, die davon ausgingen, dass es einen Leiter gibt, der alles besser weiß als die anderen, und der deshalb allen Beteiligten sagte, wo es lang zu gehen hatte.[99] Dies war ein ziemlich eingeschränkter Werkzeugkasten in Bezug auf Moderation, was sich in den Folgejahren jedoch geändert hat, in denen Beratungsfirmen nur so aus dem Boden schossen und sich viele kreative Köpfe bis heute Gedanken darüber machen, wie man Menschen organisch an Entscheidungsprozessen beteiligen kann, damit die Bedürfnisse möglichst vieler gestillt werden. Aber das alles ist gar nichts Neues, denn wie sagte doch der weise König Salomo:

> *„Wo nicht weiser Rat ist, da geht das Volk unter; wo aber viele Ratgeber sind, findet sich Hilfe!"* (Sprüche 11,14)

Methoden in der Praxis
In diesem Sinne möchte ich gerne einer Ihrer Ratgeber sein und Ihnen verschiedene Moderationsmethoden vorstellen, die Sie im Rahmen einer Sitzung, z.B. mit dem Leitungsteam Ihrer Gemeinde einsetzen können. Um diese Methoden möglichst nahe an der Praxis zu halten, befindet sich auf der folgenden Seite eine fiktive Einladung zu einer Sitzung eines Leitungsteams der „Oase Bröselhausen", anhand derer ich Ihnen mögliche Methoden zur Moderation dieser Sitzung darstellen möchte. Dabei gehe ich davon aus, dass dies nicht die einzig möglichen Methoden für die jeweiligen TOPs sind, aber auf diese Weise ist eine direkte Anwendung in der Praxis möglich.

TOP 2
Um die Punkte für TOP 10 „Sonstiges" zu sammeln, könnten Sie z.B. eine **Moderationswand** aufstellen und die Themen für alle sichtbar aufschreiben. Dabei könnten Sie für jeden Punkt ein Zeitlimit und die jeweilige Priorität vereinbaren. Am Ende könnten Sie noch den Ort für den Termin der Sitzung im Juni vereinbaren, der in der Einladung unter TOP 10 noch offen ist.

TOP 3
Zu diesem Punkt könnte das **Formular „Ziele - Projekte - Aktionen"** zum Einsatz kommen. Als Sitzungsleiter hätten Sie damit die Möglichkeit, auf die Punkte hinzuweisen, die seit der letzten Sitzung noch offen

---

[99] Vgl. Klebert, Karin u.a.: KurzModeration, Hamburg 1998, S. 7.

Sitzungen können auch Spaß machen

sind und kurz nachzuhaken, wie weit sie gediegen sind. Es könnten dabei der oder den verantwortlichen Person(en) Hilfen gegeben werden, wie Sie in der Sache vorankommen können.

**Oase Bröselhausen
innerhalb des Bundes frommer Botengänger**
Prodelweg 24, 86253 Bröselhausen, Tel.: 07678/9234586

Herzliche Einladung zur 03. GLT-Sitzung 2016

Die Sitzung findet statt:
Montag - 14.03.2016 - 20:00 Uhr - bei Edmund Schwätzer - Bröselhausen - Drommelgasse 22

Tagesordnungspunkte:

1.) Begrüßung - Persönliches - Geistliches Wort (Edmund) - Gebetsgemeinschaft
2.) Sammeln der Punkte „Sonstiges"
3.) Letztes Protokoll: Noch Fragen zum Protokoll? Genehmigt?
4.) Finanzen (Heidrun)
Kontostand Girokonto?
Regelmäßige Abgabe an die Verbandskasse: Höhe des Betrags?
5.) Männervesper in Bröselhausen
Ist es dran bzw. wollen wir solch' eine Veranstaltungsform, frühestens ab 2017?
Wenn „JA": Meinungsaustausch zu einer möglichen Vorgehensweise (nächste Schritte):
+ „Team Männerarbeit" gründen?
+ Veranstaltungsort(e) vorgeben?
+ Inhaltliche/konzeptionelle Dinge vorgeben?
6.) Auftrag / Zielsetzungen der Oase Bröselhausen - Bestandsaufnahme:
+ Wie beurteilen wir die momentane Stimmung in der Gemeinde?
+ Was haben wir als Gemeinde für einen Auftrag (Vision) in Bröselhausen?
+ Gründung eines Visionsteams nötig/möglich?
7.) Aufgaben/Zuständigkeiten im GLT
+ Sprecher des GLT (Ansprechpartner)?
+ Bereichsleitung (Organisation - Gottesdienst - Hirten-/Lehramt/Seelsorge - Kleingruppen - Evangelisation - Diakonie/Praktische Dienste)?
+ Schriftführer(in) für Protokoll, etc.?
+ Delegierte(r) für die Verbandsmitgliederversammlung?
8.) Gottesdienst im Grünen - 10.07.2016
Moderation: _____ / Predigt: _____
Programm/Rahmenprogramm?
Dekoration?
Organisation Verpflegung (Mittagessen/Kaffeetrinken)?
9.) Terminplanung 2017 (Jahresterminer 2017 - siehe Anlage)
+ Einmalige Veranstaltungen im Jahr (Mitarbeiter-Dank-Fest/Godi im Grünen/etc.)
+ Frauenfrühstück (Frühjahr/Herbst)
+ Sitzungstermine GLT
+ Externe Termine: Verbandskonferenzen/etc.
10.) Sonstiges

Nächste Termine und Orte:

11. April 2016   20:00 Uhr   bei Heidrun Lächler
23. Mai 2016   20:00 Uhr   bei Ewald Glatzkopf
20. Juni 2016   20:00 Uhr   bei _____

Herzliche Grüße!   *Ewald*

TOP 4
Bei diesem Punkt könnten Sie Ihr aktuelles Budget bzw. den aktuellen Haushaltsplan mit einem **Beamer** präsentieren. Dadurch hätten alle Beteiligten die gleichen Zahlen vor Augen und der Punkt könnte besser diskutiert werden.

TOP 5
Über den Punkt „Männervesper" könnten Sie entweder mit einer **Moderationswand** oder einem **Flip-Chart** diskutieren. Dort könnten Sie z.B. in zwei Spalten die Pro- und Contra-Argumente zu diesen Fragen einander gegenüberstellen. Auf diese Weise könnte eine Entscheidung einleuchtender und evtl. auch einfacher gemacht werden.

TOP 6
Bei der ersten Frage dieses TOP besteht wieder die Möglichkeit, die **Moderationswand** einzusetzen. Dieses Mal mit einer sogenannten **1-Punkt-Abfrage**. Während dieser Abfrage nach der Stimmung in Ihrer Gemeinde, kann jeder Teilnehmer der Sitzung hergehen und einen Punkt neben den Smiley machen, der für ihn die derzeitige Stimmung in der Gemeinde ausdrückt. Anschließend können Sie dann über die einzelnen Voten diskutieren bzw. vielleicht auch nur über den Smiley, der die meisten Punkte bekommen hat.

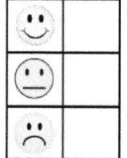

Bei der zweiten Frage besteht die Möglichkeit, eine **Kartenabfrage** zu machen. Dazu erhält jeder Teilnehmer Karten im DIN-A6-Format, die ruhig auch verschiedene Farben haben können. Auf jede Karte schreiben die Teilnehmer ein Votum zu der gestellten Frage und heften die Karten danach an die **Moderationswand**. Zum Abschluss können die Karten zu Themenkreisen zusammengefasst und Überschriften dafür gefunden werden.

Daran kann sich dann eine **Mehrpunkteabfrage** anschließen, bei der die Gewichtung der einzelnen Themenkreise festgelegt werden kann. Dazu erhält jeder Teilnehmer Klebepunkte zugeteilt, die er auf der Moderationswand einset-

Nr.	Thema	Punkte	Rang
1	Zeitdruck in der Fertigung	••••• 7	1
2	Zusammenarbeit verbessern	••• 5	3
3	Weiterbildung für die Führungskräfte	•• 4	4
4	Neue Mitarbeiter im Wareneingang	•••• 6	2

zen kann. Dadurch können sowohl Prioritäten als auch wichtige Themen herausgefunden werden. Es ist einfach eine Hilfe dafür, sich leichter auf das einigen zu können, was einen breiten Konsens finden könnte. Und falls es in der Gemeinde ein Visionsteam geben sollte, hätte dieses damit schon eine solide Grundlage an Themen, Inhalten und Schwerpunkten, an denen Sie strategisch weiterarbeiten könnten.

Berechnung der Anzahl der Klebepunkte
Um die Anzahl der Klebepunkte zu berechnen, teilen Sie bitte die Anzahl der Themen oder Auswahlmöglichkeiten durch zwei. Haben Sie z.B. zehn Themen zur Auswahl, dürfen die Teilnehmer demnach insgesamt nur fünf Klebepunkte verwenden.

Für die Verwendung der Klebepunkte gilt bezüglich der Anzahl folgende Regel: Wenn die Gesamtzahl der Themen, die zur Auswahl stehen, zwischen eins und sieben liegt, darf jeder Teilnehmer pro Thema maximal zwei Klebepunkte verwenden. Ab acht Themen dürfen maximal drei Punkte pro Thema vergeben werden.

TOP 7
Das ist kein einfacher TOP, weil es darum geht, Zuständigkeiten, Verantwortung und Aufgaben zu verteilen. Dabei schauen alle Beteiligten gerne die Deckenbeleuchtung an oder studieren das Muster auf dem Teppich. Hier gilt es, alle Beteiligten zur Mitarbeit zu motivieren.

Bei der Thematik um die Leitung von Bereichen kann es allerdings eine Hilfe sein, wenn Sie diese visualisieren. Auch hier können Sie eine **Moderationswand** einsetzen. Es bestünde damit die Möglichkeit, dass jeder sein Namenszeichen unter den Bereich setzen kann, für den er gerne Ansprechpartner bzw. Pate wäre. Danach könnte über die Ergebnisse diskutiert werden.

TOP 8
Hier können Sie wieder die **Moderationswand** einsetzen, dieses Mal **als Liste**. Dort können Sie zunächst einmal alle wichtigen Punkte zusammentragen und aufschreiben: Moderation, Predigt, Programm, Beteiligung der Kinder, Anspiel, etc.; Rahmenprogramm im Anschluss an den Gottesdienst, Dekoration, Mittagessen: Grillen/Salate/Getränke etc., Kaffeetrinken: Kaffee/Kuchen etc., Geschirr, usw. Sie können alles auf-

schreiben, um danach festlegen zu können, wer für was zuständig ist. Dabei müssen nicht nur die Teilnehmer der Sitzung Aufgaben oder Bereiche übernehmen. Diese können auch delegiert werden.

Mit dieser Methode hat es nicht nur der Schriftführer, sondern alle Beteiligten vor Augen, und es wird nichts vergessen. Damit Sie es in Zukunft leichter haben, an alles zu denken, empfehle ich, eine **Checkliste „Gottesdienst im Grünen"** anzulegen, die bei der Vorbereitung des nächsten Gottesdienstes im Grünen nur noch durchgegangen und notfalls ergänzt werden muss. Im Anschluss an die Sitzung kann der Verantwortliche für das Protokoll einfach das Papier der Moderationswand mitnehmen und die Inhalte zu Hause in das Protokoll eintragen.

TOP 9

Zu diesem TOP wäre wieder ein **Beamer** hilfreich. Damit könnte man von einem Computer aus z.B. eine Excel-Tabelle mit dem Jahresplan des kommenden Jahres an die Wand projizieren. Für alle sichtbar könnten dann die vereinbarten Termine eingetragen werden. Das hat den Vorteil, dass Terminhäufungen gleich erkannt und der Jahresplan schon von vornherein etwas aufgelockert werden kann. Es kommen erfahrungsgemäß im Laufe eines Jahres noch genügend unvorhergesehene Termine dazu. Deshalb sollten Sie den Terminstress nicht schon bei der Planung mit einbauen.

Spielregeln bei der Moderation

Viele Menschen tun sich schwer damit, Spielregeln aufzustellen, wenn es um das Miteinander von Menschen geht. Jeder möchte sich so frei wie möglich bewegen können. Keiner soll in seiner Persönlichkeit eingeschränkt werden. Das ist zwar grundsätzlich richtig, aber hat uns Gott nicht gerade deshalb die 10 Gebote und noch ein paar zusätzliche Tipps und Verordnungen gegeben, damit wir uns als Menschen so frei wie möglich bewegen können? Endet doch die Freiheit eines Menschen immer an der Freiheit eines anderen, nicht? Das gehört einfach zu unserem Menschsein dazu.

Damit nicht jedes Mal ein Kampf darum entstehen muss, wo jetzt die Freiheit des einen endet und die des anderen beginnt, ist es auch für Sitzungen am besten, sich auf ein paar Spielregeln für das Miteinander zu einigen, und schon fühlt sich das Leben für alle Beteiligten etwas leichter an. Für die Moderation einer Sitzung gilt jedoch grundsätzlich Folgendes:

Alle sind für die Moderation mitverantwortlich
Keiner darf sich zurücklehnen und sagen: „Na, dann lass den mal machen!". Wenn es Ihnen wirklich ernst damit ist, dass Sie gute Ergebnisse erzielen und Ihre Gemeinde weiterbringen wollen, sollten Sie sich alle ins Zeug legen und schauen, dass eine Sitzung gelingen kann.

Alle achten darauf, dass visualisiert wird
Ich denke Sie haben bei den einzelnen Methoden verstanden, dass die Visualisierung eines Stoffes für alle Beteiligten einer Sitzung eine echte Hilfe ist. Ich gebe zu, dass es auch aufwändig ist, aber das sollte es Ihnen wert sein, wenn Sie bedenken, um was es geht: Bau des Reiches Gottes in dieser Welt. Dazu hilft es auch, wenn Sitzungen ein Ziel haben, das Sie sich immer vor Augen halten können.

Und es ist ja auch so, dass alle Beiträge, die nicht aufgeschrieben und nicht visualisiert werden, letzten Endes verloren gehen. Darum sollten alle darauf achten, dass die eigenen Beiträge und auch die der anderen festgehalten werden. Natürlich nur, sofern sie auch zielführend sind.

Wenn sich das Gremium oder Team darin einig ist, zu visualisieren, könnten Sie sich z.B. nicht in Wohnzimmern treffen, wo der Aufwand wesentlich höher ist, sondern in den Räumen der Gemeinde, die womöglich sogar mit Beamer oder Moderationswand ausgestattet sind.

Alle helfen mit, den Arbeitsraum in Ordnung zu halten
Wenn man mit Blättern, Stiften, Karten, etc. arbeitet, kann sich ein Arbeitsraum schnell in kreatives Chaos verwandeln, bei dem überall Karten, Stifte, Pinnnägel usw. herumliegen. Es liegt in der Natur der Sache, dass ein gewisses Maß an kreativem Chaos notwendig ist, damit die Techniken auch funktionieren.

Wenn sich jedoch immer nur einer darüber erbarmen muss, die Räumlichkeiten wieder in Ordnung zu bringen, wird sich dies auf Dauer eher negativ auf die gesamte Stimmung bzw. den Willen zu kreativer Moderation von Sitzungen auswirken.

In der Diskussion:
+ Kurze Redebeiträge
Wenn bei zehn Personen jeder zu Wort kommen möchte, kann das schnell ausarten, wenn dazu noch zu jedem Beitrag eine entsprechende Geschichte erzählt wird. Deshalb einigen Sie sich auf möglichst kurze und konstruktive Beiträge, damit alle zu Wort kommen können.

+ Den anderen ausreden lassen
Im Grunde gebietet es die Höflichkeit, andere Menschen ausreden zu lassen. Dennoch scheint sich diese Unart zu verbreiten, den anderen mitten im Satz zu unterbrechen. Damit könnten jedoch unter Umständen wichtige Beiträge verloren gehen. Wenn sich also Ihre Mitstreiter an die Sprechzeitregel halten, sollten Sie sie auch ausreden lassen.

+ Aussagen anderer nicht bewerten
Es ist wichtig, dass jeder seine Meinung sagen kann, auch wenn sie der Meinung eines anderen entgegensteht. Aber wenn dann Killerphrasen gebraucht werden wie z.B. „Das wird doch nix!" oder: „Schon wieder der Hans-Werner mit seinen tollen Ideen!", dann ist das diskriminierend und auch lieblos. Abgesehen davon, dass es Sie nicht weiterbringt, auch wenn es scheinbar das Ego dessen befriedigt, der die Sätze ausspricht.

An Flip-Chart oder Moderationswand:
+ Deutlich schreiben
Vermutlich haben Sie nicht lauter Apotheker in Ihrem Team, denen der Ruf nacheilt, dass sie jede Schrift entziffern können. Auf der anderen Seite brauchen Sie auch keine Normschrift auf den Flip-Chart-Blöcken oder an den Moderationswänden. Aber um des gemeinsamen Arbeitens willen, sollte sich jeder bemühen, wenigstens lesbar zu schreiben, Druckschrift hilft dabei.

+ Eine Aussage pro Karte
Wenn Sie z.B. mit einer Kartenabfrage arbeiten, werden die Antworten im Anschluss daran sortiert und zu Themen zusammengefasst. Deshalb ist es nicht hilfreich, wenn mehrere Antworten auf einer Karte stehen. Das wäre möglicherweise ein Sparen an der falschen Stelle. Deshalb sollten Sie alle Beteiligten darauf hinweisen, bei der Kartenabfrage möglichst immer nur eine Antwort auf eine Karte zu schreiben.

+ Kurz und eindeutig formulieren
Schreiben Sie keine Romane auf die Karten. Kurze und prägnante Aussagen sind zum Verständnis hilfreicher, und es spart auch Zeit bei der Zusammenfassung.

+ Bei unterschiedlicher Meinung „Blitzen"
Wenn ein Teilnehmer mit einer Aussage nicht einverstanden ist, kann er dies kundtun, indem er „blitzt". Dabei wird die Karte, mit der er nicht einverstanden ist, mit einem Blitz versehen und er hängt sein Gegenargument daneben. Auf diese Weise können Sie auch schriftlich diskutieren, es werden unterschiedliche Meinungen deutlich gemacht und gezeigt, dass mehrere Meinungen und Argumente vorhanden sind.

Wenn Sie einer Aussage auf einer Karte zustimmen, können Sie auch mit einem Herzen „blitzen", oder mit einem Fragezeichen, wenn Ihnen Dinge noch unklar sind. Wichtig ist, dass Sie sich vorher auf diese Vorgehensweisen und diese Zeichen einigen, damit es auch allen Spaß machen kann.

Selbstmanagement ist das A und O

"Wer alles zu kontrollieren versucht, wird am Ende jegliche Kontrolle verlieren."[100]

"Ich aber, HERR, hoffe auf dich und spreche: Du bist mein Gott! Meine Zeit steht in deinen Händen." (Psalm 31,15-16)

Selbstmanagement ist sowohl in Leiterschaft, als auch im beruflichen wie privaten Umfeld unerlässlich. Dazu gehören z.B. die Organisation Ihres Arbeitsplatzes (Schreibtisch, etc.), sowie der Umgang mit Informationen und ein gutes E-Mail-Management. Zu diesen drei Themen habe ich im Folgenden ein paar Tipps zusammengestellt, die sich für Ihre täglichen Abläufe sicher als hilfreich erweisen werden.

Arbeitsplatzorganisation

Bei der Organisation des Arbeitsplatzes greife ich aus der Vielzahl der Möglichkeiten vier Bausteine heraus, die helfen können, etwas mehr Ordnung in das eigene Büro zu bringen: Ablage, Wiedervorlage, Vormerkkalender und ein paar Tipps, wie Sie Ihren Schreibtisch freihalten können.

Damit sich in meinem Büro die Papierberge in Grenzen halten, habe ich eine zentrale Ablage eingerichtet, die aus vier Fächern besteht. Auf dem obersten Fach dieser Ablage steht: **„Eingang"**. Da hinein kommt alles, was von außen ankommt bzw. was einen Handlungsschritt, eine Entscheidung, o.ä. von mir fordert. Es ist die zentrale Schaltstelle für die „offenen Enden"[101] meiner Arbeit.

---

[100] Drucker: Management, S. 155.
[101] Als „offene Enden" werden all die Dinge bezeichnet, die nur im Verstand vorhanden bzw. bisher noch nicht erledigt sind. Werden diese auf einen Zettel geschrieben und gemeinsam mit den anderen Dingen in das Fach „Eingang" gelegt, die noch nicht erledigt sind, muss sich der Verstand nicht mehr mit diesen Dingen beschäftigen. Sie sind damit zwar immer noch „offen", aber nun an einem Ort, an dem sie potentiell erledigt werden. Damit ist der Verstand wieder frei für neue Dinge bzw. für kreatives Arbeiten.

Dabei handle ich immer nach dem sogenannten „Direkt-Prinzip", das besagt: „Alles, was du in zwei bis drei Minuten erledigen kannst, tue sofort!". Beispiel: Sie bekommen eine Rechnung, die mit Lastschriftverfahren schon beglichen ist. Das heißt, diese Rechnung landet nicht im Eingangskorb, sondern wird sofort in den Rechnungsordner abgeheftet, da dieser Vorgang in weniger als drei Minuten erledigt werden kann. Damit belastet dieses Schriftstück die Ablage nicht. So gehe ich mit allen Vorgängen um.

Manche sagen: „Das kann man nicht!". Ich behaupte allerdings das Gegenteil. Natürlich müssen Sie dieses „Direkt-Prinzip" immer in den Zeitrahmen integrieren, den Sie zur Verfügung haben. Dennoch sparen Sie viel Zeit und Aufwand, wenn Sie die meisten Dinge sofort erledigen.

Beispiel aus dem Alltag: In Ihrem Haus befindet sich eine Küche, in die auch eine Spülmaschine eingebaut ist. Nun kommt das erste Mitglied der Familie nach Hause, macht sich einen Kaffee und stellt anschließend die Tasse auf die Ablage. Danach kommt der nächste, macht sich ein Brot, und stellt den Teller samt Messer und Trinkglas ebenfalls auf die Ablage. Wenn das zwei, drei Tage so gemacht wird, haben Sie einen Berg von Geschirr, an den keiner mehr ran möchte.

Abhilfe schaffen Sie hier folgendermaßen: Jeder, der etwas benutzt, räumt es sofort weg, ganz im Sinne des „Direkt-Prinzips". Das obige Beispiel können Sie auch auf Themen anwenden, wie Müll wegbringen, Termine verwalten, Rechnungen ablegen, Belege ordnen, Post bearbeiten, usw. Die Dinge des Lebens erledigen sich nicht von selbst, sondern haben die Eigenschaft, sich immer an irgendwelchen Stellen anzuhäufen. Ist das erst einmal geschehen, benötigen Sie zusätzliche mentale Kraft, damit Sie sich aufraffen, um den angestauten Berg abzuarbeiten. Erledigen Sie die einzelnen Dinge aber sofort, häuft sich viel weniger auf und Ablagen und der Eingangskorb bleiben überschaubar. Wenn es Ihre Zeit also zulässt, und in den allermeisten Fällen tut sie das, dann handeln Sie bitte nach dem „Direkt-Prinzip".

Das nächste Ablagefach ist beschriftet mit: **„Warte auf"**. In dieses Fach kommen alle Projekte oder Schriftstücke, die bereits bearbeitet wurden, bei denen aber der Vorgang noch nicht abgeschlossen ist, weil noch eine Entscheidung meinerseits oder Informationen von anderen ausstehen. Dazu gehören z.B. Bestellformulare, bei denen Sie auf die

Lieferung warten, die Einladung zum gemeinsamen Wochenende, bei der Sie noch auf die Anmeldungen warten, oder der Brief, den Sie z.B. an die Versicherung geschrieben haben, aber noch auf eine Antwort warten. Dieses Ablagefach verhindert, dass Ihnen wichtige Vorgänge aus dem Blickfeld geraten.

Auf dem nächsten Fach steht: **„Zur Kenntnis"**. Dort kommt alles rein, was nicht bearbeitet werden muss, aber ganz nett zu lesen wäre. Dieses Fach ist bewusst ein Sandwich-Fach zwischen „Warte auf" und „Wiedervorlage". Damit hat es eine Kapazitätsgrenze nach oben und Sie sind gezwungen, es immer wieder einmal durchzusehen.

Und schließlich noch das unterste Fach: **„Wiedervorlage"**. Dies ist eines der besten Hilfsmittel in einem Büro. Man kann diese Wiedervorlage auf drei verschiedene Arten anlegen: Entweder Sie verwenden ein System, das in einem Karteikasten Platz findet, ein System, das aus Hängemappen besteht oder ein System mit Pultordnern.

Wenn Sie einen Karteikasten als Wiedervorlage verwenden, brauchen Sie das Ablagefach „Wiedervorlage", weil dort alle Dokumente zu den jeweiligen Terminen abgelegt werden, die größer sind als eine Karteikarte.

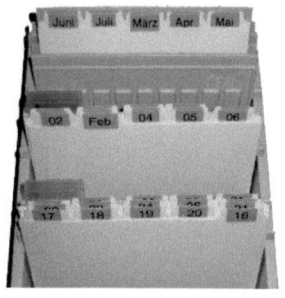

Wenn Sie die Wiedervorlage mit einer Hängeregistratur organisieren, benötigen Sie das Ablagefach „Wiedervorlage" nicht, weil Sie in den Hängemappen alles ablegen können, was Sie noch einmal bearbeiten müssen. Genau das gleiche gilt für die Pultordner:

Wenn Sie z.B. einen Vorgang aus dem Eingangsfach nehmen, der nicht sofort bearbeitet werden kann, wie z.B. die Verlängerung eines Ausweises, für die der Antrag erst in vier Monaten eingereicht werden kann, dann legen Sie diesen Vorgang in den jeweiligen Monat (01-12) im

Pultordner, in die Hängemappe des jeweiligen Monats, oder in das Fach „Wiedervorlage" und schreiben auf eine Karteikarte die Daten für diesen Vorgang und stecken sie hinter den jeweiligen Monat im Karteikasten.

Selbstmanagement ist das A und O

Am Ende jedes Monats schauen Sie nach, welche Vorgänge im folgenden Monat bearbeitet werden müssen und vergessen auf diese Weise nichts. Wenn der Monat startet können Sie alle Vorgänge in den Pultordner, die Hängemappen oder die Karteiregister (01-31) einsortieren, damit Ihnen am jeweiligen Tag genau das begegnet, was erledigt werden muss. Dazu gehören z.B.:

- Theater- oder Konzertkarten
- Einladungen mit Anfahrtsbeschreibungen
- ausgefüllte Formulare, die Sie zu Terminen bei Ämtern, Versicherungen und anderen Institutionen mitnehmen müssen
- Passfotos und Bescheinigungen, die Sie zum termingerechten Kauf von Monats- oder Saisonkarten zur Hand haben müssen: Schwimmbad, Fitness-Studio, öffentliche Verkehrsmittel, usw.
- Flugscheine, Fahrkarten und andere Unterlagen für den Starttag des Urlaubs
- Briefe, die an bestimmten Tagen abgesendet werden müssen
- ausgefüllte Zahlungsbelege, die Sie an bestimmten Tagen zur Bank bringen möchten (wenn Sie kein Online-Banking haben)
- Der Einkaufszettel für den Großeinkauf am nächsten Samstag
- Die Ideen- und Materialsammlung für die nächste Sitzung einer Gemeinde, eines Vereins oder Clubs, dem Sie angehören

Man muss dazu allerdings jeden Tag in den Pultordner, die Hängeregistratur oder den Karteikasten schauen, sonst wird es nicht wirklich helfen. Und diese Hilfsmittel ersetzen auch den Terminkalender nicht, sondern stellen Ihnen nur zur Verfügung, was zu jedem eingetragenen Termin benötigt wird.

Um die Unterlagen zum jeweiligen Termin nicht zu vergessen, können Sie sich bei dem jeweiligen Termin im Terminkalender ein Kürzel oder Zeichen machen.

Und noch ein Tipp: Damit die einzelnen Vorgänge in Pultordner oder Hängeregistratur nicht durcheinander geraten, sollte jeder Vorgang gebündelt sein, z.B. in einer Klarsichthülle, die seitlich offen ist (schneller Zugriff möglich). So bleibt alles geordnet, auch wenn mehrere Vorgänge unter einem Tag oder Buchstaben abgelegt sind.

Selbstmanagement ist das A und O

Nun gibt es allerdings auch Vorgänge, die zwar noch nicht abgeschlossen, die aber auch nicht wirklich terminierbar sind. All diese Vorgänge können entweder im Ablagefach „Warte auf" abgelegt werden, das allerdings eine begrenzte Kapazität hat, oder sie können in einem Pultordner von A bis Z abgelegt werden.

A wie Autoversicherung: Abwicklung eines Unfalls
B wie Antrag auf BAföG
H wie Haushaltsplan
K wie Antrag auf Kindergeld
U wie Urlaubs-Checkliste

Damit der schnelle und Zeit sparende Alltagsnutzen erhalten bleibt, sollten sich in diesem Pultorder keine Unterlagen befinden, die weniger als zwei Mal jährlich gebraucht werden, wie z.b. langfristige Dokumente, Verträge und Abonnements oder Zeitschriften, Zeitungsausschnitte und andere Sammlungen. Dafür gibt es eine andere Ablagevariante, die ich Ihnen jetzt vorstellen möchte:

Werner „Tiki" Küstenmacher hat einmal eine Lebensweisheit illustriert, die besagt: „Das Leben ist zu kurz, um es mit Suchen zu verbringen!". Das ist meine Motivation, die hinter Organisation im Büro steht, wenn es darum geht, Dokumente richtig zu archivieren. Ich möchte mich auf die Ausarbeitung und Bearbeitung des jeweiligen Vorgangs konzentrieren und möglichst wenig Zeit mit der Recherche verbringen.

Ein Mann namens David Allen hat dazu ein Buch geschrieben, mit dem Titel: „Wie ich die Dinge geregelt kriege". Von diesem Buch habe ich mich inspirieren lassen und bin in ein einfaches System eingestiegen, das jeder umsetzen kann, der das ABC einigermaßen zu beherrschen weiß. Dieses System besteht zunächst aus Ordnern (DIN A4), die mit den Buchstaben „A" bis „Z" gekennzeichnet sind. Das gilt auch dann, wenn verschiedene Systeme gemischt werden, also z.B. eine Hängeregistratur mit einem System aus Ordnern (DIN A 4) gemischt wird.

Sowohl die Hängemappen als auch die Ordner können Sie mit „A" bis „Z" kennzeichnen. In diesem System können Sie dann Ihre Einladungen, Proto-

kolle, Bibelarbeiten, Predigten, Strategiepapiere, Arbeitsmaterialien, Zeitschriftenartikel, Korrespondenz etc. ganz einfach archivieren.

Wenn Sie dazu auch noch die Ordner-Struktur im Daten-Explorer Ihres Computers auf „A bis Z" einstellen, wird das System übersichtlicher und einheitlich. Erhalten Sie zu bestimmten Themen PDF-Dateien oder E-Books, können Sie diese einfach unter den jeweiligen Buchstaben des Stichwortes verschieben, welches das Dokument hat. Wenn einmal ein Stichwort nicht so gut passt ist das kein Problem, denn die Desktop-Suche des Computers sollte es möglich machen, jedes Dokument an jeder Stelle wieder zu finden.

Der Vorteil von „A bis Z" ist auf jeden Fall, dass alles einsortierbar ist. Und wenn Sie etwas suchen, kann es eigentlich nur an ein, zwei oder drei verschiedenen Stellen sein, je nachdem unter welchem Stichwort Sie es ursprünglich abgelegt haben.

Die Übersicht über alle Unterlagen in den Ordnern oder der Hängeregistratur können Sie behalten, indem Sie dazu ein Textdokument auf Ihrem Computer verwenden. In dieses Dokument schreiben Sie an den Anfang eine Legende, in der Sie die Abkürzungen und deren Erklärung notieren, die Sie in diesem Dokument verwenden[102].

Unter der Legende befinden sich die Buchstaben „A" bis „Z". Nun können Sie jedes Dokument, das Sie in Ordner oder Hängeregistratur ablegen, in das Textdokument eintragen. Einen Artikel über Gemeindeaufbau z.B. werden Sie unter „G" einsortieren und unter „G" im Textdokument eintragen. Dazu schreiben Sie im Textdokument noch die Abkürzung für den Ort, an dem sich der Artikel befindet. Wenn er z.B. in der Hängeregistratur zu finden ist, bekommt er als Kürzel ein „HR" hin-

---

[102] Wenn Sie zum Beispiel verschiedene Systeme, wie Ordner und Hängeregistratur verwenden, sollten Sie z.B. „O" für Ordner hinter jedes Dokument schreiben und „HR" für Hängeregistratur. Machen Sie es sich so einfach wie möglich, Dokumente und Informationen wieder zu finden.

ten angestellt. Wenn Sie später ein Dokument suchen, brauchen Sie in der Suchfunktion Ihrer Textverarbeitung nur das Stichwort einzugeben, und schon wird es gefunden. Sie können damit schnell und direkt auf die jeweilige Stelle zugreifen, egal wo sich das Dokument befindet.

Auf diese Weise fällt die Recherche von Unterlagen sehr leicht und Sie verlieren keine unnötige Zeit mit Suchen. Nach meiner Meinung ermöglicht Ihnen dieses einfache System mehr zeitliche Ressourcen, um sich auf die eigentliche Ausarbeitung der Thematik zu konzentrieren, mit der Sie sich gerade auseinandersetzen.

Vormerkkalender
Ein Vormerkkalender ist im Grunde eine Aufgabenliste für alle wiederkehrenden Aufgaben im Laufe eines Jahres. Solch eine Liste benötigen Sie nur, wenn Sie kein Smartphone oder Tablet verwenden, bzw. dann, wenn es auf diesen Geräten keine entsprechende App gibt, die diese Aufgabe übernehmen kann.

Ich habe dazu auf meinem Computer eine Excel-Tabelle angelegt, mit einem Tabellenblatt für jeden Monat und eines für die Folgejahre.

Dabei funktioniert dieser Vormerkkalender so: Wenn Sie z.B. jedes Jahr im Oktober an Ihre Grippeschutzimpfung erinnert werden möchten, müssen Sie diese Aufgabe in den Vormerkkalender eintragen. Und zwar in das Tabellenblatt für Oktober. Oder wenn Sie jedes Jahr im Januar den steuerlichen Jahresabschluss für die Gemeinde oder Ihr Unternehmen erstellen müssen, wird dies in den Vormerkkalender im Monat Januar eingetragen. In diesen Vormerkkalender können Sie einmalige oder wiederkehrende Dinge eintragen, die im Laufe eines bestimmten Monats im Jahr stattfinden oder erledigt werden sollen. Das gilt auch für Projektplanungen oder Beschlüsse im Rahmen Ihrer Gemeindearbeit.

Wenn dann der jeweilige Monat kommt, können Sie im Vormerkkalender nachschauen, was auf jeden Fall getan werden muss und können diese Dinge in Ihre Wochen- bzw. Tagesplanung integrieren. Auf diese Weise wird durch Vormerkkalender und Wiedervorlage verhindert, dass Dinge vergessen werden, die zu erledigen sind.

In meiner Excel-Tabelle gibt es dazu noch das Tabellenblatt „Folgejahre". In dieses Tabellenblatt können Sie alle Aufgaben eintragen, die über das aktuelle Jahr hinausgehen. Wenn Sie z.B. nicht vergessen möchten, dass Ihr Personalausweis im Mai des Jahres 2023 verlängert werden muss, können Sie diese Aufgabe in das Tabellenblatt „Folgejahre" eintragen.

Wenn im jeweiligen Monat eine Aufgabe erledigt ist, muss diese mit einem Kreuzchen, einem Haken oder einfach einem „erledigt" in der entsprechenden Spalte versehen werden. Das kann auch zur persönlichen Motivation dienen. Nichts motiviert einen Menschen mehr, als wenn er etwas erledigt hat.

Schreibtisch

Wir kommen zum letzten Baustein meiner Auswahl: Ordnung am, im und rund um den Schreibtisch. Vielleicht haben Sie schon mal davon geträumt, ein sogenannter „Leertischler" zu sein. Also ein Mensch, dessen Schreibtisch immer dann leer ist, wenn man zu ihm ins Büro kommt. Das nebenstehende Bild zeigt solch einen Schreibtisch. Der ist nicht extra aufgeräumt, sondern befindet sich im „Arbeitszustand". Dabei ist die Vorgabe, dass sich in der Regel nur ein Vorgang auf dem Schreibtisch befinden darf.
Natürlich bekommen Sie den Schreibtisch nie völlig leer. Das ist auch nicht der Sinn der Sache. Dennoch gibt es gewisse Dinge, die Ihnen helfen können, stets einen aufgeräumten Schreibtisch zu haben.

Und das beginnt mit einer weiteren Vorgabe: Halten Sie Ihre Arbeitsfläche frei. Auf einem Schreibtisch ist das zuerst einmal die Fläche direkt vor Ihnen (ca. 70x50 cm groß). Dazu kommt der Bereich, der vom Schreibtischstuhl aus mit ausgestreckten Armen erreicht werden kann. Alles, was in diesem Bereich liegt, nennt man Arbeitsfläche, weil dies die optimale Arbeitsumgebung ist. Auf der Arbeitsfläche dürfen sich nur die Dinge befinden, die dort bald wieder wegkommen, weil sie erledigt werden. Das bedeutet: Was länger als zwei Tage auf der Arbeitsfläche liegt, muss unbedingt bearbeitet werden, sonst besteht die Gefahr, dass es dort liegen bleibt. Ausgenommen davon sind Dinge, die Sie für die normale Arbeit in mittlerer Zugriffsnähe haben müssen. Dies sind z.B.:

- Arbeitsmittel (Schere, Klebeband, Locher, Taschenrechner etc.)
- Notizpapier und Schreiber
- Utensilien, die Sie für die persönliche Ablage am Schreibtisch benötigen (Hängemappen, Ablagekästen etc.)
- Nachschlagewerke, die oft benutzt werden (Bibel, Duden etc.)

Neben der Arbeitsfläche, sogenannte „1-A-Fläche", gibt es auch noch die „1-B-Flächen". Das sind die Flächen, die unmittelbar um die Arbeitsfläche herum erreichbar sind, wie z.b. der angedockte Schreibtisch um die Ecke, das Regal neben dem Schreibtisch oder hinter dem Schreibtischstuhl, usw. Also Flächen, die schnell und unmittelbar zu erreichen sind, aber nicht zur „1-A-Fläche" gehören. Diese Flächen sind dazu da, um z.B. für die Ablage, den Karteikasten für die Wiedervorlage und Ordner genutzt zu werden, weil Sie auf diese einen schnellen und vor allem ständigen Zugriff haben müssen. Aber auch Maschinen wie Scanner, Drucker oder Faxgerät können auf dieser „1-B-Fläche" stehen, wenn diese regelmäßig gebraucht werden, bzw. schneller Zugriff darauf möglich sein muss.

Grundsätzlich gibt es keine festen Vorgaben für die Nutzung dieser Flächen. Wichtig ist nur, dass sie sinnvoll genutzt werden und nicht als Ablagefläche für alles Mögliche verwendet werden. Wenn Sie diese Flächen sinnvoll nutzen möchten, können Sie damit beginnen, indem Sie die „Sofort-Übung" durchführen, die im Folgenden beschrieben wird:

- Setzen Sie sich an Ihren Arbeitsplatz. Deuten Sie auf die unentbehrlichen Gegenstände Ihres Schreibtisches bzw. Arbeitsplatzes: Telefon, Computer, wichtige Arbeitsmittel, usw.
- Legen Sie Ihre Handflächen auf die Arbeitsfläche Ihres Arbeitsplatzes und ziehen Sie einen virtuellen Kreis.
- Falls erforderlich, räumen Sie diese Flächen frei. Sofort!
- Schaffen Sie danach Ablagemöglichkeiten rund um die Arbeitsfläche. Nutzen Sie diese neuen Plätze für alles, was Sie nicht im Bereich einer Armlänge benötigen.
- Räumen Sie jeden Abend die Arbeitsfläche wieder frei, damit Platz ist für alle Vorgänge des nächsten Tages.

Umgang mit Informationen

Organisations-Abläufe

Nun schauen wir uns an, wie die Rädchen ineinandergreifen können, wenn Sie sich daran machen, die Dinge zu ordnen, die Ihnen täglich in Ihr Ablagefach „Eingang" gelegt werden. Dies sollte mindestens einmal in der Woche geschehen. Dazu planen Sie am besten ein bis zwei Stunden Zeit ein.

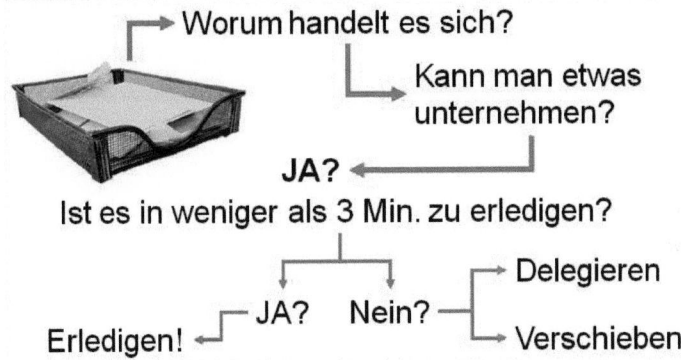

Wenn Sie die Inhalte ihres Eingangsfachs bearbeiten, stellen Sie sich bei jedem Dokument oder Vorgang die Frage: Worum handelt es sich? Danach folgt die Frage: Kann oder muss ich etwas unternehmen? Wenn Sie diese Frage mit „JA" beantworten können, muss die nächste Frage lauten: Ist es in weniger als zwei bis drei Minuten zu erledigen?

Können Sie auch diese Frage mit „JA" beantworten, erledigen Sie es bitte sofort. Reichen für die Erledigung allerdings zwei bis drei Minuten nicht aus, müssen Sie diese Sache entweder delegieren (siehe Kapitel „Im Team geht's gleich viel besser), oder Sie müssen es verschieben. Das bedeutet, Sie müssen einen Termin für die Erledigung festlegen, der in den Terminkalender eingetragen werden muss, oder Sie beschließen einen nächsten Schritt in dieser Sache, der wiederum notiert werden muss. Dieser nächste Schritt wandert dann entweder in die Wiedervorlage oder auf die „to-do-Liste", die Einkaufsliste oder eine Projektliste.

Die Frage, „Kann man etwas unternehmen?" können Sie allerdings auch mit NEIN beantworten. In diesem Falle hätten Sie drei Möglichkeiten der Bearbeitung:

Selbstmanagement ist das A und O

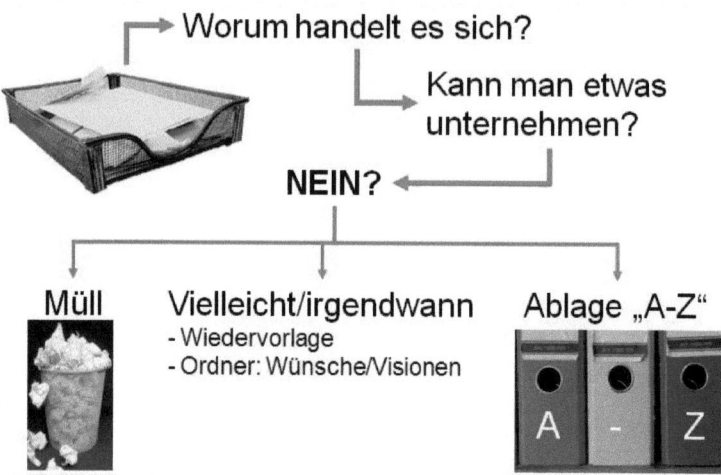

1. Sie werfen es in den Müll, was in vielen Fällen eine gute Entscheidung ist.
2. Sie legen es in der Ablage ein paar Etagen tiefer. Entweder in das Fach mit dem Titel „Zur Kenntnis", aber dann muss es auch wirklich so interessant sein, dass Sie es irgendwann einmal lesen werden, oder Sie legen es in das Fach mit dem Titel „Wiedervorlage".
3. Sie legen es ab in das Archiv. Hierzu bietet sich das Ordnungssystem „A bis Z" an. Darin können Sie alles ablegen, was verhindert, dass irgendwelche Dinge nicht abgelegt werden, weil Sie nicht wissen, wohin.

Ziel dieser Arbeit mit dem Eingangskorb ist, dass alle „offenen Enden" Ihres Lebens irgendwo angebunden sind: In der Wiedervorlage, im Terminkalender oder auf Listen, die so abgelegt werden müssen, dass sie Ihnen immer wieder automatisch begegnen. Der Kopf bzw. das Unterbewusstsein sollte sich mit diesen Dingen nicht dauernd beschäftigen müssen.

Dabei ist mir natürlich klar, dass es für die Ablage kein Patentrezept gibt, weil jeder Mensch anders angelegt ist. Aber vielleicht ist es ja möglich, dass Sie durch diese Tipps eine individuelle Lösung finden, die Ihrer Persönlichkeit entspricht.

Lektürestapel abbauen[103]

Bevor wir abschließend zum E-Mail-Management kommen noch ein Tipp, falls sich auf Ihrem Schreibtisch langsam aber sicher ein Stapel mit Zeitschriften und anderer Lektüre ansammelt. Folgende Methode wäre hier evtl. hilfreich:

Fester Zeitraum zur Sichtung
Zur Sichtung der Lektüre sollten Sie sich einen festen Zeitraum einplanen, z.b. fünf Minuten täglich, nach der Postbearbeitung. Es ist am einfachsten, eine neue Routine einzuführen, wenn Sie diese an eine bereits vorhandene anhängen.

Lektüre bearbeiten
In diesen fünf Minuten werden alle Magazine, Zeitungen, Zeitschriften, Prospekte etc. durchgesehen, die an diesem Tag auf Ihrem Schreibtisch gelandet sind. Und zwar mit einer Schere oder einem Teppichmesser, damit Sie den Lesestoff ausschneiden können, der Sie interessiert. Wenn Sie dies nicht können oder dürfen, dann die interessanten Artikel mit einem Stapel Post-its markieren und anschließend kopieren. Ganz wichtig dabei: Beim Durchsehen wird nichts gelesen, sondern der Lesestoff wird nur ausgewählt.

Lektüremappe
Alle Artikel, die ausgeschnittenen oder fotokopiert sind, kommen in eine Lektüremappe. Das kann z.B. ein Eckspanner aus Pappe sein oder ein kleiner Schnellhefter. Diese Lektüremappe sollten Sie immer bei sich haben. Es gibt immer wieder Pausen, oder ungeplante Wartezeiten oder Ähnliches. Und Sie werden feststellen: Es ist viel leichter, mit einem dünnen Stapel ausgewählter Artikel fertig zu werden als mit einem Berg ungesichteter Lektüre.

Lese-Verfallsdatum

Dann noch etwas zum Verfallsdatum von Lektüre: Jeder Joghurt hat ein Verfallsdatum, meist 30 Tage nach der Herstellung. Das schützt einen davor, sich den Magen zu verderben. Wenn Sie Ihre Lektüre nach dem Prinzip „Verfallsdatum" durchsehen, könn-

---

[103] Autor: Hans-Ulrich Meißner Aus: Einfach organisiert und motiviert - orgenda.de - 21.06.2012.

te das vielleicht helfen, Ihre Ablage übersichtlich zu halten. Wenn eine Zeitung oder ein Magazin älter als 30 Tage ist, werfen Sie es einfach weg. In der Regel haben sich in diesem Zeitraum die Fakten in Politik und Gesellschaft so sehr verändert, dass das Lesen eigentlich nicht mehr lohnt - vor allem wenn inzwischen neuer Lesestoff eingetroffen ist.

E-Mail-Management

Nun kommen wir zu dem, was Sie täglich beschäftigt, sofern Sie einen Computer haben, ein E-Mail-Programm und einen Internetzugang.

Kaum haben Sie eine E-Mail verschickt, kommt auch schon die Antwort. Und mit ihr noch ein paar andere E-Mails, die durchaus dazu geeignet sind, Ihre Zeit in Anspruch zu nehmen. Von SPAM-Mails möchte ich mal gar nicht reden. Beim Umgang mit der Thematik E-Mail geht es mir primär nicht um die Nachteile. Dazu ist diese Art der Kommunikation viel zu genial. Sie ist leicht zu bedienen, bietet vielfältige Möglichkeiten und hilft Zeit und Geld zu sparen. Schon das allein ist es wert, sich damit auseinander zu setzen. Und dazu habe ich drei kurze Tipps für ein effektives E-Mail-Management!

Tipp 1: Posteingang frei halten!
Bei vielen Menschen sammeln sich oft Hunderte von Nachrichten im Posteingang, oder auch „Inbox" genannt. Gut, dass die meisten E-Mail-Programme die Möglichkeit bieten, zusätzliche Ordner anzulegen, in die Sie Ihre E-Mails verschieben können. Aber auch das sollte nicht wahllos geschehen, wenn es eine Hilfe sein soll. Ich halte es für eine gute Lösung, verschiedene Unterordner in der Ordnerstruktur des Mailprogramms anzulegen, um die eingehenden Nachrichten systematisch in diese Unterordner verschieben zu können.

Für mich sind dabei drei Ordner sehr wichtig. Einmal natürlich der **Posteingang/Inbox**. Und dann ein Ordner, den nenne ich immer **„Warte auf Antwort"**. Davor setze ich noch drei Mal den Buchstaben „A" oder ein „@", damit dieser Ordner in der Struktur immer ganz oben stehen bleibt. So ist er leichter zu erreichen. Alle E-Mails, die Sie wegschicken und bei denen Sie auf Antwort warten, kommen nach der Versendung direkt in diesen Ordner. So geht Ihnen keine Antwort verloren, auch nach Monaten oder Jahren nicht, denn jede E-Mail bleibt so lange in diesem Ordner, bis sie beantwortet ist.

Alle Mails, die noch ungelesen sind, bleiben im Posteingang/Inbox. Alle E-Mails, die nicht beantwortet, aber irgendwann weiterbearbeitet werden müssen, fallen in den dritten Ordner: **Wiedervorlage**. Auch bei diesem Ordner steht drei Mal der Buchstabe „A" davor, damit er in der Ordnerliste ganz oben bleibt. Diesen Ordner sollten Sie in die Wochenplanung mit aufnehmen, damit er einmal pro Woche durchgesehen wird.

Noch etwas zu diesen Tipps. Es gibt auch den Papierkorb. Sie müssen nicht alles gelesen haben, was in Ihre Inbox kommt. Der Papierkorb ist auch hier ein guter Helfer. Wenn Sie schon an der E-Mail-Adresse oder der Betreff-Zeile erkennen, dass Sie die E-Mail nicht lesen müssen, löschen Sie diese, das hilft.

Alle weiteren Unterordner sollten Sie so benennen, dass Sie die E-Mails wiederfinden, wenn Sie nach etwas suchen müssen. Wobei heutige E-Mail-Programme sehr gute Suchfunktionen haben, sodass Sie auch verloren geglaubte E-Mails wiederfinden können.

Tipp 2: Bitte die Netiquette beachten
Auch für das Medium E-Mail gibt es bestimmte Regeln, die den Austausch reibungsloser machen. Diese Regeln heißen „Netiquette" und dazu gehört u.a.:

(1) Nie ungefragt einen Dateianhang an eine E-Mail anhängen, der größer als 3 MB ist, auch in Zeiten, in denen viele schon DSL und Flatrate haben. Große Anhänge also bitte nur versenden, wenn Sie sich sicher sind, dass der Gegenüber diese auch empfangen kann.

(2) Bitte die E-Mails von anderen Menschen nicht ungefragt an Dritte weiterleiten. Das gilt als sehr unhöflich gegenüber dem ursprünglichen Verfasser und kann zu Misstrauen führen.

(3) „Blindcopy" ist eine Möglichkeit, einem Dritten eine Nachricht unbemerkt zukommen zu lassen. Was Sie jedoch einem anderen nicht von Angesicht zu Angesicht sagen können, sollte auch

kein Dritter erfahren. Aber auch hier gibt es begründete Ausnahmen. Sie müssen also von Fall zu Fall entscheiden, ob Sie es tun können oder nicht.

(4) Wenn Sie auf eine E-Mail antworten, sorgen Sie bitte dafür, dass die Originalnachricht so zitiert wird, dass die Zitate lesbar formatiert sind. Antworten auf Zitate können auch direkt in den zitierten Text eingefügt werden.

Tipp 3: Mache es dem Empfänger so einfach wie möglich
Wenn Sie jemanden eine E-Mail schreiben, haben Sie ein Anliegen. Je einfacher Sie es dem Empfänger machen, Ihre E-Mail zu lesen, desto einfacher kann dieser Ihr Anliegen erfüllen. Wie können Sie es dem Empfänger einfacher machen?

(1) Schreiben Sie aussagekräftige Betreffzeilen, die den Inhalt der Nachricht gut beschreiben. So weiß der Empfänger sofort, worum es geht. Und Sie selbst können im Ordner „Warte auf Antwort" auf einen Blick erkennen, auf was Sie noch warten.

(2) Schreiben Sie so kurz und prägnant wie möglich. Gehen Sie einfach davon aus, dass der Empfänger wahrscheinlich wenig Zeit hat, sich mit Ihrem Anliegen auseinander zu setzen.

(3) Verzichten Sie bei aller Kürze aber nicht auf ein Minimum an Höflichkeit. Eine freundliche Anrede und eine nette Grußformel sorgen für einen angenehmen Austausch und sollten deshalb bei keiner E-Mail fehlen.

(4) Überlegen Sie sich, welche Informationen und welchen Kenntnisstand der Empfänger braucht, um zu verstehen, was Sie meinen. Versetzen Sie sich kurz in den Empfänger Ihrer Zeilen und überlegen sich: Wird aus meiner E-Mail wirklich klar, worum es mir geht?

(5) Seien Sie sich immer bewusst, dass am anderen Ende ein Mensch sitzt und keine Maschine. Schreiben Sie deshalb nichts, was Sie diesem Menschen nicht auch von Angesicht zu Angesicht sagen könnten.

Nachwort

Leiterschaft ist ... wenn der Leiter schaf(f)t!

Hinter diesem Buchtitel verbirgt sich ein biblischer Gedanke, der in 1. Petrus 5,2 nachzulesen ist:

„Weidet die Herde Gottes, die euch anbefohlen ist; achtet auf sie, nicht gezwungen, sondern freiwillig, wie es Gott gefällt; nicht um schändlichen Gewinns willen, sondern von Herzensgrund."

Dies zu leben bedeutet, dass eine Führungskraft in einer christlichen Gemeinde nicht dazu verpflichtet ist, alles selbst zu machen, sondern es darum geht, die Menschen innerhalb der Gemeinde dazu anzuleiten, gemeinsam auf den Auftrag Jesu einzugehen, die Güte Gottes - mit all ihren Facetten - in die Welt zu tragen (Epheser 4,11-14).

Wenn Sie nun am Ende einer langen Reihe von Gedanken, Prinzipien, Listen und Systemen angekommen sind, fragen Sie sich vielleicht: „Wie soll das alles bloß einen Platz in meinem Leben und in der Arbeit meiner Gemeinde finden?"

Genau das ist das Geheimnis des Weges von der Theorie zur Praxis. Mit Theorie und Praxis bezeichnet man normalerweise das Verhältnis von Ideen, Ideologien oder Lebenskonzepten und deren Verwirklichung. Jesus sagte dazu einmal über sogenannte „falsche Propheten": *„...an ihren Früchten sollt ihr sie erkennen"* (Matthäus 7,16+20). Nicht nur an ihren Theorien, ihren Worten, sondern an der Praxis, an dem, was das Leben zu zeigen vermag. Und es kommt ja auch tatsächlich ganz selten vor, dass jemand mit einer falschen Theorie in der praktischen Wirklichkeit dennoch Erfolg hat.

Eines der wenigen bekannten Beispiele dafür finden wir in den Naturwissenschaften. Dort wird von den Experimenten des italienischen Physikers und Radiotechnikers Guglielmo Marconi berichtet. Er versuchte um das Jahr 1900, drahtlose Funkverbindungen zwischen Europa und Amerika herzustellen. Obwohl er dabei eine falsche Theorie über die Ausbreitung der für ihn geeigneten Kurzwellen hatte, klappte es dennoch. Aber das war und ist wirklich eine Ausnahme. Normalerweise kann nur eine gute Theorie die Basis für eine gute Praxis sein.

Ob die Theorie dieses Buches eine gute Basis für die Praxis Ihres Lebens und Ihrer Gemeindearbeit werden kann, wird jedoch nicht von Zufällen abhängen, sondern von konkretem Nachdenken und Umsetzen der Theorien, die Sie in diesem Buch gelesen haben. Als Hilfe dazu empfehle ich Ihnen, einen persönlichen Maßnahmen-Plan aufzustellen. Eine Vorlage dazu finden Sie in Anlage 13. Lassen Sie nicht zu, dass all das, was Sie gelesen haben, wieder verloren geht.

Pastor Bill Hybels pflegte immer wieder zu sagen: „Die Ortsgemeinde ist die Hoffnung für die Welt!" Wenn Sie bereit sind, ihm Recht zu geben, gibt es nichts schöneres und lohnenswerteres als an Ihrer Gemeinde an Ihrem Ort, *mit anderen zusammenzuarbeiten*, damit die Hoffnung des Reiches Gottes in einer Welt sichtbar werden kann, die dabei ist, jegliche Hoffnung zu verlieren. Also, lassen Sie uns wieder Hoffnung in die Welt bringen, damit der Blick in die Zukunft sich wieder lohnt.

In diesem Sinne: Gott segne Sie in all Ihrem schaf(f)en!

Ihr Hans-Werner Zöllner

Bibliografie

„Allein durch Liebe und Nettigkeit hat noch nie jemand etwas Neues gelernt."[104]

„Und über dem allen, mein Sohn, lass dich warnen; denn des vielen Büchermachens ist kein Ende, und viel Studieren macht den Leib müde." (Prediger 12,12)

Abromeit, Hans-Jürgen (Hrsg.): Spirituelles Gemeindemanagement: Chancen - Strategien - Beispiele, Göttingen 2001.

Bamberger, Reiner: An einem Strang ziehen - Teamarbeit, Gießen 2000.

Beach, Nancy: Die Kunst, als Frau zu leiten, Gießen 2013.

Bennis, Warren: Führen lernen - Führungskräfte werden gemacht, nicht geboren, Frankfurt/Main 1990.

Bernal, Dick: Wenn Luzifer und Isebel deine Gemeinde besuchen (Macht in der Gemeinde), Grasbrunn 1997.

Bevere, John: Gottes Wegbereiter: Der prophetische Dienst in den letzten Tagen, Grasbrunn 2005.

Blair, Gary Ryan: Das kleine 1x1 der Zielsetzung, Giengen 2004.

Blanchard, Kenneth; Carlos, John P.; Randolph, Alan: Management durch Empowerment - Das neue Führungskonzept: Mitarbeiter bringen mehr, wenn sie mehr dürfen, Reinbeck/Hamburg 1998.

Blanchard, Kenneth; Zigarmi, Patricia: Der Minuten-Manager: Führungsstile, Hamburg ^{5}2000.

Blanchard, Kenneth; Hybels, Bill; Hodges, Phil: Das Jesus-Prinzip: Führen mit biblischer Weisheit, Asslar ^{3}2001.

Blanchard, Kenneth; u.a.: Whale done! Von Walen lernen: So motivieren Sie jedes Team zu Spitzenleistungen, München ^{2}2005.

Blanchard, Kenneth; Miller, Mark: Das Geheimnis - Wie erfolgreiche Leader denken und handeln, Offenbach 2005.

Blanchard, Kenneth: Minuten-Impulse für Führungskräfte, Schwarzenfeld 2006.

---

[104] Blanchard: Minuten Manager: Führungsstile, 68.

Böhlemann, Peter; Herbst, Michael: Geistlich leiten, Göttingen 2011.

Bonsen, Matthias zur: Führen mit Visionen, Niedernhausen/Ts. 2000.

Bosch, Roger; u.a.: Handbuch für Leitungsaufgaben in Gemeinde und Beruf, Buchs [2]1992.

Chalke, Steve: Im Team geht alles besser! Wie man Teams erfolgreich leiten kann, Uhldingen 1998.

Clinton, Richard; Leavenworth, Paul: Leiterschaft - wie fange ich an?, Oberweningen (CH) 1997.

Clinton, J. Robert: Der Werdegang eines Leiters, Greng-Murten (CH) [2]1996.

Cloud, Henry: Charakter gefragt - Sechs unverzichtbare Eigenschaften für Menschen mit Verantwortung, Gießen 2010.

Cole, Neil: Organisch leiten - Wie natürliche Leitung uns selbst, Gemeinde und die Welt verändert, Schwarzenfeld 2010.

Covey, Stephen R.: Die effektive Führungspersönlichkeit - prinzipienorientiert managen, Frankfurt/Main [4]2008.

Donders, Paul Ch.: Authentische Führung - Leiterschaft in Balance (Band 1), Asslar [2]2007.

Drucker, Peter F.: Was ist Management? Das Beste aus 50 Jahren, Berlin [5]2007.

Ford, Leighton: Leiten wie Jesus - Menschen führen und verändern, Neuhausen-Stuttgart 1997.

Forman, Rowland; u.a.: Den Leiterschaftsstab weitergeben, Marburg 2010.

Friedag Herwig R.; Schmidt, Walter: My Balanced Scorecard, Freiburg [3]2006.

George, Carl F.: Gemeindemodell für die Zukunft: Die Meta-Gemeinde, Frankfurt/Main 1994.

Getz, Gene A.: Der Mann wie Gott ihn haben will: 20 Merkmale geistlicher Reife, Bielefeld 2002.

Getz, Gene A.: Kompetent leiten & führen - Gottes Plan für die Leitung der Gemeinde, Marburg/Lahn 2006.

Glatz, Hans; Graf-Götz, Friedrich: Handbuch - Organisation gestalten, Für Praktiker aus Profit- und Non-Profit-Unternehmen, Trainer und Berater, Weinheim und Basel [2]2011.

Goleman, Daniel; u. a.: Emotionale Führung, Berlin [6]2010.

Grundl, Boris; Schäfer, Bodo: Leading simple - Führen kann so einfach sein, Offenbach ³2008.

Haberleitner, Elisabeth; u. a.: Führen, Fördern, Coachen. So entwickeln Sie die Potentiale Ihrer Mitarbeiter, München ²2007.

Hagin, Kenneth E.: Apostel, Propheten und Pastoren: Eine biblische Betrachtung, Zürich 2003.

Hagin, Kenneth E.: Die Salbung. Persönliche Salbung - Salbung der Dienstgaben - Gemeinsame Salbung, Augsburg ⁵2011.

Haller, Reinhold: Mitarbeiterführung kompakt - Grundlagen-Praxistipps-Werkzeuge, St. Gallen/Zürich (CH) 2009.

Haubeck, Wilfrid; u.a. (Hrsg.): Zwischen Hirtendienst und Management - Gemeinde leiten heute, Witten 2005.

Hawkins, Greg L.; Parkinson, Cally: prüfen - Aufrüttelnde Erkenntnisse der Reveal-Studie, Asslar 2009.

Hawkins, Greg L.; Parkinson, Cally: wachsen - Praktische Folgen der Reveal-Studie, Asslar 2010.

Herbst, Michael: Mission bringt Gemeinde in Form, Neukirchen-Vluyn 2006.

Herbst, Michael: Deine Gemeinde komme - Wachstum nach Gottes Verheißungen, Holzgerlingen 2007.

Hinterhuber, Hans H.; u. a. (Hrsg.): Servant Leadership - Prinzipien dienender Unternehmensführung, Berlin 2007.

Hybels, Bill: Mutig führen - Navigationshilfe für Leiter, Asslar 2002.

Hybels, Bill: Die Kunst des Führens - Meine Führungsprinzipien auf den Punkt gebracht, Asslar 2009.

Jenkins, Philip: Die Zukunft des Christentums, Gießen 2006.

Kaldewey, Jens: Die STARKE Hand Gottes, Oberweningen 2001.

Kallestad, Walt; u. a.: Kirche mit Qualität, Asslar 1999.

Kertelge, Karl (Hrsg.): Das kirchliche Amt im Neuen Testament, Darmstadt 1977.

Kessler, Volker und Martina: Die Machtfalle - Machtmenschen in der Gemeinde, Gießen 2001.

Kessler, Volker: Vier Führungs-Prinzipien der Bibel - Dienst, Macht, Verantwortung und Vergebung, Gießen 2012.

Knoblauch, Jörg; Opprecht, Jürg: Jesus auf der Chefetage - Von Unternehmern weltweit lernen, Holzgerlingen ²2004.

Knoblauch, Jörg; Marquardt, Horst (Hrsg.): Werte sind Zukunft - Konzepte christlicher Führungskräfte, Holzgerlingen 2005.

Knoblauch, Jörg: Die Chef-Falle - Wovor Führungskräfte sich in Acht nehmen müssen, Frankfurt/Main 2013.

Knorr, Hartmut: Wir als Team - Der Teamtest für Leitungsteams, HausGruppen und Arbeitsgruppen, Erzhausen 2007.

Konnertz, Dirk; Schwarz, Hubert: Ziele erreichen, Offenbach 2001.

Krallmann, Günter: Von der Begabung zur Befähigung - 10 Schlüssel zur geistlichen Leiterschaft, Holzgerlingen 2000.

Krause, Frank: Unterordnung - Segen oder Fluch - Das Geheimnis der Macht in Gemeinde und Ehe, Bruchsal 2011.

Kretz, Günter: Die Kunst, einander zu verstehen, Bonn 1991.

Kriz, Willy Christian; Nöbauer, Brigitta: Teamkompetenz - Konzepte, Trainingsmethoden, Praxis, Göttingen ⁴2008.

Leman, Kevin; Pentak, William: Das Hirtenprinzip: 7 Erfolgsrezepte guter Menschenführung, München 2010.

Lencioni, Patrick: Mein Traum-Team - oder die Kunst, Menschen zu idealer Zusammenarbeit zu führen, Frankfurt/Main 2004.

Lingscheid, Rainer; Wegner, Gerhard (Hrsg.): Aktivierende Gemeindearbeit, Stuttgart, Berlin, Köln 1990.

Logan Robert; George, Carl: Geheimnis der Gemeindeleitung, Wiesbaden 1987.

Løvås, Edin: Wölfe im Schafspelz - Machtmenschen in der Gemeinde, Moers ⁵2010.

Lutherbibel: Bibeltext der revidierten Fassung von 1984, Stuttgart 1987.

Lutzer, Erwin: Ideale Gemeinde sucht perfekten Pastor, Gießen 2003.

MacDonald, Gordon: Warum Jesus keinen Burnout hatte - Von innen heraus stark sein, Gießen 2002.

Malik, Fredmund: Führen Leisten Leben. Wirksames Management für eine neue Zeit, Frankfurt/ Main (Campus Verlag) 2006.

Maxwell, John C: Charakter und Charisma - Die 21 wichtigsten Qualitäten erfolgreicher Führungspersönlichkeiten, Gießen 2002.

Maxwell, John C.: Leadership - Die 21 wichtigsten Führungsprinzipien, Gießen 2002.

McManus, Erwin Raphael: Eine unaufhaltsame Kraft, Asslar 2005.

Myra, Harold; Marshall, Shelley: Gelebte Leiterschaft - Die Führungsprinzipien Billy Grahams, Lahr 2008.

Paulsen, Walter: Führen oder Ver-Führen, Asslar 1991

Peters, George: Gemeindewachstum: Ein theologischer Grundriss, Bad Liebenzell 1982.

Pinnow, Daniel F.: Führen - Worauf es wirklich ankommt, Wiesbaden ^{5}2011.

Reimer, Johannes: Leiten durch Verkündigung - Eine unentdeckte Dimension, Gießen ^{2}2008.

Rosenthal, Claudius; Schreiber, Matthias: Führungskräfte in der Bibel - Management mit Noah, Mose und Paulus, Holzgerlingen 2009.

Roxburgh, Alan; Romanuk, Fred: Missionale Leiterschaft - Gemeinde bauen in einer sich verändernden Welt, Marburg/Lahn 2011.

Sanders, J. Oswald: Geistliche Leiterschaft - Führungsaufgaben in Gemeinde und Mission, Bielefeld 2003.

Seiwert, Lothar J.: Wenn du es eilig hast, gehe langsam, Frankfurt/Main ^{11}2006.

Schock, Karl: Organismus Gemeinde. Struktur, Leitung und Organisationsentwicklung für christliche Gemeinden und Werke, Bonn 2004.

Senge, Peter M.: Die fünfte Disziplin. Kunst und Praxis der lernenden Organisation, Stuttgart ^{11}2011.

Silk, Danny: Kultur der Ehre. Eine übernatürliche Umgebung aufrecht erhalten, Vaihingen/Enz 2011.

Smith, Steve/Kai, Ying: T4T - Eine JüngerschaftsReRevolution, Werneuchen ^{2}2013.

Sos, Dr. Stefan: Der fünffältige Dienst. Aufgaben, Gaben und Dienste in der Gemeinde, Erzhausen 2008.

Spincke, Reinhard: Leiterschaft mit Herz, Wuppertal 2007.

Stanley, Andy: Next Generation Leader - Was man wissen muss, wenn man die Zukunft gestalten will, Gießen 2007.

Stockmayer, Johannes: Nur keinen Streit vermeiden - Ein Konflikttraining für Christen, Emmelsbüll 2000.

Stockmayer, Bettina und Johannes: Aufbruch aus der Krise - Leiten in schwierigen Zeiten, Kassel 2008.

Strauch, Alexander: Mit Liebe leiten, Dillenburg 2007.

Strauch, Alexander: Biblische Ältestenschaft - Ein Aufruf zu schriftgemäßer Gemeindeleitung, Dillenburg ³2010.

Strauch, Gerti: Das Gemeindekarussell. Befreite Beziehungen leben, Witten 2010.

Vatter, Stefan: Finden, fördern, freisetzen - Die Gabe des apostolischen Dienstes, Schwarzenfeld 2014.

Wagner, C. Peter: Eine wachsende Gemeinde leiten, Lörrach 1991.

Wagner, C. Peter: Die Gemeinde in der Arbeitswelt, Werneuchen 2014.

Warren, Rick: Kirche mit Vision, Asslar 1998.

Warrington, Keith: Das Reich Gottes - Die Vision wiedergewinnen, Lüdenscheid 2011.

Whitmore, John: Coaching für die Praxis, München 1997.

Zindel, Daniel: Geistesgegenwärtig führen - Spiritualität und Management, Schwarzenfeld 2009.

Zöllner, Hans-Werner: Die Vision als Fixstern der Veränderung - Veränderungsprozesse in christlichen Gemeinden, Norderstedt ³2016.

Artikel/Ausarbeitungen

Begemann, Dagmar: Der fünffältige Dienst: Ausarbeitung eines biblischen Verständnisses, Materialien zum Gemeindeaufbau - Werkstatt für Gemeindeaufbau - Seminararbeit 2006.

Hasenburger, Jochen: Vom fünffältigen Dienst nach Eph 4,11-13 und seiner Bedeutung für den Gemeindebau, Theologie für Glaube und Gemeinde - Theologische Impulse 6, www.glaube-und-gemeinde.de, 22.09.2012.

Hörnlen, Johannes: Der fünffältige Dienst: Untersuchungen zum fünffältigen Dienst, Materialien zum Gemeindeaufbau - Werkstatt für Gemeindeaufbau - Seminararbeit 2010.

Schmelzer, Carsten: Der fünffältige Dienst in Theorie und Praxis, Jesus Freaks Remscheid 2012.

Viola, Frank: Der fünffache Dienst: Die Geschichte einer Doktrin, www.hknw.de 2012.

Anlagen

Anlage 1 - Formular: Ziele formulieren

Wie formuliere ich Ziele ...

... messbar?
... machbar?
... motivierend?

WAS?
Was ist konkret mein Ziel?
Welchen neuen Zustand will ich erreichen?
Welche neuen Ordnungen will ich schaffen?
Welche neuen Abläufe will ich etablieren?

WER?
Wer muss was in Gang setzen, damit das neue Ziel erreicht wird?
Wer trägt die Hauptverantwortung?
Kraftfeldanalyse:
- Wer ist für mein Ziel und wird mich nach Kräften unterstützen?
- Wer ist gegen mein Ziel und wird nach Kräften versuchen, meine Bemühungen scheitern zu lassen?

WOZU?
„Wer Leistung fordert, muss Sinn bieten." (Peter Drucker)
Ich muss selbst von dem Sinn, dem praktischen Nutzen meines Ziels fest überzeugt sein, um es überzeugend vertreten zu können!

WIE VIEL ..?
... ZEIT darf dieses Ziel kosten?
Jeder von uns muss schließlich mehrere Ziele verfolgen.
... GELD darf dieses Ziel kosten?
Jeder von uns hat begrenzte Ressourcen.
... ENERGIE darf mich dieses Ziel kosten?
Ich scheitere, wenn ich nur Ziele verfolge, die Energie verbrauchen. Ich brauche auch Ziele, die Energie freisetzen.
... BEZIEHUNGEN darf mich dieses Ziel kosten?
Manchmal sind Beziehungen wichtiger als die Erreichung eines bestimmten Ziels.

WANN?
Wann sollen diese Ziele erreicht sein?
Wann setze ich – deutlich und visuell terminiert - die Maßnahmen zur Zielerreichung um?

Anlage 2 - Checkliste: Ziele
Mein Ziel Nr.: _____

| **M** - messbar: Was will ich genau erreichen? (Wunschbild/Ergebnisse) |

| **M** - machbar: Ist mein Ziel erreichbar/umsetzbar? |

| **M** - motivierend: Löst mein Ziel in mir (in anderen) positive Motivation aus? |

| Mangel erzeugen: Was kostet mein Ziel an Zeit, Menschen, Geld? |

| Wem nützt meine Zielsetzung? |

Schlüsselfaktoren:

Multiplikatoren/Katalysatoren:

| Welche Einzelschritte werde ich gehen? |
○ Anlage: ○ Ablage:

Anlage 3 - Formular: Ziele - Projekte - Aktionen

Ziele / Projekte / Aktionen der _____ **im Jahr** _____   **Stand:** _____   **Seite:** ___ **von** ___

Nr.	Was?	Wer?	Wie?	Start?	Ziel?	Grad der Erledigung	Bemerkungen
1							
2							
3							
4							
5							
6							
7							
8							
9							
10							
11							

Grad der Erledigung: 10% = besprochen/aufgenommen - 20% = Infos/Recherche - 30% = Entscheidung - 40% = Ak gebildet - 70% = Erarbeitung - 80% Ein-/Durchführung - 100% = Erledigt

Anlage 4 - Fragebogen:
Kriterien für den „Reifegrad" eines Christen

Aus: Getz, Gene A.: *Kompetent leiten & führen, Marburg 2006*

In der Fellowship Bible Church North verwenden wir das folgende Formular, das sich auf die Qualifikationen für Älteste in 1. Timotheus 3,1-7 und Titus 1,6-9 stützt, um Kandidaten für die geistliche Leitung der Gemeinde zu beurteilen.

Untadelig
1. Wie beurteilen Sie seinen/ihren Ruf als Christ sowohl unter anderen Gläubigen als auch unter Nichtgläubigen?

   Nicht zufriedenstellend 1 2 3 4 5 6 7 Zufriedenstellend

Mann einer Frau
2. Wie beurteilen Sie sein/ihr Verhältnis mit seinem/ihrem Ehepartner?

   Nicht zufriedenstellend 1 2 3 4 5 6 7 Zufriedenstellend

Nüchtern
3. Wie beurteilen Sie seine/ihre Ausgewogenheit in seinem/ihrem Christsein?

   Nicht zufriedenstellend 1 2 3 4 5 6 7 Zufriedenstellend

Besonnen
4. Wie beurteilen Sie seine/ihre Weisheit und Urteilsfähigkeit?

   Nicht zufriedenstellend 1 2 3 4 5 6 7 Zufriedenstellend

Sittsam
5. Wie denken Sie darüber, inwieweit sein/ihr Leben das Leben Jesu Christi widerspiegelt?

   Nicht zufriedenstellend 1 2 3 4 5 6 7 Zufriedenstellend

Gastfrei
6. Wie beurteilen Sie seine/ihre Freigebigkeit?

   Nicht zufriedenstellend 1 2 3 4 5 6 7 Zufriedenstellend

Lehrfähig
7. Wie beurteilen Sie seine/ihre Fähigkeit, mit Menschen umzugehen, die anderer Meinung sind als er/sie?

   Nicht zufriedenstellend 1 2 3 4 5 6 7 Zufriedenstellend

Kein Trinker
8. Wie zufrieden sind Sie mit seiner/ihrer Fähigkeit, die verschiedensten Leidenschaften und Zwänge zu beherrschen?

Nicht zufriedenstellend 1 2 3 4 5 6 7 Zufriedenstellend

Nicht eigenmächtig
9. Wie zufrieden sind Sie mit seiner/ihrer Fähigkeit, mit anderen Menschen umzugehen, ohne selbstsüchtig und beherrschend zu sein?

Nicht zufriedenstellend 1 2 3 4 5 6 7 Zufriedenstellend

Nicht jähzornig
10. Wie zufrieden sind Sie mit seinem/ihrem Umgang mit Zorn?

Nicht zufriedenstellend 1 2 3 4 5 6 7 Zufriedenstellend

Kein Schläger
11. Wie zufrieden sind Sie mit seiner/ihrer Fähigkeit, auf verbale und körperliche Gewalt zu verzichten?

Nicht zufriedenstellend 1 2 3 4 5 6 7 Zufriedenstellend

Gütig
12. Wie objektiv und gerecht ist er/sie in seinen/ihren Beziehungen zu anderen?

Nicht zufriedenstellend 1 2 3 4 5 6 7 Zufriedenstellend

Nicht streitsüchtig
13. Wie zufrieden sind Sie mit seiner/ihrer Fähigkeit, Streit zu meiden?

Nicht zufriedenstellend 1 2 3 4 5 6 7 Zufriedenstellend

Nicht geldliebend
14. Wie zufrieden sind Sie mit seiner/ihrer Fähigkeit, nicht materialistisch zu sein?

Nicht zufriedenstellend 1 2 3 4 5 6 7 Zufriedenstellend

Dem eigenen Haus gut vorstehen
15. Wenn er/sie Kinder hat, wie zufrieden sind Sie mit seiner/ihrer Fähigkeit, die Elternrolle nach Gottes Plan auszufüllen?

Nicht zufriedenstellend 1 2 3 4 5 6 7 Zufriedenstellend

Das Gute liebend
16. Wie zufrieden sind Sie mit seinen/ihren Bemühungen, „das Böse mit Gutem zu überwinden"?

   Nicht zufriedenstellend 1 2 3 4 5 6 7 Zufriedenstellend

Gerecht
17. Wie zufrieden sind Sie mit seiner/ihrer Fähigkeit, in seinen/ihren Beziehungen zu anderen gerecht und ausgewogen zu sein?

   Nicht zufriedenstellend 1 2 3 4 5 6 7 Zufriedenstellend

Heilig
18. Wie zufrieden sind Sie damit, wie sein/ihr Leben die Heiligkeit Gottes erkennen lässt?

   Nicht zufriedenstellend 1 2 3 4 5 6 7 Zufriedenstellend

Enthaltsam
19. Wie zufrieden sind Sie mit seiner/ihrer Fähigkeit, ein diszipliniertes Leben als Christ zu führen?

   Nicht zufriedenstellend 1 2 3 4 5 6 7 Zufriedenstellend

Geistliche Reife
20. Wie beurteilen Sie insgesamt seine/ihre Reife als Christ?

   Nicht zufriedenstellend 1 2 3 4 5 6 7 Zufriedenstellend

Anlagen

Anlage 5 - Vorlage: Aufgabenbeschreibung

Oase Bröselhausen
Aufgabenbeschreibung für (Position):
Stand:

Dienst	Bereich	D-Kategorie

Verantwortungsebene

Neigung für

Geistliche Gaben
können sein (entweder/oder - und):
+

Persönlichkeitsstil
Energie ❏ personenorientiert
❏ aufgabenorientiert

Organisiert ❏ strukturiert
❏ unstrukturiert

Erforderliche geistliche Reife

Begabungen/Fähigkeiten/Fertigkeiten

Verfügbarkeit: ___ Std./Woche ❏ flexibel

fest:	So	Mo	Di	Mi	Do	Fr	Sa
Vorm.							
Nachm.							
Abend							

Regelmäßige Verpflichtungen
(Schulungen/Mitarbeitertreffen/etc.)

Dauer der Verpflichtung

Zusätzliche Kommentare

Ort
❏ Kirche/Gemeinde ❏ zu Hause ❏ Sonstige:

Besondere Bemerkungen

Gesamtbedarf MA: ____   Zurzeit im Team: ____   Noch benötigt: ____

Koordinator: _____
Schulung durch: _____
Kontaktperson: _____

Daten erstellt am:

Daten geändert am:

Anlage 6 - Coaching-Fragen

Die folgenden Fragen orientieren sich an den sieben Bereichen des Coaching-Rasters und werden durch zusätzliche, nach Themen geordnete Fragen, ergänzt.

Aktiv zuhören

- Wie läuft Ihr Dienst?
- Wie geht es Ihnen persönlich?
- Wie geht es Ihrer Familie? Ihrem Ehepartner?
- Wie war Ihr Treffen letzte Woche?
- Wie geht es Ihnen und Gott?
- Welche Themen sind für Sie zurzeit wichtig?
- Was macht Ihnen zurzeit Sorgen?
- Wo spüren Sie Widerstand?

Siege feiern

- Was begeistert Sie?
- Was war Ihr größter Erfolg im vergangenen Monat?
- Welche Ihrer Gebete wurden beantwortet?
- Wo hat Gott in Ihrem Dienst etwas getan?
- Wo haben Sie Gottes Treue erlebt?
- Welche Meilensteine haben Sie erreicht?
- Wo haben Sie Ihre Leitungsfähigkeiten am besten unter Beweis gestellt?
- Wer sind Ihre loyalsten Partner im Dienst?

Sich persönlich kümmern

- Was macht Ihnen oder Ihrem Ehepartner im Zusammenhang mit Ihrem Dienst Sorgen?
- Wofür kann ich beten?
- Welche Hilfe brauchen Sie?
- Wo erleben Sie Unterstützung und Ermutigung?
- Wie fühlen Sie sich, wenn Sie auf Ablehnung stoßen?
- Was haben Sie gemacht, um sich zu entspannen?
- Schlafen Sie gut?

Strategisch planen

- Fühlen Sie sich mit Ihrer Vision, Ihren Werten und Ihrer Mission wohl?
- Haben Sie einen strategischen Plan zur Umsetzung? Ist dieser Plan vollständig und realistisch?
- Welche Prioritäten haben Sie zurzeit?
- Wie wollen Sie Leute anziehen und integrieren?
- Wie sieht Ihre Vision für Gemeindemultiplikation aus?
- Haben Sie ein Flussdiagramm für Ihren Dienst entwickelt? Ist es realistisch? Funktioniert es?
- Wie funktionieren Evangelisation und geistliches Wachstum?
- Wie funktioniert die Ausbildung von Leitern?
- Welche Dienstsysteme brauchen Sie?

Evangelisation und Jüngerschaft

- Mit wie vielen nichtchristlichen Familien haben Sie Kontakt?
- Leben Sie gegenüber nichtchristlichen Menschen aufrichtig?
- Erleben Sie oft dass sich Menschen bekehren?
- Wie werden diese Menschen in die Gemeinde integriert?
- Welchen Raum nimmt Jüngerschaft in Ihrem Dienst ein?
- Haben Sie im letzten Monat Zeit mit einem Nichtchristen verbracht? Wie?

Familie und Beziehungen

- Erleben andere Menschen Sie als jemanden, der sich auf sich selbst verlässt oder der sich von Gott abhängig macht?
- Wie würden Sie gerne geistlich wachsen?
- Wie werden die geistlichen Bedürfnisse Ihrer Familie erfüllt?
- Bekommt jedes Ihrer Familienmitglieder genug von Ihrer Zeit und Aufmerksamkeit?
- Wann werden Sie zusammen mit Ihrem Ehepartner ein paar freie Tage machen?
- Wie ausgewogen ist das Verhältnis zwischen Ihrem Dienst und Ihrem Familienleben?
- Wie oft gestatten Sie Ihrem Ehepartner einen freien Tag?

Zwischenmenschliche Beziehungen und Widerstände

- Wo spüren Sie in Ihrer Kerngruppe Widerstände?
- Welche Themen und Werte sind davon betroffen?
- Wie reagieren Sie auf Widerstand?

- Gibt es in den Beziehungen, in denen Sie stehen, momentan ungelöste Konflikte?
- Wann haben Sie zum letzten Mal Zeit mit einem guten Freund Ihres Geschlechts verbracht?

Zuhören lernen
- Wie und wann hören Sie Nichtchristen zu?
- Wie und wann hören Sie auf Gott?
- Wie und wann hören Sie Ihrem Ehepartner/Ihren Kindern zu?
- Wie und wann hören Sie Leitern zu?
- Wie können Sie Ihre Fähigkeit zuzuhören verbessern?

Leiter und Mitarbeiter mobilisieren
- Wie ermutigen und motivieren Sie Ihre Mitarbeiter?
- Wo haben Sie gutes Coaching praktiziert?
- Haben Sie Aufgabenbeschreibungen für Leiter und Mitarbeiter entwickelt?
- Wie und wann vermitteln Sie Ihren Leitern Vision?
- Wie wollen Sie ein Azubi-System einführen?
- Wie wollen Sie Ihre Mitarbeiter in diesem Monat ermutigen und motivieren?
- Wie wollen Sie die Leiter finden, die Sie brauchen?
- Wie wollen Sie Leiter finden und ausbilden?
- Welche Leiter haben Sie? Welche Leiter brauchen Sie?

Gebet und geistliche Übungen
- Haben Sie ein persönliches Fürbitte-Team?
- Was haben Sie in der letzten Woche in der Bibel gelesen?
- Wo merken Sie, dass Sie Gott zurzeit Widerstand leisten?
- Für welche konkreten Anliegen beten Sie?

Zeitmanagement
- Welche Aufgaben, die Sie zurzeit erfüllen, wollen Sie an Ihre Mitarbeiter abgeben?
- Wie entspannen und erholen Sie sich?
- Wofür hätten Sie gerne mehr Zeit?
- Welche Zeitplantechniken oder -mittel verwenden Sie persönlich?
- Wie und wann sagen Sie „Nein"?
- Wie viele Stunden investieren Sie in Ihren Dienst?

Vision und Planung

- Wie bemühen Sie sich um Vision von Gott?
- Wie vermitteln Sie anderen Ihre Vision und Ihre Werte?
- Wie sieht Ihr Mission-Statement aus?
- Entspricht es den Kriterien eines guten Mission-Statements?
- Wie haben Sie in der Vergangenheit geplant?
- Welche Mittel haben Sie dabei als hilfreich empfunden?
- Wann und wie wollen Sie Ihr Team in den Planungsprozess einbeziehen?

Charakter und Leitungsfähigkeiten entwickeln

- In welchem Bereich, der nichts mit Ihrem Dienst zu tun hat, sollten Sie nach Gottes Vorstellung wachsen?
- Welche konkreten Aufgaben kommen auf Sie zu, denen Sie sich nicht völlig gewachsen fühlen?
- Was haben Sie in dieser Woche in der säkularen Presse gelesen?
- Was würde mir Ihr Ehepartner über Ihren momentanen seelischen und geistlichen Zustand sowie über Ihren Energiehaushalt erzählen?
- Wie könnte Satan Sie als Person oder als Diener Gottes versuchen anzugreifen?
- Wie sieht es mit Ihrer Sexualität aus? Kämpfen Sie mit Versuchungen? Mit Phantasien? Unterhaltung?
- Wie sieht Ihre finanzielle Situation aus? Unter Kontrolle? Belastet? Schulden?
- Was macht Ihnen zurzeit am meisten Angst?
- Was verwirrt Sie an Ihrer Beziehung zu Gott im Moment am meisten?
- Wie würden Sie Ihren Leitungsstil beschreiben?
- Was brauchen Ihre Leiter von Ihnen?
- Für wen sind Sie persönlicher Mentor?

Konkret herausfordern

- Wie sehen Ihre nächsten Schritte aus?
- Wie viel trauen Sie Gott zu?
- Wann wollen Sie sich um Vision von Gott bemühen (Termin)?
- Welche Prioritäten haben für Sie im nächsten Monat Vorrang?
- Wann und wie wollen Sie sich Zeit zum Planen nehmen?
- Wie wollen Sie das geistliche Leben Ihrer Gruppe fördern?

Anlage 7 - Vorlage: Coaching-Vereinbarung

Ziel
Coaching ist eine Beziehung, die Leitern hilft, ihr von Gott gegebenes Potential zu entwickeln, damit sie persönlich wachsen und einen entscheidenden Beitrag für das Reich Gottes leisten können.

Werte
Unsere Coaching-Beziehung soll durch folgende Werte gekennzeichnet sein:

Ehrlichkeit:	Wir wollen die Wahrheit in Liebe aussprechen.
Vertraulichkeit:	Was innerhalb der Coaching-Beziehung besprochen wird, wird ohne Erlaubnis nicht an Außenstehende weitergegeben.
Verletzlichkeit:	Wir wollen uns offen über Leben und Dienst austauschen.
Pünktlichkeit:	Wir werden aus Achtung voreinander alle Treffen und Telefontermine pünktlich wahrnehmen.
Vorbereitet sein:	Wir werden uns bemühen, alle Hausaufgaben zu erledigen und uns auf die Coaching-Gespräche vorzubereiten.
_____ :	_____

Erwartungen
✓ Wie oft wollen wir uns persönlich treffen?

✓ Wie oft werden wir per Telefon oder E-Mail kommunizieren?

✓ Wie wollen wir geeignete Informationen an andere weitergeben?

✓ Wie oft wollen wir unsere Beziehung auswerten?

✓ Wie wollen wir Konflikte in unserer Beziehung lösen?

✓ Welche Anforderungen muss der Klient mindestens erfüllen?

✓ Wie und wann wollen wir füreinander beten?

✓ Wann wollen wir die Beziehung beenden?

Vereinbarung
Vor Gott und vor einander verpflichten wir uns zur Einhaltung dieser Vereinbarung.

_____   _____   _____   _____
Datum   Unterschrift Coach   Datum   Unterschrift Klient

Anlage 8 - Checkliste: Sitzungen

Ziel der Sitzung

Termin	von Uhr	bis Uhr	Ort

Teilnehmer	Wann benachrichtigt?

TOPs	Info	Disk.	Ent.	Nr.

Legende: TOP = Tagesordnungspunkt / Disk. = Diskussion / Ent. = Entscheidung

TOPs für jeden Teilnehmer kopiert? ☐
Hilfsmittel (Flipchart, etc.) notwendig? ☐   Wenn „JA" - besorgt? ☐
Erfrischungen besorgt? ☐

Anlagen

Anlage 9 - Vorlage: Sitzungen - Einladung

**Oase Bröselhausen
innerhalb des Bundes frommer Botengänger**
Prodelweg 24, 86253 Bröselhausen, Tel.: 07678/9234586

Herzliche Einladung zur 03. GLT-Sitzung 2016

Die Sitzung findet statt:
Montag - 14.03.2016 - 20:00 Uhr - bei Edmund Schwätzer - Bröselhausen - Drommelgasse 22

Tagesordnungspunkte:
1.) Begrüßung - Persönliches - Geistliches Wort (Edmund) - Gebetsgemeinschaft
2.) Sammeln der Punkte „Sonstiges"
3.) Letztes Protokoll: Noch Fragen zum Protokoll? Genehmigt?
4.)

5.)

6.)

7.)

8.)

9.)

10.)

11.) Sonstiges

Nächste Termine und Orte:

11. April 2016   20:00 Uhr   bei Heidrun Lächler
23. Mai 2016   20:00 Uhr   bei Ewald Glatzkopf
20. Juni 2016   20:00 Uhr   bei _____

Herzliche Grüße!

Anlage 10 - Vorlage: Sitzungen - Sitzordnungen
Praktikable Sitzordnungen

Hier sind drei gängige und auch praktikable Beispiele für eine Sitzordnung zu sehen, wobei in zwei Fällen der Sitzungsleiter (dargestellt durch den Kreis) etwas isoliert von der Gruppe dasitzt.

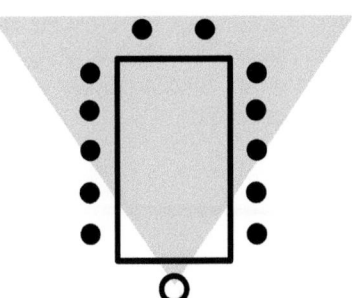

In allen drei Fällen ergibt sich für ihn aber ein halbwegs günstiges Verhältnis zwischen Raumbedarf und Blickwinkel.

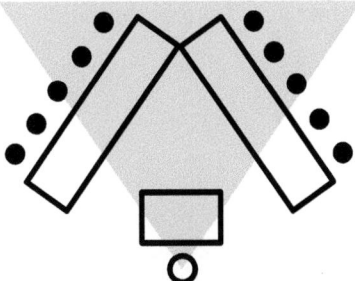

Ebenso ist in allen drei Fällen eine Kommunikation der Teilnehmer der Besprechung untereinander gegeben (siehe graues Dreieck).

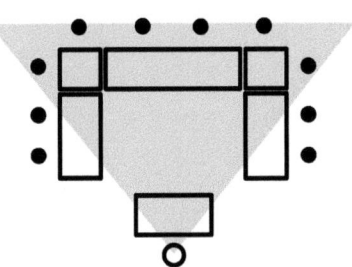

Anlagen

Fehlerhafte Sitzordnungen

Diese Anordnung ist noch zu vertreten, wenn ein Team von drei Personen als Sitzungsleiter eingesetzt worden ist!

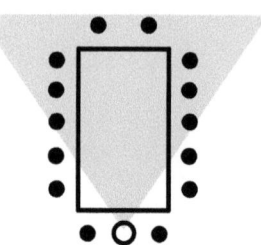

Bei dieser Sitzordnung fehlt der Kontakt zur Gruppe gänzlich!

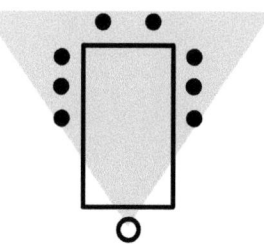

Hier ist eine „Kopflastigkeit" in der Verteilung festzustellen. Sie wird zur Folge haben, dass der Blickkontakt des Leiters bereichskonstant nach links orientiert sein wird.

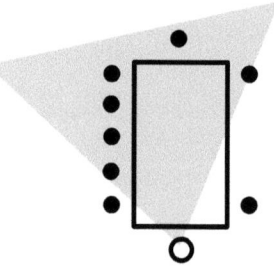

Bei dieser Sitzordnung ist zu befürchten, dass der Leiter dauernd ins Leere spricht!

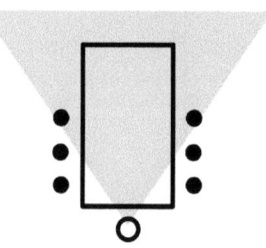

Schlechte Sitzordnungen

Diese beiden Beispiele sind nicht zu empfehlen!

Diese Sitzordnung kann empfohlen werden, wenn Sie vermeiden wollen, dass Ihre Besprechungsteilnehmer sich untereinander verständigen können. Denn das wäre nur noch für Teilbereiche möglich.

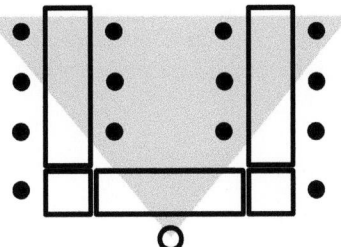

Diese Sitzordnung ist anzustreben, wenn Sie Ihre Teilnehmer nicht mehr sehen wollen!

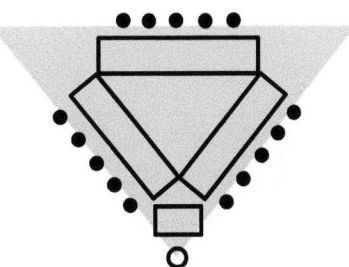

Anlage 11 - Vorlage: Sitzungen - Gesprächstagebuch

Gesprächs-Tagebuch

Sitzung/Name (bei wem?)	Adresse/Ort	Telefon

Datum	TOP/Diskussion/Beschlüsse	zu erledigen

Anlagen

Anlage 12 - Vorlage: Sitzungen - Protokoll

**Oase Bröselhausen
innerhalb des Bundes frommer Botengänger**
Prodelweg 24, 86253 Bröselhausen, Tel.: 07678/9234586

Protokoll der 03. GLT-Sitzung vom 14.03.2016

Teilnehmer:	Ewald Glatzkopf - Heidrun Lächler - Edmund Schwätzer - etc.
Entschuldigt:	Luise Greifinsfeld - etc.
Verteiler:	Teilnehmer - Geschäftsführender Pastor - Verbandsleitung - o.ä.

Tagesordnungspunkte:	Person	Termin
Zu 3.) Protokoll einstimmig genehmigt		
Zu 4.)		
Zu 5.)		
Zu 6.)		
Zu 7.)		
Zu 8.)		
Zu 9.)		
Zu 10.)		
Zu 11.) Sonstiges		

Nächste Termine und Orte:

11. April 2016 20:00 Uhr bei Heidrun Lächler
23. Mai 2016   20:00 Uhr bei Ewald Glatzkopf
20. Juni 2016   20:00 Uhr bei Luise Greifinsfeld

Unterschrift Schriftführer(in)

Anlage 13 - Ihr persönlicher Maßnahmen-Plan

Was werde ich ab heute umsetzen,
um meine Führungsqualitäten nachhaltig zu verbessern?

Priorität			Was?	Erledigt	Kontrolle
A	B	C	(Gedanke, Methode, Thema etc.)	bis	OK ✓

Weitere Bücher von Hans-Werner Zöllner

Die Bücher (und E-Books) können Sie in jeder Buchhandlung kaufen, oder z.B. auch über Amazon.de bestellen.

Die Vision als Fixstern der Veränderung
(Veränderungsprozesse in christlichen Gemeinden)

Paperback - 314 Seiten
Mit vielen Schaubildern und Praxisbeispielen

Preise:
Buch: 14,95 Euro
E-Book: 9,99 Euro
ISBN: 978-3-7386-4466-1

Gemeinde-Coaching Band 1

Agenda 222
(Ein Strategiepapier für die Gemeinde)

Paperback - 156 Seiten
Mit vielen Schaubildern und Praxisbeispielen

Preise:
Buch: 9,95 Euro
E-Book: 6,49 Euro
ISBN: 978-3-7526-2089-4

Gemeinde-Coaching Band 3

Plane dein Leben ... denn die Uhr tickt!
(Lebensplanung mit Vision)

Paperback - 160 Seiten
Mit vielen Schaubildern und Formularen

Preise:
Buch: 9,95 Euro
E-Book: 6,49 Euro
ISBN: 978-3-7448-8232-3

Verheißungen der Bibel
(Motivierende Impulse für jeden Tag)

Paperback - 64 Seiten

Preise:
Buch: 6,95 Euro
E-Book: 4,49 Euro
ISBN: 978-3-7448-4879-4

Lasst uns lieben, denn Er hat uns zuerst geliebt
(Impulse aus dem ersten Johannes-Brief)

Paperback - 172 Seiten

Preise:
Buch: 9,95 Euro
E-Book: 6,49 Euro
ISBN: 978-3-7392-1534-1

Wer kann das glauben?
(Wissenswertes zum christlichen Glauben)

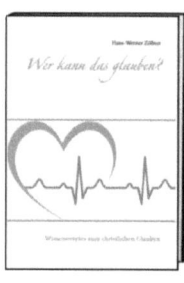

Paperback - 196 Seiten

Preise:
Buch: 9,95 Euro
E-Book: 6,49 Euro
ISBN: 978-3-7528-3943-2

Über den Autor

Hans-Werner Zöllner

ist Autor, Coach, Speaker und der Gründer von HWZ Ministries. Er hat es sich zur Aufgabe gemacht, christlichen Gemeinden und deren Führungskräften in allen Fragen rund um Entwicklung und Veränderung zur Seite zu stehen.

Chronologischer Werdegang

- ❖ Gründung HWZ Ministries
  In dieser Zeit ehrenamtlich tätig als Vorstand (Ältester) in der evangelischen Freikirche Christliches Zentrum Günzburg e.V.
- ❖ Technischer Betriebsleiter Tex&More GmbH
- ❖ Lehrbeauftragter an der Internationalen Hochschule Liebenzell (IHL) und Leiter der Hochschulbibliothek der IHL
- ❖ Geschäftsführer bei der CTL gemeinnützige GmbH
  CTL ist ein Bildungsunternehmen dreier theologischer Ausbildungsstätten in Kooperation mit der Middlesex University in London.
  In dieser Zeit ehrenamtlich tätig als Gemeindeleiter (Ältester) der Stadtmission Wetter und Mitglied des Vorstandes des Chrischona Gemeinschaftswerks Deutschland.
- ❖ Geschäftsführender Pastor eines Gemeinschaftsbezirks im Liebenzeller Gemeinschaftsverband
- ❖ Ausbildung zum Gemeinschaftspastor
  am Theologischen Seminar der Liebenzeller Mission (heute: Internationale Hochschule Liebenzell)
- ❖ Bundeswehr (Zeitsoldat - 8 Jahre - Ausbilder im Fernmeldebereich)
- ❖ Besuch der Grund- und Hauptschule und anschließende Ausbildung zum Sägewerker.
- ❖ Geboren 1963 in Künzelsau/Hohenlohe

Qualifikationen

- ❖ Gemeindeberater Natürliche Gemeindeentwicklung (NCD)
- ❖ Trainer persolog Persönlichkeits-Profil
- ❖ Coach (DGfC 2009)
- ❖ Trainer persolog Lernen und Lehren
- ❖ Master of Arts in Praktischer Theologie